Die Frau in der Literatur

Annemarie Stoltenberg (Hrsg.)

»Ab in die Wüste!«

Renitente Geschichten von rebellischen Frauen

Mit einem Nachwort von Annemarie Stoltenberg

Ullstein

Ullstein Buchverlage GmbH & Co. KG,
Berlin
Taschenbuchnummer: 30421

Originalausgabe
Mai 1998

Umschlaggestaltung
und Foto:
Theodor Bayer-Eynck

Printed in Germany 1998
Ebner Ulm
ISBN 3 548 30421 4

Gedruckt auf alterungsbeständigem
Papier mit chlorfrei
gebleichtem Zellstoff

Die Deutsche Bibliothek – CIP-Einheitsaufnahme

»Ab in die Wüste« : renitente Geschichten von
rebellischen Frauen / Annemarie Stoltenberg (Hrsg.).
Mit einem Nachw. von Annemarie Stoltenberg. –
Orig.-Ausg. – Berlin : Ullstein, 1998
(Ullstein-Buch ; Nr. 30412)
ISBN 3-548-30421-4

Inhalt

Fanny Müller

Racheregeln

Er hat eine Neue? Und Ihnen geschieht das zum erstenmal? – Dann ist es höchste Zeit, daß Sie sich an gewisse Regeln gewöhnen.

Die erste Regel lautet: Hören Sie nicht auf Ihre Freundinnen und auf Ihre Mutter; die Ihnen versichern, daß er bestimmt wieder zu Ihnen zurückkehrt. Tut er nicht. Das passiert nur anderen Frauen. Nicht Ihnen. Zu den anderen Frauen kehrt er auch nur zurück, um ein Jahr später mit einer neuen Neuen abzuhauen.

Wenn Sie das begriffen haben, ist der Weg frei für ihre Rache.

Die zweite Regel lautet: Rächen Sie sich *nie* an Ihrer Rivalin. Die ist schon ausreichend gestraft, denn eins steht fest: Ein Mann, der eine gutaussehende intelligente Frau wie Sie wegen einer dummen Blondine ohne Herzensbildung verläßt, wird jene wegen einer noch dümmeren Brünetten mit noch weniger Herzensbildung verlassen.

Die dritte Regel lautet: Rächen Sie sich an *ihm*. (Das scheint Ihnen logisch zu sein? Ist es aber nicht. Die meisten Frauen rächen sich an sich selbst. Schauen Sie mal in den Spiegel oder stellen Sie sich auf eine Waage.)

Es bieten sich folgende Möglichkeiten an:

a) Körperliche Rache:

1. Was Sie nicht tun sollten: Trommeln Sie nicht mit Ihren kleinen Händchen auf seinem breiten Brustkasten herum. Das bringt ihn bloß zum Lachen, weil Sie natürlich die Daumen in der Faust drin haben und nicht draußen, was dann beim Zuschlagen Ihnen mehr weh tut als ihm. Wichtig ist: geringster Aufwand – höchstmögliches Ergebnis.

Stellen Sie ihm ein Bein, wenn er gerade die Treppe hinuntergehen will.

2. Sollten Sie lieber den erstbesten Gegenstand ergreifen wollen (meinetwegen auch einen stumpfen), dann achten Sie darauf, daß dies nicht *Ihr* erstbester Gegenstand ist, falls es sich beispielsweise um Teile Ihres Aussteuer-Geschirrs handelt, für das Sie in Ihrer Jungmädchenzeit jahrelang auf anständige Geschenke zum Geburtstag und zu Weihnachten haben verzichten müssen. Nicht *Sie* sollen leiden, sondern *er.*

3. Verspüren Sie eher den Wunsch, eine Flasche Rotwein auf seinem Schädel zu zertrümmern, dann entscheiden Sie sich rechtzeitig für eine preiswerte Marke und verschonen Sie den Chateau Lafitte – der wird Ihnen hinterher noch gute Dienste leisten, wenn der Krankenwagen und die Polizei wieder abgezogen sind.

4. Das Flaschenwerfen sollten Sie auf jeden Fall in *seiner* nicht in *Ihrer* Wohnung ausüben (ich gehe davon aus, Sie haben getrennte Wohnungen oder Sie wollen die gemeinsame Wohnung für sich behalten), außer, Sie haben die Möglichkeit eine solche Veranstaltung ausdrücklich in Ihre Hausratversicherung mit aufnehmen zu lassen.

5. Machen Sie Sachen kaputt, an denen er hängt. Sie könnten beispielsweise jede Keksdose aus seiner antiken Keksdosen-Sammlung einzeln eintreten. Noch besser: Sie treten sie ein, schmeißen sie weg und behaupten, sie hätten den ganzen Ramsch auf dem Flohmarkt für 15 Mark verkauft. Sagen Sie dies aber nur, wenn Sie möchten, daß in Ihrer Gegenwart ein erwachsener Mann in Tränen ausbricht.

b) Geistige Rache:

Lassen Sie das. Erwiesenermaßen bringt das nichts, weil Männer mit subtilen Methoden überfordert sind. Genauer gesagt, sie merken nichts davon. Kreuzen Sie also a) nicht in seiner Stammkneipe mit einem riesigen gutaussehenden Neger (gemietet) auf – er wird bloß froh sein, daß Sie offensichtlich anderweitig beschäftigt sind. Und gratulieren Sie ihm b) nicht zu seiner Wahl mit der Bemerkung, daß er der Neuen ja glücklicherweise keine Ohrringe schenken müßte. Er wird Sie nur für verwirrt halten. Die Neue hat nämlich Segelohren, aber das weiß er nicht. Männer können sich immer nur auf eine Sache zur Zeit konzentrieren, und bei den Ohren ist er in einer so frühen Phase noch nicht angelangt. Falls Sie zu der intellektuellen Sorte von Frauen gehören, möchten Sie vielleicht trotzdem derartige Mittel anwenden, weil Ihnen das eine gewisse Befriedigung verschafft. Tun Sie, was Sie nicht lassen können; zur Flasche können Sie ja immer noch greifen.

c) Ökonomische Rache:

Besorgen Sie ihm Probe-Abos von sämtlichen verfügbaren Zeitschriften. Schicken Sie ihm die Zeugen Jehovas, die Avon-Beraterin und die Sondermüllabfuhr auf den Hals. Schneiden Sie jeden Coupon aus, der Ihnen unter die Finger kommt und versorgen Sie ihn mit Schnupper-Angeboten – von Flirtkursen an der Volkshochschule über Pakkungen mit Anti-Schuppen-Shampoos bis hin zu Bachblüten-Sets und orthopädischen Schuhen, die innerhalb von sieben Tagen zurückgesandt werden müssen, sonst muß man sie behalten. Und bezahlen. Lassen Sie ihm diese Sachen schicken, wenn Sie wissen, daß er gerade in den Urlaub gefahren ist.

d) Beste Rache:

Funktioniert leider nur, wenn Sie mit ihm einen gemeinsamen Nachwuchs gezeugt haben: Sie kommen mit den Kindern in seiner neuen Wohnung vorbei und vertrauen ihm an, daß Sie seine Neue für eine bessere Mutter halten als sich selbst. Dann gehen Sie.

Und lassen Sie die Rotznasen da.

Yvonne Kroonenberg

Seminar

Es ist mir dreimal an einem Tag passiert. Ich suchte jemanden, der mir etwas über Anorexia nervosa erzählen konnte. Ich rief nacheinander eine Soziotherapeutin, einen Ernährungswissenschaftler und eine Psychologin an, aber alle drei waren auf einem Seminar.

Nun wäre es ja logisch, wenn alle drei dasselbe Seminar besuchten, aber das taten sie nicht. Sie waren auf drei verschiedenen Seminaren.

In den Niederlanden wimmelt es von Seminaren. Es gibt öde, die sich mit drögen Themen wie Ökonomie und Organisationsentwicklung befassen, und es gibt auch spannende, bei denen es um Sex und Gewalt geht. Die werden am liebsten besucht.

Kündigt ein Seminar Inzest oder Kindesmißhandlung an, schon füllen sich die Säle. Aber auch weniger populäre Themen ziehen die Massen an.

An jedem Werktag sitzen Dutzende von Ärzten, Chefs vom Dienst, Managern, Koordinatoren, Direktoren und sonstigen Mitarbeitern in Tagungsstätten und hören sich einen Vortrag über Arbeiten an, die sie auch ohne diesen Vortrag hervorragend ausführen könnten. Sie besuchen den Kongreß nicht, um zu lernen, ihnen geht es um den zwischenmenschlichen Kontakt.

Nirgends finden wir so viele Gleichgesinnte wie auf einem Seminar, und niemand bringt seine(n) Verlobte(n) mit, weshalb die Möglichkeiten unbegrenzt sind.

Die meisten Seminare dauern drei Tage, gerade lange genug für ein Techtelmechtel mit einer Prise Tiefgang. Die Regeln sind streng: Klagen über einen Ehepartner, der uns nicht versteht, dürfen nicht sein, und auf einem Seminar mit mehr als einer Person etwas zu haben, ist auch sehr verpönt. Man muß zusammen essen, zusammen über das Seminar diskutieren und zusammen schwänzen.

»Sollen wir den Vortrag über die historischen Hintergründe heute nachmittag überspringen?«

»O ja, gute Idee!«

Nach dem Seminar ist die Romanze vorbei. So gehört sich das. Aber es gibt Menschen, die das Wesen des Seminars nicht begreifen. Sie wollen Adressen austauschen und später noch mal telefonieren.

Ich kenne einen Mann, der monatelang von einer Dame verfolgt wurden, die glaubte, den Richtigen gefunden zu haben. Es fing alles so romantisch an. Sie war die schönste Frau auf dem Seminar, zufällig wohnten sie im selben Hotel in nebeneinander gelegenen Zimmern, niemand vermißte sie während der Vorträge, und die drei Seminartage erschienen ihnen wie drei Monate der Liebe und der Leidenschaft. Das war nett, dachte der Mann und summte auf der Rückfahrt zu seiner Familie in Almelo zufrieden. Mehr, mehr dachte die Frau und ließ sich vom Veranstalter die Adressenliste geben. Nach einer Woche traf in Almelo ein Brief ein, danach noch einer, und als der Mann nicht reagierte, fiel eine große Ansichtskarte in den Briefkasten: »Liebster Peter, ich danke dir für die unvergeßlichen Nächte. Deine Miranda«, stand darauf.

»Wer ist die Schlampe?« schrie seine Frau wütend.

»Das bedeutet nichts«, sagte der Mann lahm und versprach, einen Brief zu schreiben, um deutlich zu machen, daß die Affaire für ihn vorbei war.

»Liebe Miranda«, schrieb er, »was wir zusammen erlebt haben, hat ungeheuer viel für mich bedeutet, und ich werde Dich nie vergessen, aber ich kann nicht anders und muß mich für meine Familie entscheiden. Ich kann es meiner Frau und meinen Kindern nicht antun, sie im Stich zu lassen. Ich werde immer an Dich denken. Dein Peter.«

Innerhalb von drei Tagen bekam er seinen Brief zurück, durch das Faxgerät im Büro und auch mit der normalen Post, in einem an seine Frau adressierten Briefumschlag. Von diesem Moment an hatte der Mann kein Leben mehr. Zu Hause betrachtete seine Frau ihn mit eiskaltem Blick, die Kinder wollten nicht mehr mit Papa reden, und im Büro kicherte hinter seinem Rücken die gesamte Belegschaft. Nur sein Chef fand die Eskapade nicht komisch. Er sah sich nach einem neuen Prokuristen um.

Das ist natürlich eine tragische Geschichte, aber ich mußte doch sehr darüber lachen. Vor allem die Rache mit dem Fax fand ich spitze. Früher mußte ein verschmähter Liebhaber oder ein betrogener Ehemann ein Gewehr kaufen, eine abgewiesene Frau suchte bei Gift Zuflucht. Das ist jetzt alles veraltet. In den meisten Betrieben und auch in manchen Haushalten steht heute ein Fax. Niemand braucht die Scherben seines Herzens ungerächt zu lassen. Faxen kann jeder.

Auch das moderne Telefon hat eine Vorrichtung, die Ehebrecher lieber nicht außer acht lassen sollten: die Wahlwiederholung. Wenn wir auf das Knöpfchen drücken, wählt das Telefon automatisch die zuletzt angerufene Nummer. Heimlich anrufen, wenn die Frau kurz im Nebenzimmer ist, ist deshalb unklug. Eine Frau, die vermutete, daß ihr Mann eine Schattenbeziehung führte, hat auf diese Weise ihre Rivalin entdeckt. Ihr Mann saß dabei, als sie die Bombe platzen ließ. Sie war abends auf einer Versammlung gewesen. Noch in Hut und Mantel lief sie zum Telefon und drückte auf die Wiederholungstaste. Schweigend reichte sie dann den Hörer ihrem ungetreuen Gatten. Der brauchte nichts mehr zu erklären.

Auch die Zeitung ist ein guter Ort, um unsere tiefsten

Gefühle zum Ausdruck zu bringen. Die Anzeigenseiten wimmeln nur so von Herzensergüssen: »Carlos, ich hab dich lieb, Sonja.« – »Ich habe dich im Café Sport gesehen. Wer bist du, Traumfrau mit cremefarbenem Regenmantel und mahagonibraunen Locken?« – »Maria, wollen wir nicht mal wieder?«

Wenn ich je eine tiefe heimliche Liebe zu einer verbotenen Frucht verspüre, weiß ich sicher, daß ich sie in die Zeitung setzen werde. Da kann dann jeder lesen: »Arnold, ich liebe dich! Yvonne.« Was für eine Erleichterung, das endlich einmal offen sagen zu können.

Wer sagt denn, daß unser Zeitgeist so sachlich ist? Überall verbergen sich Emotionen. Aus der Tiefe unserer Seele erklingen unsere Anzeigen, wir halten Seminare wegen des Sex und faxen unsere Rache. Wir leben in der Zeit der medialen Romantik.

Tina Uebel

Nemesis, Terminator, Winona, ich und er – eine Tragödie in 4 Akten –

Prolog

Ich bin eigentlich nicht der rachsüchtige Typ. Meine Freunde – und ich habe zahlreiche – schätzen meine Besonnenheit, meine Fairneß und mein mitfühlendes Verständnis und würden diese meine Eigenschaften auch sicherlich unter Eid bezeugen; obwohl ich wohl kaum je in die Situation käme, mir sowas unter Eid bezeugen lassen zu müssen – dazu bin ich zum einen zu nett und zum anderen zu klug. Ich bin vielleicht nicht Mutter Theresa, aber gewiß nicht Freddy Krüger; ich ehre meine Mitkreaturen, fange Spinnen im Wasserglas und bringe sie zum Balkon, ohne ihnen ein Härchen zu krümmen; und wenn ich mal eine Wespe erschlage, denn höchstens in Notwehr. Ich mag Tiere, und Kindern tue ich zumindest nichts.

Auch im menschlichen Miteinander vertraue ich auf Verständnis und Kommunikation. In meinem Leben endete bislang jede Liebesbeziehung, insgesamt vielleicht sieben oder acht ernstzunehmendere, relativ glimpflich und harmonisch; es gelang mir stets, dem jeweiligen Verflossenen sehr freundlich und liebevoll klarzumachen, wie sehr ich ihn immer noch mag, wie wichtig unsere Trennung vor allem auch für seine persönliche Entwicklung sei, und daß wir ganz sicher gute Freunde blieben; ich habe auch nie die Vorzüge des jeweiligen Nachfolgers hervorgehoben, meistens noch nicht einmal erwähnt. Ich trug sozusagen, im übertragenen Sinne, einen jeden meiner Liebhaber vorsichtig in einem Wasserglas aus meinem Leben hinaus, ohne ihm ein Härchen zu krümmen. Und für ihren Schmerz hatte ich immer Verständnis. Das Ende einer Liebe ist eben eine traurige Sache.

1. Akt

»Ich schätze deine Besonnenheit, deine Fairneß und dein mitfühlendes Verständnis. Du bist ein fabelhafter Kumpel. Ich hoffe, wir können Freunde bleiben.« Der Mann, den ich im letzten Jahr als den meinigen zu betrachten pflegte, hatte mir soeben freundlich und liebevoll klargemacht, wie sehr er mich trotz allem mochte; auch wenn er sich unlängst in diese Frau unsterblich verliebt hätte, sie sähe übrigens aus wie Winona Ryder, und ich wisse ja – gut, wie wir uns kennen würden – was er so für Träume hätte, und ich wäre immer schon mehr ein *guter Freund* für ihn gewesen, und jetzt, mit 35, wären halt überhaupt viele Dinge in seinem Leben im Umbruch.

»Ich verstehe dich«, sagte ich. »Ich habe selbst schon gedacht, daß in unserer Beziehung irgendwas fehlt. Es ist auch für meine persönliche Entwicklung wichtig, mal wieder allein zu sein. Wir werden ganz sicher gute Freunde bleiben.«

»Tja«, sagte er und nahm mich in den Arm. »Das Ende einer Liebe ist schon irgendwie eine traurige Sache, nicht wahr?«

Interludium I: Winona und ich

Ich ehre meine Mitkreaturen. Auch Frauen. Ich habe nichts gegen Frauen. Aber gegen Winona Ryder, oder gegen das, was ich mal das *Winona-Ryder-Prinzip* nennen möchte. Winona Ryder ist sozusagen die Wespe unter den Frauen. Winona Ryder *ist* noch nicht mal eine *Frau*, Winona schafft den erstaunlichen Spagat, trotz unübersehbarer Geschlechtsreife ein *Mädchen* zu bleiben. Winona ist zart, zerbrechlich, elfenhaft grazil und trägt diese Rehaugen herum; Augen, die sagen, trotz meiner ätherischen Mädchenhaftigkeit bin ich klug, sensibel, impulsiv, verträumt, versponnen und unheimlich verletzlich; und du, du bist der einzige, der mich vor dieser Welt behüten kann; im Gegenzug werde ich dich glücklicher machen, als es je ein Mann gewesen ist.

Das sagen Winonas Augen natürlich nur zu Männern. Frauen hingegen könnten meiner Ansicht nach jederzeit auf Notwehr plädieren, wenn sie Winona Ryder erschlügen. Im Zuge der weltweiten Solidarisierung nicht-entzückender Frauen machen wir das vielleicht auch noch eines Tages, wer weiß. Mit dem Pamela-Anderson-Prinzip kommen wir klar. Es sind die Winona Ryders dieser Welt, die uns fertigmachen.

2. Akt

»Ich hasse diese kleinen Biester«, sagte meine Freundin, die ich besuchte, um mir ein bißchen verständnisvoll ihre Probleme anzuhören. Ihre Probleme krochen miteinander auf dem Boden herum, ein Wurf Kinder, die ihren, und ein Wurf Meerschweinchen, die Kinder der Meerschweine ihrer Kinder. Es war nicht ganz klar, welche kleinen Biester sie gerade meinte. »Widerlich. Und sie versauen die Auslegware. Ich hasse sie.«

»Ich auch«, sagte ich mitfühlend. »Fruchtbarkeit kann schon eine Strafe sein.«

»Wem sagst du das«, sagte meine Freundin. »Und hat man sie erst, wird man sie nicht wieder los. Man kann sie höchstens noch ertränken.« Im Nebenzimmer brach ihr Jüngster in gellende Schreie aus. Meine Freundin nahm ein Döschen Ohropax vom Wohnzimmertisch und bot mir auch welche an. »Die Meerschweine sind wenigstens leise.« Sie sah erschöpft aus.

»Gib sie doch einfach weg«, sagte ich.

»Geht nicht. Will doch keiner. Wenn ich wenigstens ein

paar von den Schweinen loswerden könnte, aber die will auch keiner. Nagen jedes Kabel durch und sterben noch nicht mal am Stromschlag. Kacken mir alles voll – du glaubst ja gar nicht, was so ein kleines Tier für eine aufsehenerregende Verdauung hat. Und vermehren tun sie sich wie die Karnickel. Ekelhafte Monster.«

»Ich nehme dir zwei ab«, sagte ich.

»Tu's nicht«, sagte sie.

»Ich bin schließlich deine Freundin«, sagte ich. »Gib mir ein Pärchen.«

»Soll ich sie dir einpacken?« fragte meine Freundin.

»Geht schon«, sagte ich.

Bevor ich mit den Meerschweinen die Wohnung verließ, mußten sich noch zahlreiche Kinder tränenreich von ihnen verabschieden. Eines, etwa einen Meter groß, schmierte mir dabei Nutella aufs Hemd. Meine Freundin bot mir an, ich könne auch noch ein oder zwei Kinder mitnehmen, aber irgendwo hat auch die beste Freundschaft Grenzen.

»Bist du auch bestimmt lieb zu ihnen?« quengelte das Nutellakind.

»Klar«, sagte ich.

»Wie willst du sie denn nennen?«

»Nemesis und Terminator«, sagte ich.

»Das verstehe ich nicht«, sagte das Kind.

»Nee«, sagte ich. »Da bist du auch noch zu doof für.«

Interlude II: Meerschweine

Meerschweine werden bereits im Alter von etwas fünf Wochen geschlechtsreif. Die Größe ihres Wurfes liegt bei etwa fünf Jungen. Mal mehr, mal weniger.

3. Akt

»Ich bin so froh, daß wir gute Freunde geblieben sind. Du bist wirklich ein fabelhafter Kumpel.« Der Mann, den ich seit fünf Monaten nicht mehr als den meinen bezeichnete, prostete mir zu und sah mir gefühlvoll in die Augen. »Ich hoffe, du findest auch bald den Richtigen für dich.« Er hatte sich die Haare auf einen Zentimeter gekürzt und trank teuren Wein.

»Oh, mir geht es gut«, sagte ich. »Und ich freue mich, daß du so glücklich bist.«

»Ja«, sagte er. »Es ist schon fast unglaublich, wie fantastisch alles läuft. Und jetzt noch ein Jahr L.A. – du weißt ja, Amerika war immer schon mein Traum.«

»Meiner auch«, sagte ich. »Du bist ein Glückspilz, daß sie dich begleitet. Und was macht ihr so lange mit eurer Wohnung?«

»Tja«, sagte er. »Das ist ein Problem. Wir wollen auf keinen Fall untervermieten, das ist uns zu unsicher. Wir haben schließlich ein halbes Vermögen in unser Nest investiert.«

»Wenn du willst, kümmere ich mich darum«, sagte ich. »Ich wohne ja quasi um die Ecke.«

»Das würdest du wirklich tun?« fragte er.

»Klar, warum nicht«, sagte ich.

»Du bist wirklich die beste Freundin, die ich je hatte«, sagte er.

»Ach«, sagte ich. »Das tue ich doch gern.«

4. Akt

Ich lag auf dem Teppich, einem sehr flauschigen aus reiner Wolle, und trank einen ganz hervorragenden Wein, den ich in der Speisekammer gefunden hatte. Ich verstehe nicht viel von Wein, also hatte ich mir einfach den ausgesucht, dessen Etikett am teuersten aussah; ich fand, das hatte ich mir verdient. Mit den ganzen Kisten hatte ich sechsmal laufen müssen, und seine Wohnung lag im fünften Stock, Altbau, natürlich ohne Fahrstuhl. Aber der Blick über die Dächer war atemberaubend; es stimmte mich ein bißchen wehmütig, daß ich von hier wegging, ich hatte ganz gern in dieser Stadt gelebt. Aber jetzt, mit dreißig, waren eben viele Dinge in meinem Leben im Umbruch.

In bezug auf die Einrichtung hatte er nicht übertrieben, sie war sagenhaft. Allein Computer- und Stereoanlage mußten sündhaft teuer gewesen sein. Und über allem schwebte dieser gewisse feminine, zauberhaft beschwingte Touch. Ich war beeindruckt; doch, irgendwie schon. Aus sechs Lautsprechern füllte sich die Wohnung mit Musik. Beethovens Neunte, das war mir passend erschienen. In der Sammlung hatte ich auch noch zwei von meinen CDs entdeckt, aber was soll's, kleinlich bin ich nie gewesen. Ich packte die Kisten aus – hauptsächlich Trockenfutter – und köpfte noch eine weitere Flasche Wein, die mit dem zweitteuersten Etikett. Die *Ode an die Freude* steigerte sich zu ihrem Schlußchor. *Alle Menschen werden Brüder* – das läßt mich noch jedesmal erschauern. Durch die hohen Fenster fiel das warme Licht der Abendsonne. Um mich herum tummelten sich Nemesis und Terminator, und ihre Kinder, ihre Enkel und Urenkel – ich hatte schon seit längerem aufgehört zu zählen. Es war ein Bild des Friedens.

Ich konnte mich kaum losreißen. Zwei Flaschen Wein packte ich noch in die Tasche, dann war es Zeit für den Abschied. »Macht's gut, Jungs«, sagte ich. »Paßt auf euch auf.« Die Schlüssel warf ich unten im Haus in den Briefkasten. Ich hielt es für unwahrscheinlich, daß ich je die Gelegenheit bekäme, sie persönlich zurückzugeben. Ich seufzte bei diesem Gedanken, auch wenn ich eigentlich nicht der sentimentale Typ bin. Aber das Ende einer Liebe ist halt immer eine traurige Sache.

Helga Laugsch

Jott, die Zweite
(Für Barbara)

Wie immer kommt Johanna durch die hintere Tür; sie hält die Klinke, die merkwürdig stumpf ist, zu lange in der Hand. Dann tastet sie sich, mit den Zehenspitzen voran, in den großen Saal hinein. Das Audimax wirkt aus dieser Perspektive wie eine Turnhalle, dabei steigen die Zuhörerreihen mit gebührendem Ernst auf, altes Holz, mit Politur auf Mattglanz gebracht, doch von hinten eben fast nur ein Gerippe. Ihre Hand gleitet über eine Stuhllehne, ein Span bohrt sich in die Fingerkuppe und Johanna betrachtet den impertinent roten Tropfen, der sich wie ein Bläschen bildet, lutscht ihn ab. Für einen Moment schnellen ihre Mundwinkel nach oben.

Ganz vorne steht ein gefaßter Ehemann, flankiert von zwei Bütteln, ganz in Anthrazit. Johanna kann sich noch deutlich erinnern,, wie sie zusammen den Anzug ausgesucht haben, sie, forsch wie immer, wenn es um ihn ging, Adam in deutlichem Abstand hinter ihr – brauchte er? wollte er? – was sie eindeutig bejahte. Die passende Krawatte hatte sie schon alleine besorgt (und Adam in der Cafeteria deponiert) und lange zwischen einem sehr konservativen Exemplar in Blautönen und einem provozierenden in Rostrot geschwankt. Ihre Erziehung hatte sie nicht auf derart heikle Entscheidungen vorbereitet; so kaufte sie beide. Das Kostüm für sie selbst war dann schon ein Sonderangebot, in hellem Grau, zu seinem Anzug passend und sehr sachlich. Damals war es anscheinend noch wichtig gewesen, die Zusammengehörigkeit auch optisch auszudrücken.

Sie faßt grob mit beiden Händen an ihre Jacke und zieht sie hinunter, diesen ekelhaft steifen Stoff, in dem sie schon jetzt schwitzt und zu zappeln beginnen könnte. In Grau sieht sie noch unscheinbarer als gewöhnlich aus, aber wen kümmert das schon, sie sticht ohnehin niemandem ins Auge, worüber sie sich aber gar nicht beklagen will, denn das war nie ihre Absicht. Sie wollte immer nur Adams Mond sein, womit sie aber durchaus die Hoffnung auf Wertschätzung und Respekt verband.

»Sind Frau Doktor nervös?« fragt da eine Stimme, und Johanna schrickt zusammen. Sie mustert die Lehrstuhlsekretärin, deren Namen sie nie behalten kann, und überlegt, ob sie mit Adams Titel oder ihrem eigenen angesprochen ist. Aber er ist ja bereits eine Art von Dekan und will Professor werden, denkt sie wirr, und wer weiß schon über sie Bescheid? Doch vielleicht übt die Sekretärin eine gewisse Art von Solidarität, und so antwortet ihr Johanna zumindest mit einem vielsagenden Schulterzucken.

Einen Moment wird der Stehkragen ihrer Bluse zu eng (sie ist heute abend wirklich hochoffiziell aufgetan), weil ihr der jüngere, von ihr so begehrte Adam einfällt, der ihr Schlüssel zur Welt sein sollte. In seine Weisheit eintauchen können und damit Zugang zu allen Geistesschätzen zu haben, ganz nah der Wahrheit: Das mußte wirklich schon ziemlich lange her sein.

Sie war seine Studentin gewesen, eine seiner besten, welch eine peinliche Geschichte, so abgeschmackt wie aus einem Lore-Roman. Freilich hatte sie von seiner Ehe mit Jolanthe, einer gefährlich attraktiven Malerin gewußt, nicht sofort, aber bald genug, von seinen zwei Kindern. Aber warum wirkte er dann in seinen zerknüllten Hemden und ausgefransten Hosensäumen so vernachlässigt und geradezu unglücklich? Eines späten Abends, und nur sie beide waren von seinem Seminar noch in der Kneipe übriggeblieben, erzählte er ihr, vom Bier merklich angeschlagen, mit fast leuchtenden Augen, daß seine Ehe nur noch auf dem Papier bestünde, sie nebeneinander herlebten, um der Kinder willen.

»Sie begreift Heidegger nicht, sie interessiert sich nicht einmal für ihn«, murmelte er mit erstickter Stimme. Weil Johanna genau hingesehen hatte, bemerkte sie Tränen, die ganz dicht unter seiner gespannten Oberfläche saßen. Insgeheim aber fand auch sie, daß um den guten, alten Martin viel zuviel Lärm gemacht, er überschätzt wurde, aber wenn er Adam so am Herzen lag ...

Nun, Johanna hätte lieber über Hannah Arendt geschrieben, aber weil Adam so hilflos und einsam wirkte, disponierte sie kurzerhand um und promovierte über Martin Heidegger. Idealerweise fügte es sich so, daß ihre Arbeit haargenau in die von Adam hineinpaßte; sie lieferte wichtige Segmente für seine Forschung, ganz freiwillig und freudig. Und weil er so glücklich war, war sie es auch. Daß er ihr nicht die beste Note, die, die sie verdient hätte, gab, verstand sie nur zögernd. Es gäbe Gerüchte am Institut, daß er sie begünstige und bevorzuge. Natürlich wüßten sie beide, daß dem keinesfalls so sei (dabei legte er seine Hand auf ihre Finger), aber um allem vorzubeugen, hätte er sich zu einer Zwei entschlossen. Sie verstünde das doch? Johanna sah zum erstenmal zur Seite.

Erst später erfuhr sie, daß keinesfalls er die Scheidung eingereicht hatte. Jolanthe hatte einen Jamaikaner kennengelernt, der es mehr brachte als Adam, und war in die Karibik abgereist, um nur noch zu malen. Schon zu dieser Zeit aber war ihr Name öfter in der Zeitung zu finden als seiner.

War sie ihm zu groß geworden? Die Kinder, die damals kräftig pubertierten, hatte sie ihm einfach dagelassen, diese unsicheren Kinder mit all ihrer Überheblichkeit, Martin und Martina, die es mit ihren fossilen Namen unter den altersnahen Kids sowieso schwer hatten, und deren Begehren sich in irrwitzigem, elektronischem Zubehör und Chevignonjacken äußerte. Johanna begann, Adams Cordsakkos am Ellenbogen mit Lederflicken zu versehen, und stellte ihre sehr bewußte Ernährung auf Pommes und Burger um. Adam, der all das, was von seiner Liebesfähigkeit überlebt hatte, an Heidegger und Martin und Martina gab, dankte es ihr stumm. Jedes Buch widmete er ihr, seiner Johanna, der Gefährtin, ohne die das alles nicht möglich gewesen wäre, seiner unentbehrlichen, besten Mitarbeiterin und Assistentin ehrenhalber.

Johanna sieht auf ihre leeren Hände, ohne Manuskripte, ohne Mappe. Auch sie hatte einmal darauf hingearbeitet, an Rednerpulte zu treten, ihre Stimme zu erheben und die erwartungsvolle Stille, für sie ausgebreitet wie ein Teppich, zu füllen. Daß ein Publikum wegen ihr und ihrer Arbeit kommt, ihre Forschungen kritisch diskutiert, der Lehrauftrag, der Lehrstuhl ... Anfangs war es ihr genug, daß sie in Adams Arbeit einfloß, recherchierte und redigierte. Je weiter er die Leiter hinauf gelangte, um so selbständiger und umfangreicher war ihr Anteil. Sie dreht an ihrem Ehering, der noch lockerer als sonst sitzt.

Sie gingen zum Standesamt, nachdem Jolanthe ihren Rastafari geheiratet hatte. Johanna, die wegen ihrer Zuarbeiterei, wie sie es nannte, immer gereizter wurde, erwog kurz die Möglichkeit eines gemeinsamen Kindes; auch das konnte ein Frauenleben ausfüllen, hatte sie gelesen. Doch Adam erklärte, bei ihm sei diesbezüglich Schluß, was sollte nach Martin und Martina kommen, sie verstünde doch, und sie, Johanna, sei ihm nie als der Typ Frau erschienen, der Windeln und Brei bräuchte. Ausgelastet sei sie doch hinreichend, mit all der wichtigen Arbeit, die sie leiste, und für ihn, Adam, seien sie stets ein begnadetes Team gewesen, diese Partnerschaft, sie solle doch an Sartre und Beauvoir denken, obgleich die beiden Heidegger natürlich niemals verstanden hätten, aber. Johanna verkniff sich diverse hinterhältige Andeutungen und Bemerkungen, stellte aber fest, daß ihre Mundwinkel immer weiter gen Boden sanken, nur dann, wenn sie ausnahmsweise mal in den Spiegel sah.

Vorne läuft jetzt Jolanthe ein, eskortiert von ihrem neuen Mann, ein strahlender Auftritt ganz in Weißgold. Als Künstlerin kann sie sich das erlauben. Sie küßt den sichtbar erschrockenen Adam auf beide Wangen und setzt sich dann in die erste Reihe, so selbstverständlich, wie nur sie ist. Adam entfernt unauffällig mögliche Lippenstiftspuren und beschäftigt sich dann wieder mit seinem Manuskript. Johanna belauert ihn, aber er liest es nicht mehr durch, er ordnet nur noch. Natürlich hängt viel von dieser Antrittsvorlesung ab.

Johanna drückt sich an die Wand, die hintere, rollt sich ab, jeden Wirbel an der Lehne verstärkend. Wann bemerkte sie, daß sie einen entscheidenden Fehler begangen hatte? Nicht einmal Adam war schuld, sie selbst hatte diese Traumpartnerschaft angestrebt, herbeigeführt und nimmermüde aufrechterhalten. In seinen Seminaren teilte sie die Unterlagen aus, sammelte sie wieder ein und korrigierte die minder wichtigen Elaborate. Als Adam sein Forschungsfreisemester nahm (unterwegs zu Heidegger), hielt sie seine Vorlesungen und fand überrascht heraus, daß sie es besser und lebhafter konnte als er. Auf einmal wurde handfest geredet statt gestottert oder gesäuselt, die philosophischen Fetzen flogen. Aber dann kehrte wieder die Friedhofsruhe ein, als sie in die zweite Reihe zurücktrat und sich neuerlich mit all den Minimalia beschäftigen mußte, ohne die Wissenschaft nicht lebens- und lehrfähig war. Damals waren ihr schon einige der Anfangssemester aufgefallen, die einer neuen Generation angehörten, beneidenswert sicher und locker, glatt und gutaussehend, die jungen Männer wie die jungen Frauen. Eine davon hatte sie näher interessiert, aus welchem Grund auch immer, eine junge, schmale, perfekte und große Frau, die sie die Bronzefrau nannte, Jennifer Irgendwas, deren erste Arbeiten nicht besonders vielversprechend gewesen waren. Später hatte dann Adam deren weiteren Werdegang betreut, da sie ihn zum Doktorvater auserkor. Überhaupt waren auf einmal relativ viele neue Studenteninitiativen gestartet worden, Adam blieb noch länger fort (sein Aufstieg bereitete sich allmählich vor), und für Johanna gab es noch mehr zu tun.

Nur so geschah es, daß ihr die Ehre zufiel, den Vortrag des heutigen Abends vorzubereiten und zu redigieren, den größten Liebes- und Vertrauensbeweis, den je ein Mann einer Frau gemacht hätte, wie Adam meinte. Damit wäre der Teamgedanke zur Vollendung gebracht. Sie wüßte alles, was er auch wüßte, und außerdem sei er durch eine Problemstudentin, die sich mit ihrer Promotion übernommen hatte, voll beansprucht.

Es war ihr nicht schwer gefallen, als sie sich hinsetzte. Schließlich kannte sie all das wirklich von Grund auf, und letztlich verliefen Vorträge auch immer nach einem bestimmten Strickmuster, in diesem Fall: die Vorsokratiker, lange nichts, was der Rede wert sei und dann – als leuchtender Stern im Dunkel – Überraschung: Martin Heidegger. Natürlich drückte Johanna diesen Grundgedanken viel komplizierter und komplexer aus, baute manche Fallen ein und glänzte mit Zitaten; nach all den Jahren hatte sie aber ihren übergroßen Respekt verloren und nannte die Phänomene beim Namen, wenigstens insgeheim.

Sie war flüssig vorangekommen, nur als sie gegen Ende eine besonders wichtige Textstelle abgleichen wollte, mußte sie auf Adams Schreibtisch nachsehen. Außer der fraglichen Stelle, die natürlich vom Sein handelte, fand sie noch ein Gutachten für eine Jennifer Irgendwas. Er gab die Note Eins wohlbedacht und argumentierte ausführlich. Vielleicht war es jetzt Johanna, die Adam und Martin nicht mehr richtig verstand.

Natürlich wäre es übertrieben zu sagen, daß in diesem Augenblick an Adams Schreibtisch Johannas Welt zusammenbrach. Alles rastete an seinen eigentlichen und ihm bestimmten Platz ein, nur ein wenig versetzt. Johanna brauchte den Kopf nicht mehr zu verbiegen, sie konnte ihn ganz gerade lassen, und schon sah sie alles richtig. Sie rückte das Gutachten wieder zurecht, gruppierte zur Tarnung einige Bleistifte darum und kehrte an ihren eigenen Schreibtisch zurück, der selbstredend kleiner war, nur der zweite, was sie gewollt hatte, und änderte den geplanten Vortrag nur ein bißchen ab. Sie ging bald ins Bett; Adam kam auch an diesem Abend wieder sehr spät nach Hause.

Und nun rückt sich Adam vorne die Krawatte gerade; er ist tollkühn und hat sich für die rostrote entschieden. Die Oberprofessoren dagegen kommen grau in schwarz daher, gewichtig und erhaben oder liebenswert unbeholfen. Johanna bleibt vor der Hintertür, dort, wo sie hingehört.

Kurz, bevor das Portal endgültig geschlossen wird, tritt noch eine elastische Gestalt in rostrotem Wildleder ein. Jennifer Irgendwas, wie passend, wie progressiv. Adam bleibt den Jotts treu, deren dritte sich nun den letzten freien Platz in der ersten Reihe nimmt, ganz linksaußen.

Dann werden einleitende Worte gesprochen, und Dr. Adam Großmann betritt den Plan. Er wirkt gut, denkt Johanna objektiv und sehr fern, seine Stimme trägt, kein Wunder, er kann sich ja auf die Qualität seiner Vorlage verlassen. Johanna hört ruhig zu, wie er ihrem Aufbau folgt, sie hat hervorragend gegliedert, spritzige und intellektuelle Sätze geschrieben, den Heideggerschen Bombast etwas abgemildert, mutig, aber auch nicht zu mutig.

Sie sieht Jolanthe rechtsaußen als hellen Fleck, Jennifer auf der anderen Seite rötlich, dann sich selbst, das zweite Jott, der schwache, dunkle Teil des Dreiecks um Adam, der spitze Winkel im Hintergrund.

Ihre Koffer stehen im Schließfach am Bahnhof; in der Jackentasche ertastet sie den dicken Umschlag, ganz schön leichtsinnig von ihr. Aber wenn sie, wie sie es vorgenommen hat, jede ihrer Arbeitsstunden nur mit 20 Mark berechnet, den halben Preis, denn sie sind ja ein Team, dann kommt im Laufe von zehn Jahren ein umfangreiches Bündel an Scheinen zusammen. Sie war wirklich fair, findet sie, denn sie hat dann die Summe auch nochmal halbiert, als sie den Scheck ausstellte und Bargeld wollte, vom gemeinsamen Konto.

Nach Heidelberg oder Tübingen könnte sie fahren, den Trampelpfad der Philosophen nehmen, oder sonstwohin. Vielleicht auch in die Karibik; da gibt es eine gewisse Tradition bei Adams Verflossenen. Auf dem Herd der Wohnung, die bisher ihre gemeinsame war, steht ein Topf ordinäres Gulasch, saftig und schwer. Damit sollen sich Adam, Jennifer Irgendwas und Martin und Martina ihre empfindlichen Mägen verrenken.

Doch nun muß sie sich konzentrieren. Vorne naht der Höhepunkt; Adam rückt sein rostiges Lätzchen aufmunternd zurecht, legt eine bedeutungsvolle Pause ein, blickt nochmals ins Publikum und fährt dann fort, sehr akzentuiert, nach dem Seienden des Seins, dem Seier und dem Seiernden, Seife, Sand und Sonne, Semmel und Senf, Schaum, Salz, Sülze und Suppenpulver …

Wieder hält er inne; das Publikum ist gebührend beeindruckt. Er blättert die Seite um. Jetzt hält auch Johanna den Atem an. Hat sie es klug genug eingefädelt, unauffällig vor allem? Greift die Pointe, die nur für sie eine ist?

»Das ist Mumpitz«, sagt Dr. Adam Großmann, der einen

Lehrstuhl will und ihm so nahe war, ganz klar und deutlich; er wiederholt diesen Satz sogar und blickt triumphierend drein; sein Mund schließt sich so schnell nicht wieder.

Johanna hat hier auf die Belegstelle verzichtet, also wissenschaftlich schlampig gearbeitet. Wen hätte sie auch zitieren müssen? Loriot? Hildebrandt? Aber für Adam wollte sie sich einfach auch nicht mehr zu sehr verausgaben, wie gesagt, sie war an diesem Abend sehr müde.

Immer noch schweigt die Zuhörerschaft, sie scheint sich in einem Schockzustand zu befinden. Einzelne Lacher werden schnell unterdrückt.

Johanna löst sich von der Rückwand und klackt in ihren Pumps, die sie kaum noch spürt, laut nach vorne.

Auf diesem Weg trifft sie Adams Blick, der mehr überrascht als anklagend oder wütend ist. Sein Mund steht immer noch offen; in den nächsten Sekunden wird aber auch er begreifen. Johanna spreizt Zeige- und Mittelfinger zum Siegeszeichen, öffnet die Haupttür ganz allein und geht.

Barbara Strohschein

Ohne Nachtisch

Eine Frau steigt ein und schließt die Tür des Wagens.

Sie sind wie immer pünktlich, sagt sie zu dem Mann neben ihr auf dem Rücksitz.

Er lächelt, sieht auf ihre Knie und befiehlt dem Fahrer am Steuer: Fahren Sie!

Der Wagen setzt sich langsam in Bewegung.

Sie legt ihre Handtasche auf den Schoß und betrachtet ihren Begleiter von der Seite. Haben Sie genug Geld dabei? fragt sie und wartet ab, während sie ihre Beine übereinander schlägt.

Der Mann, der ein Herr ist, antwortet nicht.

Der Wagen fährt durch die Vorstadt. Es dunkelt. Einfamilienhäuser in Reihen, in denen hier und da ein Licht in den Fenstern der Wohnzimmer brennt.

Eine Überraschung zum Abschluß, sagt er und tastet nach ihrer Hand. Wir fahren nach Rostberg.

Sie öffnet ihre Handtasche, zieht einen Spiegel hervor und prüft ihr Gesicht.

Nach Rostberg, wiederholt sie, den Spiegel in der Hand.

Kenne ich nicht.

Eben deshalb, erwidert der Herr und zieht, mit einem Anflug von Verärgerung im Gesicht, seine Krawatte zurecht.

Fahren Sie schneller, schnauzt er den Fahrer an.

Aber Herr Paterno, 50, nicht mehr! Nicht schon wieder in die Kontrolle kommen, sagt der Chauffeur, ohne sich umzudrehen. Sind wir in Eile? fragt die Frau, die auch eine Dame ist.

Paterno sieht wieder auf ihre Knie.

Die Straßenlaternen leuchten auf.

Der Fahrer behält das Tempo.

Ein glücklicher Tag, seufzt sie und schließt ihre Tasche, so glücklich wie schon lange nicht mehr.

Frau Adar hat Grund, zufrieden zu sein, ruft Herr Paterno laut, wie finden Sie das? Wahrscheinlich hat sie ihren Angestellten entlassen. Und das mit Recht!

Der Fahrer blickt in den Rückspiegel, sieht seine Fahrgäste und antwortet nach einer Pause: Das kann ich nicht beurteilen.

Paterno murmelt etwas von einem Idioten und nimmt die Hand der Frau Adar. Na denn, sagt er, treibens Sie's nur weiter mit dem Glück!

Sie sieht aus dem Fenster und verfolgt, wie der Wagen in eine ansteigende Auffahrt biegt.

Meine Güte, etwa ein Schloß?

Nur ein Schloßrestaurant, meine Liebe, alles vorbestellt!

Fahren Sie vor!

Die Bäume ohne Blätter stehen um das Haus, eine breite Treppe führt zum Eingang.

Der Wagen hält. Der Fahrer steigt aus, hilft Frau Adar aus dem Wagen, der Herr kann es allein.

In drei Stunden sind Sie wieder hier. Keine Minute früher, keine Minute später, ruft er dem Fahrer zu. Der Chauffeur nickt wortlos, steigt wieder ein und fährt davon.

Bei dem trügt der Schein, murmelt Paterno, fährt 50 und hat einen Prozeß am Hals. Ein verdammter Hehler.

Frau Adar bleibt vor der Treppe stehen. Aber eine gute Figur, sagt sie und betrachtet die Front des Hauses.

Alles dunkel, nur links unten, durch die drei Fenster scheint Licht.

Nun kommen Sie schon, Paterno zieht sie am Arm mit sich, alles ist gerichtet.

Sie steigen die Treppe hoch.

Ein Chinese mit langer Schürze öffnet die Tür mit Verbeugung.

Na, alter Junge, sagt Paterno und schlägt dem Mann, der zwei Köpfe kleiner ist, auf die Schulter.

Der Chinese zuckt zurück und antwortet nicht. Nicht einmal guten Tag.

Mit kleiner Geste führt er die Gäste in den Speisesaal.

Kerzenleuchter an den Wänden, Stille, gedeckte Tische und wenig Licht.

Hier ist niemand, flüstert Frau Adar.

Was Sie nicht sagen! Paterno legt seinen Arm um sie, wo sollen wir sitzen?

Der Chinese zuckt mit den Schultern.

Paterno löst sich von Frau Adar und steuert auf den Tisch links am Fenster zu, in der Ecke.

Sie folgt, um sich blickend, als suche sie etwas.

Paterno setzt sich, den Saal und sie im Blick. Fast trippelt sie, behindert durch engen Rock und Schuhe mit hohem Absatz.

Er sieht ihr zu, bis sie sich setzt.

Der Chinese ist verschwunden.

Musik klingt aus einem Lautsprecher.

Die kleine Nachtmusik, sagt sie und legt die Handtasche neben den Teller.

Immer dasselbe! sagt Paterno und pfeift.

Ein Mädchen mit langer Schürze und hochgesteckten Haaren taucht an der Tür auf.

Sie wünschen? sagt sie fast knapp.

Die Karte! ruft er. Was sonst.

Meine Güte, entfährt es Frau Adar, Sie scheinen hier immer zu sein. Sie sind wohl immer hier!

Das Mädchen bringt die Speisekarten und bleibt am Tisch stehen, mit mißmutigem Blick auf Paternos Begleitung.

Paterno nimmt beide Karten entgegen und legt sie, ohne einen Blick hineinzuwerfen, neben sich.

Zweimal das Menü! befiehlt er.

Wie Sie wünschen, antwortet das Mädchen und reißt ihm die Speisekarten weg.

Meine Güte, sagt Frau Adar, welch eine Bedienung.

Parterno grinst und legt seine Hand auf ihre Hand.

Hübsch hier, finden Sie nicht?

Frau Adar läßt ihren Blick über den Saal gleiten.

Alles Ihrs? fragt sie. Will mir fast so scheinen. Gibt es irgendein Haus, was Ihnen nicht gehört?

Paterno prustet. Sie sind niedlich! Welch eine Frage. Hauptsache, Ihnen gefällt's!

Die Bedienung nähert sich mit militärischem Schritt und einem Tablett. Die Suppenterrine stellt sie so heftig auf den Tisch, daß die Suppe fast überschwappt. Sie öffnet den Deckel und teilt wortlos aus.

Halt, ruft Frau Adar, nicht so viel!

Papperlapapp! ruft Paterno, etwas Besseres gibt es nicht!

Und fängt an zu löffeln.

Frau Adar sieht dem Mädchen nach, wie sie mit dem nachlässig hochgesteckten Haar und der Schürze davonläuft, in diesem unmöglichen Gang. Der Schlitz der Schürze hinten zeigt den Rock, der die Schenkel deutlich erkennen läßt.

Was gucken Sie, sagt er, die ist immer hier. Essen Sie!

Krebsschwänze! Habe ich Ihnen doch neulich schon gesagt. Sind hier am allerbesten! In der Suppe.

Sie fängt an zu essen und beobachtet ihn.

Dieser Mensch in einem Maßanzug. Rasiert und Stoppelhaar und dieses große Kinn.

Frau Adar windet sich. Eine gute Suppe, sagt sie, obgleich ich nie Suppen esse. Nachdem ich, als ich sieben war, fast an einer Hühnersuppe erstickt wäre.

Aber, aber, Paterno wischt sich mit der Serviette den Mund ab, nimmt ihre linke Hand und küßt sie, das ist doch lange her.

Sie essen. Die Musik spielt.

Und wann werden wir uns einig, fragt Paterno, nachdem er aufgegessen und den Löffel weggelegt hat.

Das Mädchen steht plötzlich hinter Frau Adar.

Na, schmeckt wohl nicht, spricht sie und nimmt ihr den halbvollen Teller weg, nimmt den leeren Teller Paternos weg.

Frau Adar läßt den Löffel sinken und sieht, wie Paterno schon wieder die Bedienung anlächelt.

Wo bleibt der Burgunder? Vergessen? Jahrgang 95, wissen Sie doch!

Ach du lieber Himmel, ziert sich die Bedienung, noch mit den Tellern auf dem Tablett am Tisch stehend, hab ich doch 96 schon geöffnet. Sofort, sofort.

Sie verschwindet.

Paterno atmet aus. Endlich Ruhe. Für Sie und mich. Haben Sie ihn denn entlassen?

Die Nachtmusik wiederholt sich.

Das Fräulein kommt mit der Flasche Wein.

Sie läßt Paterno probieren, er nickt zufrieden und grinst.

Frau Adar bekommt auch ein volles Glas und trinkt hastig, als wär's die Limonade, und sieht, wie die Bedienung wieder davonstapft.

Dann sagt sie nein und verdreht die Augen.

Und warum nicht? fragt er. Er taugt zu nichts. Solche Leute kann ich in meiner Kette nicht gebrauchen.

Er ist sehr unterwürfig, antwortet Frau Adar schwach und trinkt noch einmal aus dem Glas.

Das Fräulein nähert sich wieder, mit einer Fleischplatte und zwei Schüsseln, die sie unsanft auf den Tisch plaziert.

Ungefragt serviert sie und lädt die Teller übervoll.

Ich habe schon mit ihm gesprochen, sagt Frau Adar halblaut, ohne sich zu wehren. Er bekam einen Anfall.

Ein feiner Grund, ein Gespräch zu beenden! Paterno fängt an zu essen. Nun machen Sie schon, bevor der Braten kalt wird.

Die Bedienung bleibt ungefragt stehen und beobachtet die Gäste.

Ist was? fragt Paterno, ihr auf den Ausschnitt der knappen Bluse blickend.

Hoffentlich schmeckt es, erwidert sie kalt, der hat sich so eine Mühe gegeben.

Paterno macht eine Handbewegung, als wolle er ein lästiges Tier verscheuchen.

Ein bißchen viel auf einmal, Frau Adar blickt auf den Teller und fängt an, in dem Haufen herumzustochern. Ein bißchen viel für ein, für solch ein Restaurant.

Paterno ißt und grinst breit. Mal etwas anderes als diese aufgedonnerte Sparsamkost für piekfeine Leute!

Aber Sie verkehren doch unentwegt mit denen, ruft Frau Adar, die den ersten und zweiten und dritten Bissen wagt.

Das Geklapper von Geschirr aus der Küche ist zu hören, die Nachtmusik wiederholt sich.

Kein Gast kommt.

Frau Adar ißt langsam, bedächtig den Berg abtragend. Sie schwitzt. Zwischendurch betrachtet sie Paternos Profil und sieht, wie die Essenbrocken in seiner Kehle hinuntergleiten.

Sie betupft mit der Serviette ihre Stirn und nimmt wieder die Gabel in die Hand.

Die Sauce, flüstert Paterno, die Sauce. Ich sage Ihnen, meine Liebste, er nimmt einen Schluck Wein und noch einen und noch einen, so gute Saucen gibt es sonst nirgendwo.

Ein bißchen bitter, sagt sie und verdreht die Augen.

Aus der Küche Geklapper und Wortwechsel, unverständlich.

Sie nimmt wieder einen Bissen, kaut, verschluckt sich. Ein Hustenanfall schüttelt sie, und er springt auf und schlägt ihr auf den Rücken.

Wieder gut? Er bleibt neben ihr stehen, die Hand auf ihrer Schulter.

Das Mädchen steht plötzlich wieder da.

Was ist denn hier los? fragt sie.

Nichts ist los, Paterno setzt sich wieder. Das Fleisch ist viel zu stark gewürzt.

Ach so, meint die Bedienung, ich leite es weiter.

Paterno verzieht den Mund, rot im Gesicht.

Er trinkt einen Schluck Wein und noch einen und noch einen und blickt den Beinen der Bedienung nach.

Dieses Teufelsweib, sagt er, Manieren hat sie nicht, aber ihre Arbeit macht sie gut.

Finden Sie? fragt Frau Adar, die sich wieder beruhigt hat und bleich geworden ist.

Na ja, Paterno wischt sich über die Stirn und schließt für einige Sekunden die Augen. Sie muß noch etwas besser dienen lernen.

Frau Adar gibt auf und ißt weiter. Sie würgt die Bissen hinunter und läßt nach einigen Versuchen, noch mehr herunterzubekommen, die Gabel sinken.

Im Stuhl lehnt sie sich zurück, ihre Augen liegen noch tiefer, und sie röchelt.

Trinken Sie, fordert Paterno sie auf, lassen Sie sich das Bouquet auf der Zunge zergehen.

Und er sieht, wie sie seinen Worten folgt und wieder vom Wein trinkt.

Er trocknet sich mit der Serviette das Gesicht ab und läßt die Schultern hängen.

Mit Mühe richtet sie sich auf, will das Weinglas auf den

Tisch zurückstellen, verliert die Balance, und der Wein ergießt sich rot auf dem weißen Tischtuch.

Nun passen Sie doch auf! schreit Paterno und springt auf. Der kostbare Wein.

Aber sie läßt die Serviette auf den Boden fallen und ihre Hände zittern.

Schwankend setzt sich Paterno, pfeift, wie zu Anfang.

Aber niemand kommt.

Der Fleck macht wirklich nichts, meine Freundin, flüstert er und will mit dem Messer ein Stück Fleisch zerschneiden. Aber der Wein! Den darf man nicht mutwillig verschütten.

Das Messer entgleitet ihm und rutscht neben den Teller, eine Spur auf dem Tisch hinterlassend.

Frau Adar antwortet nicht, neigt mit geschlossenen Augen den Kopf und sinkt langsam vom Stuhl, willenlos zum Boden.

Er starrt auf den Tisch, beide Hände links und rechts neben dem Teller und bewegt sich nicht.

Dann sackt er in sich zusammen. Noch am Tisch sitzend, fällt ihm der Kopf nach vorn.

Aus der Küche sind keine Geräusche mehr zu hören.

Die Nachtmusik wiederholt sich zum drittenmal.

Ein Luftzug läßt eine Kerze am Leuchter neben der Eingangstür verlöschen.

Das Mädchen kommt mit ihrem Gang. Dieser Männerschritt.

Sie nähert sich schnell dem Tisch der beiden Gäste, bleibt stehen und betrachtet die Szenerie.

Ein Pfiff von ihr, und der Chinese erscheint.

Los, sagt sie, schaffen wir sie ins Büro.

Sie greift Frau Adar, die nicht mehr spricht, unter die Arme, der Chinese nimmt die Füße. Und so zerren sie die Dame übers Parkett in das Büro des Geschäftsführers. Sie heben sie auf ein Sofa.

Paterno ist inzwischen vom Stuhl gefallen und liegt zusammengekrümmt neben dem Tisch.

Das Fräulein und der Chinese kehren in den Saal zurück, packen den Mann wie vorher die Frau und schleppen und ziehen ihn ebenfalls in das Büro.

Mit Mühe gelingt es ihnen, ihn halb auf, halb neben Frau Adar auf das Sofa zu heben.

Und nun? fragt der Chinese?

Du räumst den Tisch ab, was sonst, sagt das Mädchen und bindet ihre Schürze ab.

Sie löst ihr Haar aus den Kämmen und sieht den Chinesen auf dem Weg in den Speisesaal.

Alle Türen stehen offen.

Sie nimmt ihren Mantel vom Haken und verläßt das Haus.

Der Chauffeur sitzt im Wagen bei laufendem Motor und liest Zeitung.

Sie reißt die Tür auf, er erschrickt.

Fahren Sie, befiehlt sie ihm und nimmt neben ihm Platz, fahren Sie in die Stadt.

Und er setzt den Wagen in Bewegung.

Fanny Morweiser

Blindekuh

Olga kroch tiefer in ihren Pelzmantel und hielt ihn mit beiden Händen am Hals zusammen. Dabei hatte Jakob die Heizung voll aufgedreht. Aber sie kam einfach nicht dagegen an – ihr war in letzter Zeit ununterbrochen zu kalt. Sie fror ausdauernd und mit Hingabe, egal wo sie war, in ihrem Bett nicht weniger als auf einem zugigen Bahnhof. Das Ganze hatte vor ein paar Wochen angefangen, kurz nach Weihnachten, und sie hatte alles, aber auch wirklich alles probiert, das Problem in den Griff zu bekommen. Angorawäsche, nicht gerade sehr kleidsam, wie sie fand, hatte ebensowenig zu helfen vermocht wie die beiden reizenden silberziselierten Handwärmer, die Jakob bei einem Trödler entdeckt und für sie gekauft hatte. Glühwein und Punsch machten sie nicht warm, sondern nur betrunken, ihr Hausarzt verschrieb ihr Kreislaufmittel und war ratlos. Ihre Mutter schickte ihr einen Topf mit Gänsefett zum Einreiben, und ihre Schwester riet ihr, täglich eine Viertelstunde eiskalt zu duschen. Beides Methoden, die sie ablehnte.

»Schlimm?« fragte Jakob. Er nahm die rechte Hand vom Steuer und legte sie einen Moment auf ihr Knie. »Wir sind bald dort. Und du glaubst wirklich, daß die dir helfen können?«

»Claire ist sich da ganz sicher«, sagte sie. Claire war ihre Freundin, und Claire hatte gemeint, daß ihr Frieren wahrscheinlich ein seelisches Problem war. Du brauchst keine Wärmflasche, sondern einen guten Psychologen, hatte Claire gesagt und ihr gleich jemanden empfohlen. Und da saß sie nun im Auto neben Jakob, und fuhr an diesem kalten

Februarnachmittag irgendwohin aufs Land, wo Claire sie und Jakob fürs Wochenende angemeldet hatte.

Die Straße folgte einem kleinen Fluß, verließ ihn dann und schlängelte sich zwischen sanften, schneebedeckten Hügeln von Dorf zu Dorf. Ein seltsam fahles Licht lag über dem Land, Licht, das von dem Schnee ausging und von dem grauen Himmel eingesogen wurde, als stünde heute die Welt auf dem Kopf. Es war ein Tag nach Altweiberfasching, und so waren in den Dörfern Wäscheleinen über die Straße gezogen, an denen bunte Fetzen hingen. Ab und zu huschten ein paar vermummte Kinder von Tür zu Tür und bettelten um Süßigkeiten.

»Das letzte Dorf, die letzte Kneipe«, sagte Jakob, »wie wär's mit einem kleinen Schluck zur Aufmunterung?«

»Schon recht«, sagte sie. Er hielt neben einem Schneehaufen am Straßenrand und half ihr beim Aussteigen, damit sie nicht ausrutschte.

»Danke, Jakob«, sagte sie, »das ist lieb. Ich finde das überhaupt sehr anständig von dir. Ich meine, daß du das alles mitmachen willst. Du bist schließlich völlig in Ordnung.«

»Es wird mir auf keinen Fall schaden«, meinte er. Er schloß den Wagen ab und ging neben ihr auf die Wirtschaft zu, einen halben Kopf kleiner als sie, aber so drahtig in seinen Bewegungen, daß er damit seine etwas unter dem Durchschnitt liegende Körpergröße wieder voll ausglich. Er stieß die Tür auf und atmete tief das Gemisch aus warmer Luft und Rauch und den Geruch abgestandenen Bieres ein, ein Klima, in dem er sich sofort wohl fühlte. Das kam wohl daher, daß er die Woche über in dieser Art von Wirtshäusern essen und schlafen mußte, sein Beruf als Vertreter einer großen Weinfirma ließ ihm da keine andere Wahl.

Er legte seinen Arm um Olgas Hüfte und schob sie zu einem Tisch nahe der Theke, an dem schon ein paar Leute saßen.

»Hallo«, sagte er, »dürfen wir?« Er drückte sie mitsamt ihrem Pelzmantel neben einen dicken Mann auf die Bank, entledigte sich seines Paletots und setzte sich ihr gegenüber. Das hier war seine Welt. Olga lächelte etwas gequält, und entschuldigte sich bei dem Mann, der gerade hatte trinken wollen und sich, weil sie ihn versehentlich angestoßen hatte, den Jackenärmel bespritzt hatte.

»Macht nichts«, meinte er, beäugte sie von der Seite, fand sie hübsch und wohlriechend und gab diese Feststellung mit einem kurzen Augenzwinkern an Jakob weiter, der sie mit einem freundlichen Grinsen aufnahm.

»Darf ich die Anwesenden zu einem Gläschen einladen?« fragte Jakob, und ohne lang eine Antwort abzuwarten, winkte er dem Wirt und bestellte eine Flasche Krähenblume, seine Lieblingssorte, ein saures Getränk, das erst nach dem zweiten oder dritten Glas schmeckte, sich aber dann so ins Zeug legte, daß man mit dem Trinken nicht mehr aufhören wollte.

»Ein Wein für Kenner«, erklärte Jakob, als die Flasche kam, schüttelte sich begeistert nach dem ersten Schluck, und beobachtete gespannt die Gesichter seiner Gäste. Außer Olgas Banknachbarn gehörten noch zwei Männer und eine Frau mit zur Runde, alle in mittlerem Alter, so wie sie auch, und alle nicht mehr ganz nüchtern, was wohl auch der Grund war, daß sie den Wein gar nicht so übel fanden.

»Woher wußtest du, daß er diese Sorte am Lager hat?« fragte Olga.

»Ganz einfach, ich selbst hab ihm vor einigen Wochen ein paar Flaschen aufgeschwatzt.«

»Aber das ist doch nicht deine Route?«

»Nein?« fragte er erstaunt. »Na, dann muß ich wohl so vorbeigekommen sein. Trink altes Mädchen, er wird dir guttun.«

Sie trank gehorsam, fühlte wieder diese schreckliche

Kälte in sich hochkriechen, und mußte alle Kraft zusammennehmen, um nicht mit den Zähnen zu klappern. Die Knie fest zusammengepreßt, wartete sie ergeben, bis Jakob Lust hatte, weiterzufahren, bekam kaum mit, was am Tisch geredet wurde, und horchte erst auf, als die andere Frau schrill lachte und rief: »Was, zu den Körnerfressern wollt ihr? Weswegen?«

Jakob zeigte zu Olga hinüber. »Probleme«, sagte er.

Die Frau blickte Olga mitleidig an. »Wechseljahre?« fragte sie.

Olga schüttelte erschrocken den Kopf.

»Was denn?«

»Ich weiß nicht«, sagte sie leise.

»Ihr geht es einfach zu gut, das ist es«, meinte Jakob, »sie hat keine Kinder, sie muß nicht arbeiten, ich bin nur am Wochenende da, also hat sie zuviel Zeit, um darüber nachzudenken, wie gut es ihr geht. Das ist ihr Problem.«

Olga sah ihn an und öffnete den Mund, als wolle sie etwas sagen, aber unter seinem spöttisch herausfordernden Blick blieb sie lieber stumm.

»Die Rechnung, Herr Wirt«, sagte Jakob, »wir müssen weiter, bevor es dunkel wird.« Er zahlte und verabschiedete sich von seinen neuen Freunden, versprach, vorbeizukommen, wenn ihm die vegetarische Kost, die ihn bei den Psychologen erwartete, nicht behage, und zündete sich draußen noch schnell eine Zigarette an. »Du weißt ja, was auf dem Wisch steht, den Claire uns gegeben hat. Kein Alkohol, kein Nikotin, kein Koffein. Und in zehn Minuten sind wir dort.«

Olga kramte im Auto Claires Zettel aus ihrer Handtasche und las ihn noch einmal halblaut durch:

Erfahrene Psychologen nehmen sich Ihrer an.

Wir helfen Ihnen, Körper und Seele neu zu entdecken.

Die Mahlzeiten werden von uns gestellt, Gemüse und Obst

sind aus eigenem Anbau.

Bitte verzichten Sie während des Kurses auf Genußmittel jeder Art.

Dann kam der Preis, der Olga zu dem schuldbewußten Satz veranlaßte: »Für das Geld hätten wir in das beste Hotel gehen können. Mit Vollpension.«

»Hätten wir«, sagte Jakob. Er pfiff vergnügt vor sich hin, während er mit Schwung die letzten Kurven nahm. »Das muß es sein.«

Sie waren auf einer Hochebene angelangt, über die ein kalter Wind strich, der die wenigen Bäume zauste, die sich längs der Straße bis zu einem im Schnee wie versunkenen Gebäude erstreckten, das aussah, als läge es am Rand der Welt.

»Es muß ein altes Gutshaus oder so was sein«, meinte Jakob, »ein neuer Anstrich könnte ihm nicht schaden.«

Sie fuhren an dem langgestreckten Gebäude mit vielen kleinen Fenstern vorbei, bogen um eine Ecke und kamen in einen Hof, der auf einer Seite vom Haupthaus begrenzt wurde, sonst aber ganz von Ställen und einer Scheune umgeben war. Es gab einen großen, in der Kälte dampfenden Misthaufen unterhalb der Galerie, die oben an einem der Ställe entlangführte, den man aufgestockt hatte, um ein paar Gästezimmer einzurichten. Auf dem zermatschten Schnee standen bereits ein paar Autos, Jakob parkte daneben und stieg aus. Aus dem Kofferraum holte er ihre Reisetasche und ging, Olga im Schlepptau, gemächlich auf das Portal des früheren Gutshauses zu.

»Wenn wir unser Zimmer da oben kriegen«, er deutete mit dem Kinn zur Galerie hoch, »haben wir Landluft noch und noch.«

Mit dem Ellbogen stieß er einen Flügel der Tür auf, hielt ihn für Olga offen und ließ ihn hinter ihr wieder zufallen. Sie befanden sich in einem gefliesten Gang, der von einer einzigen Glühbirne beleuchtet wurde, die am Kabel von der Decke hing und jetzt im Luftzug, den sie durch das Öffnen der Tür verursacht hatten, beim Hin- und Herschaukeln groteske Schatten warf.

Rechts und links waren jeweils zwei Türen, im Hintergrund führte eine Treppe nach oben. An der Seite stand ein einfacher Holztisch, auf dem Papiere lagen, und auch an die Wand darüber waren Papiere gepinnt. Jakob stellte die Taschen ab und begann zu lesen:

Wir erwarten von unseren Gästen Mithilfe im Haushalt, wie Spülen, Putzen usw.

Wer mag junge Katzen? Abgabe kostenlos. Fragt Gabi.

Der nächste Schwitzkurs ist am . . .

Er lachte, beugte sich vor und las nun nur noch für sich.

»Vielleicht wäre das das Richtige für dich gewesen«, sagte er, als er fertig war, »sie setzen sich in ein Zelt, überschütten heiße Steine mit kaltem Wasser und schwitzen im Dampf ihre Probleme einfach aus.«

»Sauna«, sagte Olga.

»So ist es.« Er klopfte an eine der Türen und öffnete sie.

»Jemand da?« rief er.

»Ich komme«, sagte eine Stimme. Eine hochgewachsene junge Frau kam in den Flur und gab ihnen die Hand. »Gut, daß Sie da sind, Sie sind die letzten. Ich zeige Ihnen Ihr Zimmer, und dann fangen wir gleich an, denke ich. Ich bin Beatrice. Wir sprechen uns während des Wochenendes mit den Vornamen an und sagen du zueinander. Jakob und Olga, hab ich recht?«

»Absolut«, sagte Jakob.

Sie sah ihn aus kühlen grauen Augen an, wandte sich dann aber gleich wieder ab und ging ihnen voran über den Hof, am Misthaufen vorbei, die Treppe zur Galerie hinauf. Sie stieß die Tür zu einer der Kammern auf und trat zur Seite, um sie vorzulassen. Eine Mönchszelle hätte nicht spartanischer eingerichtet sein können. Auf dem Boden lagen zwei mit Stroh oder ähnlichem Material gefüllte Matratzen, ansonsten gab es nur noch einen Stuhl und ein paar Haken in der Wand, um die Kleider daran aufzuhängen. Am meisten aber erschreckte Olga, daß sie nirgendwo einen Ofen oder eine Heizung entdecken konnte.

Als habe Beatrice ihre Gedanken erraten, sagte sie: »Direkt darunter ist der Stall mit den Kühen. Das gibt eine wunderbare natürliche Wärme. Ihr habt doch Schlafsäcke dabei?«

»Nein«, sagte Jakob.

»Das ist dumm. Das hätte Claire euch sagen sollen. Na gut, ich werde sehen, ob ich was auftreiben kann. Die Toilette und der Duschraum sind im Haus drüben. Ihr kommt dann, ja?«

»Wohin?«

Sie zeigte über den Hof, wo im ersten Stockwerk des Hauses die Lichter angegangen waren, so daß die vielen kleinen Fenster anheimelnd und tröstlich ihr gelbes Licht auf den schmutzigen Schnee warfen. »Wir treffen uns im großen Saal.«

Sie hatten sich umgezogen – Trainingsanzüge, wenigstens das hatte Claire ihnen gesagt – und mußten nun noch vor der Tür zum großen Saal ihre Schuhe ausziehen. Sieben Paar Schuhe standen schon da, zählte Olga schnell, drei Männer, vier Frauen, und so drehten sich ihnen auch, als sie eintraten, sieben Gesichter entgegen. Sieben Personen saßen, mehr oder weniger geschickt, mit gekreuzten Beinen auf dem Boden. Sie saßen im Kreis um einen Leuchter mit brennenden Kerzen und wirkten ängstlich und erwartungsvoll, Kindern ähnlich, die auf den Nikolaus warten, den Knecht Ruprecht aber nicht ausschließen können. Olga und Jakob murmelten eine Begrüßung und ließen sich auf den hellgrauen Teppichboden nieder, mit dem der ganze

Raum ausgelegt war. Die Wände waren weiß gekalkt, die Vorhänge an den Fenstern, jetzt zugezogen, aus naturfarbenem Nessel. Es gab keine Bilder, keine Möbel. Und es war kalt. Verzweifelt sah Olga sich um. Hier war schließlich kein Kuhstall darunter, und so entdeckte sie zu ihrer großen Erleichterung in einer Nische einen kleinen gußeisernen Ofen, der wahrscheinlich erst entzündet worden war und es noch nicht geschafft hatte, den Raum zu erwärmen.

Beatrice, die kurz nach ihnen gekommen war, setzte sich jetzt in die Mitte neben den Leuchter, schloß die Augen, legte die gefalteten Hände an die Stirn und blieb einige Minuten so. Olga spürte, wie ihr die Füße einschliefen. Schließlich öffnete Beatrice die Augen wieder, richtete den Blick direkt auf sie und sagte: »Olga, fangen wir mit dir an. Warum bist du hier?«

»Weil ich friere«, sagte Olga.

Ein Mann rechts von ihr lachte, hörte aber sofort wieder damit auf und senkte schuldbewußt den Kopf.

»Und warum frierst du?« fragte Beatrice sanft.

»Das weiß ich nicht, das ist es ja«, sagte Olga. »Ich glaube, ich würde sogar im Sommer frieren. Ich würde auf Mallorca frieren, in der Sauna und auf einem Kachelofen. Ich friere einfach.«

»Hast du Probleme, Olga?«

»Nein.«

»Doch. Du hast ein Problem, das du nicht zuläßt. Und dein Körper hat es jetzt auf sich genommen, dich darauf hinzuweisen. Solange, bis du es angehst und dich damit auseinandersetzt. Verstehst du das, Olga?«

»Ja.«

»Wir alle werden dir helfen. Karl!«

Der Mann neben Olga, der gelacht hatte, fuhr zusammen. »Ich hab einen Tick«, sagte er, »mein Auge zuckt immer so ... so komisch. Ich kann das nicht steuern, es ist furchtbar peinlich, wenn ich mit jemandem rede, und er guckt nur auf mein Auge und wartet, bis es wieder ...«

»Du bist nervös, du mußt ruhiger werden. Wir werden Übungen miteinander machen, die dir mehr innere Ruhe geben. Du wirst die Übungen zu Hause regelmäßig weitermachen, und die Sache wird sich legen.«

»Danke«, sagte Karl demütig.

Es stellte sich heraus, daß die Frauen Sorgen mit den Kindern, dem Alkohol, mit der im Haus lebenden Verwandtschaft hatten. Eine, die Jüngste, hatte Angst vor dem Leben. Von den beiden übriggebliebenen Männern fürchtete der eine seinen Vorgesetzten, der andere wollte mit dem Rauchen aufhören. Und Jakob?

»Mein Problem ist, daß meine Frau friert«, sagte Jakob. »Ich fühle mich irgendwie schuldig.«

Es klang hinterhältig, wie er es sagte, aber außer Olga schien das keiner zu merken. Beatrice legte wieder beide Hände an die Stirn und versank in Schweigen. Die Kerzen flackerten in einem kaum wahrnehmbaren Luftzug, der von einem der Fenster kam. Aus dem gefliesten Gang unten hörte man das Geräusch von Schritten. Irgendwo roch es nach Kohl. Beatrice ließ die Hände sinken und sah sie reihum am. »Das genügt für heute«, sagte sie. »Morgen fangen wir richtig an. Wir essen jetzt gemeinsam zu Abend und gehen dann gleich auf unsere Zimmer. Kein Nikotin, kein Alkohol, keine Drogen, keine Liebe. Einverstanden?« Sie wartete die mehr oder weniger laut gemurmelte Zustimmung gar nicht erst ab, erhob sich geschmeidig und graziös und ging zur Tür, während die anderen langsam auf die Beine kamen, sich seufzend die Knie rieben oder mit beiden Händen den Rücken abstützten, der ihnen vom ungewohnten Sitzen steif geworden war. Draußen schlüpften sie in ihre Schuhe und stiegen die Treppe hinunter. Eine Tür stand offen, aus der auch der Kohlgeruch kam, und sie schoben sich nacheinander in eine große Küche, wo an einem langen Holztisch für sie gedeckt war. Am Herd stand ein junger Mann, der in einem Topf rührte, ihnen aber, als sie eintraten, den Kopf zuwandte und seine vorstehenden Zähne entblößte.

»Das ist Walter«, erklärte Beatrice. »Wir sind über das Wochenende nur zu zweit, die anderen sind auf einem Seminar. Deshalb wäre es nett, wenn ihr morgen zwischen unseren Übungen im Stall helfen würdet. Ganz abgesehen davon, daß es auch so eine Art Therapie sein kann, mit den Händen einfache Arbeiten auszuführen. Im Sommer würde ich euch alle in den Garten schicken. Eine Stunde Hacken und Unkrautjäten ist das beste Mittel gegen Depressionen, Schlaflosigkeit, nervöse Störungen.«

Unwillkürlich betrachtete Olga Beatrices Hände und fand sie wohlgepflegt, ohne die Spuren, die Gartenarbeit und Stallausmisten unweigerlich hinterlassen. Aber vielleicht trug sie Handschuhe oder hatte diese Art Therapie nicht nötig. Sicher waren immer genug Leute da, die es als Offenbarung ansahen, einmal eine Mistgabel in der Hand zu halten. Sie setzte sich zu den anderen an den Tisch und bekam von Walter eine Kelle Kohlsuppe in den Teller. Die Suppe war heiß, das war ihr größter Vorzug – anschließend gab es Grünkernküchlein und Kartoffeln, für jeden ein Küchlein und zwei Kartoffeln. Bei den Getränken konnte man wählen: Brennessel – oder Rote Betesaft. Die meisten entschieden sich für den letzteren, wahrscheinlich der Farbe wegen, die an Rotwein erinnerte. Das Essen wurde weitgehend schweigend eingenommen, eine Uhr an der Wand tickte, zwischen ihren Füßen strich eine Katze herum und rieb sich an den Beinen derjenigen, deren Geruch ihr behagte.

Während Olga sich mit den anderen Frauen anschickte, das Geschirr einzusammeln und zu spülen, sprach Jakob mit

Beatrice und erklärte ihr, daß er noch auf einen Sprung ins Dorf müsse. Olga hoffte inständig, daß Betrice ihn gehen ließe. Er brauchte seine Zigaretten und seinen Schlummertrunk am Abend. Aber Beatrice ließ ihn nicht nur gehen, sondern bat ihn, sie mitzunehmen, sie habe mit dem Wirt etwas zu besprechen. Armer Jakob, dann würde wohl aus dem Schlummertrunk doch nichts werden. Olga hob bedauernd die Schultern und lächelte ihm zu. Vielleicht konnte er sie auch überlisten. Jakob mochte alles mögliche sein, aber dumm war er nicht.

Es schien schon ziemlich spät zu sein, als sie das Auto in den Hof fahren hörte. Sie hatte noch kein Auge zugetan. Obwohl sie mit dem Trainingsanzug in den Schlafsack gekrochen war, den Walter ihr gegeben hatte, und noch ihren schweren Pelzmantel darübergelegt hatte, fror sie erbärmlich, und diesmal sicher nicht nur, weil sie ein ungelöstes Problem hatte. Es war wirklich lausig kalt. Sie horchte auf das Gepolter von Jakobs Stiefeln, als er die Treppe zur Galerie hochkam. Nach dem Lärm zu schließen, den er machte, hatte er gewaltig geladen, so sehr, daß es nicht einmal dieser heiligmäßigen Beatrice entgangen sein durfte. Er riß auch prompt zuerst die falsche Tür auf, wurde jedoch sofort mit einem gezischten: »Aber aber«, vertrieben und landete schließlich bei ihr.

»War's schön?« fragte sie unter ihrer Vermummung hervor.

»Absolut«, sagte er. Das schien jetzt wohl sein Lieblingswort zu werden. Sie seufzte und drehte sich in ihrem Schlafsack auf die andere Seite.

Nach dem Frühstück, das aus frischer Milch und Vollkornzwieback bestand, verschwanden die Männer im Stall, während die Frauen in der Küche Gemüse putzten und das Mittagessen vorbereiten halfen. Das alles geschah unter Walters Anleitung, Beatrice tauchte erst zum Essen auf, blaß und gesammelt, bereit, sie alle im Lauf des Nachmittags mehr oder weniger zu sich selbst zu führen – wie sie es nannte. Sie machte Atemübungen, Yoga, Meditation mit ihnen, und tatsächlich gelang es ihr, einen nach dem anderen zu knacken. Bis auf Olga. Olga fror und hörte und sah zu, wie jeder zu heulen anfing und seine Ängste und Sorgen, den ganzen aufgestauten Frust hemmungslos vor Fremden bloßlegte und dabei beteuerte, wie gut das tue, einmal über alles reden zu können und zu sehen, daß es anderen auch nicht besser ging. Gegen Abend, als alle ausgeheult und ziemlich erschöpft waren, begannen sich ihre Blicke mißtrauisch auf Olga zu richten. Daß Jakob schwieg, fanden sie in Ordnung, er war schließlich nur ihretwegen mitgekommen, aber daß sie so ganz und gar stumm blieb, empfanden sie als Vertrauensbruch. Schließlich hatte doch jeder von ihnen ... Beatrice sah das auch so. »Du hast kein Vertrauen, Olga«, sagte sie. »Du hörst dir alles an und gibst nichts preis. Das ist unfair.«

Die anderen nickten zustimmend.

»Aber wenn ich doch nichts zu sagen habe«, meinte Olga.

»Ich glaube, du hast uns sehr viel zu sagen. Aber da du bis jetzt nur durch deinen Körper dein Problem, was auch immer es sein mag, hast mitteilen können, werde ich versuchen, dich über deinen Körper zu erreichen. Ich verbinde dir jetzt die Augen und führe dich durch das Haus, den Hof, die Ställe. Du bist mir ausgeliefert und mußt mir vertrauen. Ja?«

»Wenn's sein muß«, sagte Olga ergeben, »bitte.«

Sie zog erst vor der Tür ihre Schuhe und den Mantel an, bevor Beatrice ihr ein Tuch um den Kopf band. So gründlich, daß wirklich kein bißchen Licht mehr durchschimmerte und Olga blind und hilflos ins Leere tappte, bis Beatrice ihre Hand ergriff und sie führte. Es lag eine Ewigkeit zurück, daß sie auf Kindergeburtstagen Blindekuh gespielt hatte, und so war es für Olga ein seltsames Gefühl, treppauf, treppab geführt zu werden, mit der freien Hand über rissige Wände oder das Holz einer Täfelung zu tasten. Sie roch in der Küche, was es zum Abendessen gab, spürte im Hof die frische Luft und erschrak, als das Geländer an der Galerie, über die Beatrice sie führte, unter ihren Händen nachgab.

»Es ist morsch«, sagte Beatrice, »aber ich bin da und halte dich.« Sie verstärkte den Druck ihrer Hand und zog Olga nun fast hinter sich her, bis sie mit ihr auf einem Scheunenboden gelandet war, sie dort in einen Heuhaufen drückte und ihr das Tuch abnahm. Olga sah sich blinzelnd um. Sie saßen wie in einem Nest, staubige Balken und Sparren dicht über sich, das Gurren von Tauben nahebei. Beatrice kauerte etwas tiefer und hielt ihr aufmerksam das Gesicht zugewandt.

»Na?« fragte sie.

»Was na?«

»Nun red doch schon.«

»Ändert sich was, wenn ich drüber rede«, sagte Olga.

»Warum nicht. Reden befreit, das ist das eine. Und zum zweiten kann ich dir vielleicht doch helfen. Um was geht es also?«

Olga griff sich ein bißchen Heu, rieb es zwischen den Fingern und hielt es sich unter die Nase. »Jakob betrügt mich«, sagte sie. »Er betrügt mich, wo er geht und steht, jetzt sogar mit meiner besten Freundin.«

»Claire?«

»Claire. Sie war ja schon ein paarmal hier. Ich wette, sie ist auch nur hergekommen, um sich auszuheulen. Weil die Sache sie genauso belastet wie mich.«

»Ich darf nichts sagen.«

»Das will ich gar nicht. Ich weiß es auch so. Er hat sie wahrscheinlich jedesmal hergefahren und dabei gleich die Gelegenheit benutzt, dem Wirt im Dorf seinen Wein zu verkaufen. Jakob ist ein Meister im Koordinieren.« Sie roch an dem Heu und schwieg.

»Und?« drängte Beatrice.

»Ich dachte: Olga, reg dich nicht auf, Jakob war immer schon hinter anderen Röcken her, und jetzt ist es eben Claire. Bis auf das Wissen darum hat sich ja nichts geändert. Jakob ist wie immer, besorgt, liebevoll, er denkt nicht dran, sich scheiden zu lassen. Und mir geht es gut. Ich hab die hübsche Wohnung, die ganze Woche meinen Spaß, ich geh zum Friseur, ins Café. Ich treff mich mit meinen Freundinnen. Am Wochenende ist Jakob da und verwöhnt mich. Also Olga, sagte ich zu mir, hör auf zu weinen, pudre dir die Nase und sei vergnügt.«

»Und warst du vergnügt?«

»Aber sicher. Soweit man es bei dieser Friererei sein kann.«

»Armes Mädchen«, sagte Beatrice. Sie breitete die Arme aus und zog sie an sich, und Olga, die sich zuerst sperrte, gab schließlich nach, drückte ihr Gesicht an Beatrices Schulter und weinte, bis sie nicht mehr konnte. Danach richtete sie sich auf, schneuzte sich energisch und zupfte ein paar hängengebliebene Halme aus ihrem Pelzmantel. Auch Beatrice hatte sich erhoben. Auf dem dämmrigen Dachboden standen sie einander gegenüber und sahen sich verlegen an, bis Olga zu lachen begann und Beatrice leicht mit dem Ellbogen in die Seite stieß. »Danke«, sagte sie.

Als sie hinunterkamen, war zu Olgas großer Erleichterung die Gruppe aufgelöst, die Männer waren wieder im Stall, versuchten die Kühe zu melken und fuhrwerkten mit der Mistgabel herum, die Frauen deckten den Tisch fürs Abendessen. Olga schlich an der offenen Küchentür vorbei und schloß sich im Waschraum ein. Sie tauchte einen Handtuchzipfel in kaltes Wasser und rieb sich damit übers

Gesicht, bis alle Tränenspuren beseitigt waren. Aus ihrer Manteltasche holte sie eine kleine Puderdose und einen Lippenstift und machte sich ein bißchen zurecht. Draußen klopfte jemand an die Tür. »Sofort«, rief sie. Sie zog an der Spülung, wartete noch ein bißchen und öffnete dann. Es war Jakob. »Alles in Ordnung?« fragte er.

»Aber ja.«

»Was habt ihr denn so getrieben?«

»Wir sind herumgegangen. Hin und her. Treppauf, treppab.«

»Sonst nichts?«

»Sonst nichts.«

»Und hat's dir gutgetan?«

»Ich glaube schon.«

Zusammen betraten sie die Küche und setzten sich zu den anderen. Beatrice war schon da und verteilte die Suppe. Hirsesuppe. Danach gab es für jeden eine gedünstete, mit Spinat gefüllte Tomate, diesmal mit drei Kartoffeln. Anschließend gab Walter einen Kräutergrog aus, der Jakob zu einem verzweifelten Hustenanfall hinriß.

»Was um Himmels willen ist da drin?« fragte er.

»Thymian und Melisse, abgerundet mit Ahornsirup und Zitrone«, sagte Walter beleidigt. »Du bist eben einfach nichts Gutes gewöhnt.«

»Mag sein«, sagte Jakob. »Da fällt mir ein, daß ich gestern abend im Dorf etwas vergessen habe. So leid mir das tut, ich muß auf einen Sprung hinunter. Beatrice?«

»Ja?« fragte sie.

»Ist deine Angelegenheit mit dem Wirt erledigt?«

Sie hielt den Kopf über ihren Grog gesenkt und dachte anscheinend nach.

»Beatrice«, wiederholte er, »ich hab dich was gefragt.«

Aller Blicke waren auf sie gerichtet. Sie trank einen Schluck und drehte das Glas zwischen den Händen. »Wenn ich's mir überlege«, sagte sie, »ist da vielleicht wirklich noch eine Kleinigkeit zu regeln.« Sie hob den Kopf und sah Olga an.

Olga zog die Augenbrauen zusammen und zuckte fast unmerklich mit den Schultern. Falls Beatrice vorhatte, Jakob bei ein oder zwei Flaschen Krähenblume ins Gewissen zu reden, sollte sie das ruhig tun. Nützen würde es nichts. Jakob wußte, daß sie wußte. Sie sprachen nur nicht darüber.

Sie ging wieder früh schlafen, aber es war nicht nur die Kälte, die sie wachhielt. Es wurde später und später, sie hörte vom Dorf herauf die Kirchturmuhr schlagen – Jakob kam nicht. Endlich, weit nach Mitternacht, hörte sie das Auto. Sie kroch aus dem Schlafsack, legte sich den Pelzmantel um und trat auf die Galerie hinaus. Über den Hof war ein Draht gespannt, an dem eine Lampe hing, die die ganze Nacht brannte und auch jetzt, sachte hin- und herschaukelnd, einen runden Lichtfleck auf die Stelle warf, wo Jakob das Auto abgestellt hatte. Er stieg aus, ging um den Wagen herum und öffnete Beatrice die Tür. Und wie bei einer Theateraufführung, wo sie selbst im Dunklen, die Szene aber hell beleuchtet war, konnte Olga jetzt sehen, wie sich Beatrice an Jakobs Hals warf und ihn küßte, und Jakob, in Beatrices Armen auch nicht viel größer als in Olgas, tätschelte und streichelte sie und schien seine ganzen alten Sprüche loszulassen. Olga zog sich zurück, zwängte sich wieder in ihren Schlafsack und stellte sich schlafend, als Jakob vergnügt die Treppe hochgetrudelt kam und sich zur Ruhe bettete. Ob's schön war, brauchte sie diesmal ja nicht zu fragen.

Am nächsten Morgen erschien Beatrice gleich nach dem Frühstück und gab das Programm für den letzten Vormittag bekannt. »Ihr geht jetzt eine Stunde spazieren«, sagte sie, »aber allein, jeder für sich. In genau einer Stunde treffen wir uns oben und machen dann noch einmal, was jeder sich wünscht. Entspannung, Yoga, je nachdem. Alles klar?«

Sie nickten. Olga blieb fast der Mund offenstehen. Wenn es Beatrice noch gelang, Walter aus dem Weg zu räumen, hatte sie eine Stunde mit Jakob. Und Walter würde ... sie drehte den Kopf und sah aus dem Fenster. Natürlich, da Walter heute keine Hilfe hatte, würde er die nächste Stunde genug damit zu tun haben, den Stall auszumisten und den Kühen frisches Heu zu geben.

Sie brach mit den anderen auf. Jakob blieb zurück, er wolle erst noch ein Paar andere Schuhe anziehen, sagte er. Olga steckte die Hände tief in die Manteltaschen und marschierte querfeldein. Die anderen verloren sich so nach und nach, bis sie sich allein auf der Hochebene fand, dem kalten Wind ausgesetzt, der ihr ins Gesicht biß und ihre Haut zum Glühen brachte. Hinter einem struppigen kleinen Wäldchen fand sie einen leeren Schafstall, dessen Tür offenstand. Sie ging hinein, kauerte sich in eine Ecke auf ein paar alte Säcke, die dort lagen und kramte aus den unerschöpflichen Taschen ihres Mantels eine zerdrückte Zigarettenschachtel und Streichhölzer. Sie zündete sich eine der Zigaretten an und zog mit Genuß den Rauch ein. Sie rauchte nur selten, weil Jakob es nicht gerne bei ihr sah. Langsam ließ sie den Rauch durch die Nase fächeln und sah ihm verträumt nach. Ab und zu blickte sie auf die Uhr, und als sie die Schachtel leer geraucht hatte, war auch die Zeit fast um, sie erhob sich, ein bißchen steif, ein bißchen benommen, aber das würde sich draußen an der frischen Luft gleich legen.

Sie kam als eine der letzten und setzte sich mit untergeschlagenen Beinen auf ihren Platz. Alle hatten von der Kälte gerötete Gesichter. Auch Jakobs Gesicht war rot. Vielleicht war das alles doch ein bißchen viel für ihn gewesen. Sie wandte den Blick wieder von ihm ab, legte beide Hände auf die Knie und versenkte sich in sich selbst, wie Beatrice es sie gelehrt hatte.

Einer nach dem anderen äußerten sie ihre Wünsche, absolvierten in Kurzfassung noch einmal das ganze Programm – bis nur noch Olga übrigblieb.

»Was möchtest du, Olga?« fragte Beatrice.

»Ich möchte dich führen, wie du mich gestern geführt hast«, sagte Olga.

»Ach, warum?«

»Einfach so.«

Erstaunt, aber trotzdem gehorsam, ließ Beatrice sich die Augen verbinden und nahm Olgas Hand. Sie gingen den gleichen Weg wie gestern, erst durch das Haus, an der Küche vorbei, über den Hof, die Treppe zur Galerie hinauf. Ein Teil der Gruppe, unter ihnen auch Jakob, war ihnen diesmal gefolgt und stand unten im Hof. Olga hielt an und mit ihr Beatrice, eine Hand am schwankenden Geländer.

»Was ist?« fragte sie. »Gehn wir nicht weiter?«

»Hab Vertrauen, Beatrice«, sagte Olga. Sie gab Beatrice einen leichten Schubs, und unter dem Aufschrei der im Hof Stehenden riß Beatrice einen Teil des Geländers mit sich und stürzte auf den Misthaufen. Im ersten Schreck dachte keiner daran zu helfen, und so glitschte und rutschte sie verzweifelt auf dem frischen Mist herum und versuchte, sich dabei das Tuch von den Augen zu ziehen. Olga genoß das Schauspiel nur ein paar Sekunden, dann ging sie in die Kammer, um ihre und Jakobs Taschen zu packen.

Die Abreise war ziemlich überstürzt gewesen, aber jetzt fuhren sie gemächlich die Landstraße entlang. Das Dorf lag nun schon weit hinter ihnen, andere Dörfer folgten und bald hatten sie den kleinen Fluß erreicht, dem die Straße folgte, die sie bis zu der Stadt bringen würde, in der sie lebten.

»So oder ähnlich«, sagte Olga, »werde ich es in Zukunft mit jeder deiner Freundinnen machen. Hast du verstanden, Jakob?«

»Absolut«, sagte er.

Sie lehnte sich zurück und knöpfte ihren Mantel auf. Ihr war wunderbar warm.

Elizabeth Kuster

Rache
»Der Dolch in den Rücken wird auch dich entzücken«

Wenn du die Art von Frau bist, der Reue etwa so fremd ist wie der Wolf im Schritt, *und* wenn du glaubst, du kannst ein Leben hinter Gittern mit links und mit Stil bewältigen, dann ist Rache die Taktik für dich. Wenn nicht, dann sprich mir nach: Rache ist falsch.

Warum? Tja, ich *könnte* die unsterblichen Worte des berühmten Komikers Buddy Hackett zitieren, der sagte: »Hege keinen Groll. Während du den Groll hegst, amüsiert sich der andere beim Tanzen.« Aber du würdest wahrscheinlich bloß denken: »Was weiß Buddy Hackett schon von Rache?« Ich könnte auch erzählen, welchen psychologischen Schaden sie anrichtet und wie Rachepläne deinen Anläufen, ein glückliches Leben zu führen, in die Quere kommen, doch deine Reaktion wäre bestimmt: »Ja, ja. Sag mir lieber, wo ich Salpeter herkriege.«

Also sage ich statt dessen folgendes: Man vergißt einen Mann bedeutend schneller, wenn man nicht ständig auf der Flucht vor den Bullen ist. Ich weiß, ich weiß, ihm eine Kartoffel in den Auspuff zu stopfen klingt ziemlich verlockend. Aber geht's dir tatsächlich besser, wenn du im Knast sitzt und irgendeine hünenhafte Aufseherin dich zu ihrem nächsten Knuddelhäschen erkoren hat?

Solltest du die Stichhaltigkeit dieser Szenarien bezweifeln, dann bedenke folgendes: Rache lädt zu Vergeltung ein, und Männer sind eine *sehr* vergeltungswütige Spezies (liegt an all dem Testosteron). Diese wahre Geschichte einer sechsunddreißigjährigen Akademikerin sollte zu denken geben: »Nachdem mein Freund mir den Laufpaß gegeben hatte, riß ich die Scheibenwischer von seinem neuen Sportwagen. Er erstattete Strafanzeige gegen mich und ließ die gesamte Motorhaube neu lackieren. Nach einem alptraumartigen Prozeß mit einem Richter, der meinte, ich sollte in Zukunft ein ›braves Mädchen‹ sein, bekam ich eine Bewährungsstrafe und mußte über 1300 Mark an Wiedergutmachung zahlen.« (Was nur ein Beweis für meine Theorie ist, daß Amerikas Motto nicht mehr »Wir vertrauen auf Gott« heißt, sondern »Ich verklage!«.)

Gut. Jetzt, da ich euch überzeugt habe, daß Rache etwas Entsetzliches und Perfides ist, etwas, das ihr nie, nie, nie tun solltet, habe ich hier ein paar ...

Garstige Rachegeschichten, die zu lesen echt Spass macht, weil sie von Leuten handeln, die du nicht kennst

Wahre Rachegeschichte Nr. 1. »Ich war mit meinem Freund mit Unterbrechungen fünfzehn Jahre zusammen gewesen. Nachdem er mit mir Schluß gemacht hatte, nagten meine Rachgefühle etwa ein Jahr lang an mir, bis ich von dem Bedürfnis, mich zu rächen, total besessen war. Ich fing an, eine Liste aller Cash-on-delivery-Produkte zu machen, für die im Fernsehen geworben wurde, und bestellte diese Waren dann nach und nach – unter Angabe der Adresse meines Ex. Im Lauf einer einzigen Woche bestellte ich unter anderem siebzehn Dampfkochtöpfe, fünfundzwanzig komplette Sätze von Miracle-Blade-Messern (die, mit denen man auch Turnschuhe und Marmorplatten schneiden kann) und zwanzig Matratzen. Dann füllte ich auf der Post einen Nachsendeantrag aus und ließ seine gesamte Post an eine fiktive Adresse in Indiana schicken. Als ich meinem Ex einige Jahre später auf der Straße begegnete, fiel mir auf, daß er ein nervöses Zucken im Auge bekommen hatte.«

Wahre Rachegeschichte Nr. 2. »Mein Therapeut arbeitet im selben Krankenhaus wie mein Ex. Nach unserer Trennung war ich so niedergeschmettert, daß mein Therapeut schließlich sagte: ›Hören Sie, wenn Sie wollen, daß Ihr Ex gefeuert wird – ich kann's veranlassen.‹ Es war genau wie in *Melrose Place*. Am Ende hab ich beschlossen, meinen Ex zu verschonen: Zu wissen, daß sein Lebensunterhalt in meiner Hand lag, war mir Rache genug.«

Wahre Rachegeschichte Nr. 3. »Finanzielle Rache ist die beste, weil sie da trifft, wo es wirklich weh tut. Meine Taktik war ganz einfach: Ich nahm seine Kabelanschlußbox mit. Später habe ich erfahren, daß er seine 100 Mark Kaution verloren hat *und* Bußgelder von mehreren hundert Mark zahlen mußte.«

Wahre Rachegeschichte Nr. 4. »Als mein Mann und ich uns trennten, war ich diejenige, die auszog. Er richtete es so ein, daß er nicht zu Hause war, als ich meine Sachen abholen kam. Ich packte die Gelegenheit beim Schopf: Ich goß Bleiche in sein Woolite, schüttete Milch auf all seine Klamotten und versteckte rohe Fleischstücke im ganzen Haus.«

Wahre Rachegeschichte Nr. 5. »Mein Ex war Gärtner; er hatte ein Dutzend riesiger Blumentöpfe, die mit Erde gefüllt waren, in seinem Innenhof stehen. Nach der Trennung kletterte ich über seinen Zaun, leerte alle Blumentöpfe aus und drehte dann den Schlauch auf. Das gab eine herrliche Schweinerei.«

Wahre Rachegeschichte Nr. 6. »Mein Ex hatte mir zu Weihnachten einen Weihnachtsstern geschenkt. Nach unserer Trennung schlich ich zu seinem Haus und stellte den Topf hinter den hinteren rechten Reifen seines Wagens. Dann versteckte ich mich. Irgendwann kam er raus, stieg in den Wagen und fuhr rückwärts über die Pflanze, was ein unheimliches Knirschgeräusch machte. Er ist zu Tode erschrocken.«

Wahre Rachegeschichte Nr. 7. »Ich nahm einen scharfen Spieß, ging zu meinem Ex rüber und zerstach ihm alle vier Reifen. Dann ging ich wieder heim und versteckte die Waffe in der Geschirrspülmaschine. Ich hab mich richtig wohl gefühlt – bis zum nächsten Tag, als ich von einem Motorrad überfahren wurde. Das war ganz bestimmt Karma.«

Wahre Rachegeschichte Nr. 8. »Vor ein paar Jahren war ich mit einem Typ zusammen, in den ich wahnsinnig verknallt war. Er entpuppte sich jedoch als Riesenarsch, und als die Beziehung in die Binsen ging, wollte ich, daß er sich schwarz ärgert. Also änderte ich die Telefonnummern aller Frauen in seinem Notizbuch – du weißt schon, 3en in 8en, 4en in 9en, so was – und heute, Jahre danach, ist mir das immer noch peinlich und ärgert mich maßlos und tut mir *ganz furchtbar leid, okay*???«

Das ist das schlimmste an der Rache: Meistens bereust du später, was du getan hast, auch wenn es de facto egal war. Nachdem dies geklärt ist, nun zu einigen lustigen und relativ harmlosen Rachetaktiken, die du ausprobieren könntest. Sie sind vielleicht nicht ganz so kathartisch wie wahre Rache, aber glaub mir: Sie sind bedeutend sicherer.

Rachtetaktik Nr. 1: SING RACHELIEDER. »Ich erfinde neue Texte zu meinen alten Lieblingssongs«, erzählt eine Frau. »Statt, sagen wir mal, ›I shot the sheriff‹ singe ich ›I shot my boyfriend. But I did not shoot his dog Rufus.‹ (Ich hab meinen Freund erschossen, aber nicht seinen Hund Rufus.)«

Eine andere Frau bastelt sich ihre Songs aus dem Stegreif zusammen. »Ich hab einen tollen geschrieben mit dem Titel ›Fertigpudding, Fertigliebe, fertig, Schluß‹«, sagt sie.

Na denn ...

Rachtetaktik Nr. 2: VERSUCH DICH ALS SCHRIFTSTELLERIN. »Ich hab eine ganze Computerdiskette voll von abartigen, kranken Horrorgeschichten, die von Verstümmelung handeln und deren Helden verschiedene meiner Exliebhaber sind«, erzählt eine Frau. »Wenn ich sterbe, werden meine Freunde und meine Familie diese Dateien möglicherweise mit Entsetzen lesen und schockiert was von ›Psychose‹ und ›Demenz‹ vor sich hin murmeln, aber wen juckts?«

Tip: Falls du diese Taktik ausprobierst, gib der Datei den Namen deines Ex. Solltest du nämlich irgendwann beschließen, sie zu löschen, wird dich der Computer fragen: »Michael löschen?« Dann kannst du mit aller Entschiedenheit »Ja!« tippen.

Rachetaktik Nr. 3: FREUNDE DICH MIT EINER SEINER VERFLOSSENEN AN. »Die Exfrau meines Ex und ich wurden Busenfreundinnen«, erzählt eine Frau. »Jedesmal, wenn wir zusammen ausgehen und ihn sehen, setzen wir uns zu ihm und plaudern darüber, wie er im Bett war. Das macht ihn total fertig.«

Rachetaktik Nr. 4: BENUTZE DEIN HAUSTIER. »Mein Freund war ganz vernarrt in meinen Hund«, erzählt eine Frau. »Als er mit mir Schluß machte, sagte ich zu ihm: ›Oooch, jetzt wirst du den Hund nie wiedersehen.‹ Daraufhin ist mein Ex total ausgerastet.«

Rachetaktik Nr. 5: BEUTE SEINE SPORTBESESSENHEIT AUS. Miete dir einen Fernseher mit Großbildschirm. Lade deinen Ex an einem Tag zu dir ein, an dem mindestens zehn wichtige Spiele stattfinden. Richte es ein, daß dich jemand anruft, gerade wenn das erste Spiel anfangen soll. Leg auf und sag deinem Ex, du müßtest ein paar Stunden weggehen, aber er könnte ruhig bleiben und sich die Spiele ansehen. Bevor du das Haus verläßt, *versteckst du noch schnell die Fernbedienung.* Wenn du dann zurückkommst, wird dein Ex herumtoben wie Rumpelstilzchen.

Rachetaktik Nr. 6: BELEGE IHN MIT EINEM FLUCH. »Männer sind sehr leichtgläubig«, bemerkt eine Frau. »Als mein Ex mit mir Schluß gemacht hat, sagte ich ihm, er würde Schwindelanfälle kriegen, wenn er je eine andere oral befriedigt. Anscheinend hat er's gefressen, denn als ich zwei Jahre später seine neue Freundin kennenlernte, beklagte sie sich darüber, daß er keinen oralen Sex mit ihr haben wollte, weil ihm davon angeblich schwindelig würde!«

Rachetaktik Nr. 7: ERZÄHL DEINE GESCHICHTE DER REGENBOGENPRESSE. Prominente sind wirklich gut im Austeilen. Das weiß ich, weil ich die einschlägigen Blätter lese. Da habe ich zum Beispiel folgende Details erfahren:

- Nachdem Woody Allen Mia wegen Soon-Yi verlassen hatte, schickte ihm Mia eine an einem Messer aufgespießte Valentinskarte.

– Sean Young ließ angeblich eine verstümmelte Woodoopuppe bei James Woods abgeben.

– Kiefer Sutherland beauftragte jemanden, über Julia Roberts' Haus hinwegzufliegen und »Julia hat Vogelstelzen« in den Himmel zu schreiben.*

Prominente haben gelernt, daß die Boulevardpresse selbst ein hervorragendes Racheinstrument ist. Ich habe zahllose Interviews mit frischgebackenen Hollywood-Singles gelesen, wobei das Telefon mitten im Interview klingelte und die betreffende Schauspielerin an den Apparat ging, eine Weile herumsäuselte und dann dem Interviewer erzählte: »Das war mein neuer Freund, Herr Supermann.«

Ich persönlich habe diese Taktik immer als unheimlich durchsichtig empfunden, aber offenbar funktioniert sie.

Und gibt es denn eine bessere Methode, Gerüchte zu verbreiten und deinem Ex einen Dolch in den Rücken zu jagen, als durch den Abdruck deiner Seitenhiebe in der Presse? Ich denke da an Burt Reynolds, der einem Boulevardblatt erzählte, Loni sei »eine unterbeschäftigte Schauspielerin mit unterentwickeltem Selbstwertgefühl und keine gute Mutter«. Und nicht nur das, während ihrer fünfjährigen Ehe habe sie »nur neun- oder elfmal gekocht, und es war immer Pasta«.

In diesem Kapitel wäre somit bewiesen, daß die uralte Maxime immer noch Gültigkeit hat: »Gut leben ist nur dann die beste Rache, wenn es deinem Ex hundsmiserabel geht.«

* Na schön, das habe ich erfunden. Es könnte aber passieren.

Anna Zaschke

Opfer der Ehe

Nach fünf in ungetrübter Harmonie verbrachten Ehejahren bemerkte Mechthild Kleinschmitt, daß ihr bis dahin treu befundener Mann Wolfgang sie betrog. Die Indizienkette war lückenlos. Von vorgeblichen Überstunden im Büro bis zu launischen Stimmungsumschwüngen zu Hause, von der ungewohnten Geschäftsreise bis zu Telefonanrufen, die abrupt endeten, sobald sie den Hörer abnahm, und schließlich – als letzte Bestätigung – bis zu nicht übersehbaren Spuren fremder Weiblichkeit auf den ihr achtlos zur Reinigung überantworteten Kleidungsstücken, fehlte keine Prämisse zu der klassischen Schlußfolgerung.

Nach fünf mit sinnlosen Grübeleien vertanen Nächten, die sie zwar um den Schlaf brachten, die Situation aber nicht änderten, beschloß sie zum Gegenschlag auszuholen, da Wolfgang Kleinschmitt sich durch hartnäckiges Leugnen jeder klärenden Aussprache entzog. Von Natur der alttestamentarischen Devise »Auge um Auge« zuneigend, bestand für sie über die Wahl der Mittel von vornherein kein Zweifel: Sie würde sich einen Liebhaber zulegen. Jedoch sah sie Schwierigkeiten bei der prompten Umsetzung des Gedanken in die Tat, da sie einerseits keinen entsprechenden Kandidaten zur Hand hatte und andererseits davor zurückschreckte, sich mit einem Schild um den Hals auf die Straße zu stellen.

Sie erkannte, welch schwerwiegenden Fehler sie begangen, als sie es seit der Eheschließung mit Wolfgang Kleinschmitt und dem anschließenden Umzug von Limburg an der Lahn nach Wiesbaden versäumt hatte, sich einen eigenen Bekanntenkreis aufzubauen. Die Kontaktmöglichkeiten einer hauptberuflichen Hausfrau waren, soweit sie nicht über den Ehemann vermittelt wurden, weitgehend auf Einkaufszentren, Handwerksbetriebe oder Stätten allgemeiner Freizeitgestaltung beschränkt. Auf den Zufall in Gestalt des Briefträgers oder des Staubsaugervertreters zu warten erschien ihr zu banal. Und den Gedanken, im Supermarkt oder beim Zahnarzt ein zu ihren Zwecken geeignetes männliches Objekt selbst anzusprechen, verwarf sie nach flüchtiger Prüfung ebenfalls, da sie sich zu derart fortgeschrittenen Ausdrucksformen der Emanzipation bestenfalls in der Theorie befähigt fühlte. Auch fürchtete sie, einen eventuellen negativen Bescheid nicht mit der nötigen Gelassenheit verkraften zu können.

Einer konservativeren Lebenspraxis gemäßer schien ihr die Methode, ein eingeschlafenes Verhältnis wieder aufzufrischen, die eiserne Reserve ehemaliger Verehrer (auf die keine Frau verzichten sollte) auf ihre heutige Verwendbarkeit zu überprüfen und gegebenenfalls einen Anwärter einreisen zu lassen. Leider hatte sie sich dieses relativ risikofreien Revanchemittels für betrogene Partner durch eigene blauäugige Radikalität schon vorzeiten begeben, als sie, um Wolfgang Kleinschmitt in der Hochzeit ihrer Leidenschaft auch die geringsten Eifersuchtsqualen zu ersparen, seine Vorgänger mit schnöden Worten in die Wüste geschickt hatte. Wie willkommen wäre ihr heute selbst ein Heribert Hasemann, der seinerzeit nur ihren kalten Spott zu erregen vermocht hatte, um Wolfgang seine Gemeinheiten heimzuzahlen! Aber Heribert Hasemann weilte in auswärtigen Diensten in Übersee. Frido Förster, den sie während eines denkwürdigen Urlaubs auf Sylt schätzengelernt hatte, war in der Blüte seiner Jahre bei einem Autounfall ums Leben gekommen. Und wohin es Rupert Mittmoser, einen verrückten Kunststudenten aus München, verschlagen hatte, wußte der Teufel. Jürgen Tietze hatte sie voreilig dankend an eine Freundin weitergereicht. Leo Pavlinski war ihres Wissens ebenfalls glücklich verheiratet, und Armin Zurnieden ... Aber was hieß schließlich schon »glücklich verheiratet«? Mechthild Kleinschmitt lächelte über sich selbst. Galt nicht vermutlich auch sie als glücklich verheiratet in den Augen einer flüchtig interessierten Öffentlichkeit, für die nur die gröbsten standesamtlichen Etikettierungen zählten? Glücklich verheiratet und damit gestorben für die Welt. »Tabu und weg vom Fenster«, hatte einer ihrer Freunde die fatale Situation einer Ehefrau schon vor Jahren so treffend gekennzeichnet. Ihr schien, es war Leo Pavlinski gewesen, der sich zu ihrer Hochzeit mit Trauerflor am Ärmel eingefunden hatte. Was für ein origineller Bursche dieser Leo doch gewesen war! Wie hatte sie das jahrelang vergessen können? In ihrer verliebten Verblendung hatte sie nur Augen für Wolfgang Kleinschmitt gehabt.

Sogar ihre Verehrerpost hatte sie ihm zum Opfer gebracht. Bündel von Liebesbriefen hatte sie dem Feuer überantwortet. Äffische Nibelungentreue!

Sie wühlte in den Schränken nach Zeugnissen der Vergangenheit, blätterte in verstaubten Alben, lächelte beim Anblick längst vergessener Gesichter, verharrte überrascht vor einer vergilbten Fotocollage, die der Vernichtung entgangen war. Das Blatt, offensichtlich ein Glückwunsch zu ihrer Hochzeit, den sie erst jetzt mit Bewußtsein zur Kenntnis nahm, stellte eine Art Opferungsszene dar. Vor einem mit Tusche gezeichneten Altar ragte eine Pyramide übereinandergeschichteter Leiber auf, in denen sie die aus Fotos ausgeschnittenen Figuren und Köpfe alter Jugendfreunde wiedererkannte. Auf den Altarstufen kniete ein weiteres Opfer, dessen Kopf das Profil von Leo Pavlinski aufwies. Mit beiden Händen deutete er auf seine klaffende Brust, der ein Priester im Bischofsornat ein nagellackrotes Herz entriß. Weitere nackellackrote Herzen türmten sich auf dem Altartisch. Rechts davon und mit keinem Blick für die Opfer stand ein schwarz und weiß gewandetes Brautpaar beim Ringetausch. Dem offenbar aus einer Illustrierten ausgeschnittenen Paar waren die Köpfe von Mechthild und Wolfgang Kleinschmitt aufgeklebt worden. Als Bildunterschrift las sie: »Geschlachtet auf dem Altar der Ehe.«

Sie löste das Blatt aus der Mappe, wendete es um und las: »Wenn ich Polizeipräsident wäre, ich ließe alle Standesämter schließen und alle Ehemänner hinrichten. Ein Opfer der Ehe.«

Welch charmantes Kompliment an ihre Adresse! Ironie des Schicksals: Damit sie es zu würdigen verstand, mußten fünf Jahre vergehen, mußte Wolfgang Kleinschmitt sich von ihr ab- und einer Geliebten zuwenden! Je länger sie auf das Blatt starrte, desto reizender erschien es ihr, desto bedeutungsvoller kamen ihr die wenigen Zeilen darauf vor, desto liebenswürdiger ihr Verfasser. Ob er sich noch an sie erinnerte? Warum hatten sie keinen Kontakt mehr zueinander? Wo mochte Leo heute leben? Wären sie nicht eigentlich füreinander bestimmt gewesen, wenn nicht Wolfgang Kleinschmitt zur Unzeit sich in ihr Blickfeld geschoben hätte, um sie mit seinem melancholischen Charme im Handumdrehen um den Finger zu wickeln?

An einem der nächsten Abende, den Wolfgang Kleinschmitt dringender Geschäfte wegen außerhalb verbrachte, schrieb Mechthild Kleinschmitt folgenden Brief an ihren ehemaligen Verehrer Leo Pavlinski, dessen gegenwärtige Adresse immer noch das Telefonregister der Stadt Limburg auswies:

»Lieber Leo, mit fünfjähriger Verspätung erkenne ich, wie bedauerlich in mancher Hinsicht es ist, daß Du nicht Polizeipräsident geworden bist. Allein hier in Wiesbaden kenne ich mindestens eine Person, die Dir sämtliche Vollmachten (auch am Rande der Legalität) einräumen würde, wenn Dich Deine Geschäfte einmal in diese Gefilde führen sollten. Ein Opfer der Ehe.«

Erst vier Wochen später kam ein Brief aus Limburg an der Lahn, in dem Hilde und Leo Pavlinski allen Freunden und Verwandten ihre glückliche Elternschaft anläßlich der Geburt eines reizenden Zwillingspärchens verkündeten. Auf die Rückseite der vorgedruckten Anzeige hatte Leo handschriftlich hinzugefügt: Im Interesse der neuen Erdenbürger müsse er die Zukunftsperspektive eines Polizeistaates sogar für den Fall ablehnen, daß man ihm selbst die Präsidentschaft antrage.

Kopfschüttelnd nahm Wolfgang Kleinschmitt den Text beim Frühstück zur Kenntnis und bemerkte lakonisch dazu: Wieder einer, dem die Lektüre von Marx das Gehirn vernebelt hat! Ob wir bald aus dem Untergrund von ihm hören?

Aber ganz im Gegenteil, sagte Mechthild Kleinschmitt und zerriß die Anzeige in kleine Schnipsel: Er wird es bestimmt noch zum Abteilungsleiter bei der Oberfinanzdirektion bringen.

Wieso bei der Finanz? fragte Wolfgang Kleinschmitt erstaunt. Ist er nicht beim Stadtbaureferat?

Oder da, sagte Mechthild Kleinschmitt und warf die Schnipsel in den Papierkorb.

Fünf Jahre später fand Mechthild Kleinschmitt, die jetzt in Frankfurt am Main wohnte und wieder berufstätig war, einen Brief auf dem Frühstückstisch, den ein gewisser Leo Pavlinski an sie gerichtet hatte: ein Name, der sie erst nach längerem Nachdenken vage an eine langweilige Beamtenseele aus Limburg an der Lahn erinnerte, einen Mustergatten und Erzeuger zahlreicher Kinder. Ihre eigene Ehe empfand sie derzeit als voll zufriedenstellend. Ihre Beziehung zu Wolfgang Kleinschmitt hätte nicht harmonischer sein können. Aus der Tatsache, daß er sie mit einer allerdings lästigen Eifersucht verfolgte, schloß sie, daß seine letzte Affäre schon geraume Zeit zurückliegen mußte. Sie selbst war soeben ein bezauberndes Abenteuer mit einem blutjungen Schauspieler des THEATER AM TURM eingegangen, das die schon ein wenig fade gewordene Beziehung zu Armin Zurnieden, einem Limburger, der sich als Notar in Frankfurt niedergelassen hatte, angenehm auflockerte.

Dieser Leo Pavlinski, der übrigens immer noch in Limburg an der Lahn wohnte, hielt es für der Mitteilung wert, ihr kundzutun, daß seine geistige und charakterliche Entwicklung in den letzten Jahren manchen Wandlungen unterworfen gewesen sei, daß er sich heute in vieler Hinsicht für einen gereifteren Menschen zu halten geneigt sei als den törichten jungen Mann, an den sie sich vielleicht noch erinnern werde. Insbesondere liege ihm daran, ihr das Geständnis zu machen, daß er sich heute einer gewissen satten Selbstzufriedenheit, um nicht zu sagen kleinbürgerlichen Borniertheit früherer Jahre schäme, auf die er im Detail nicht eingehen wolle. Niemand leide unter dieser Saturiertheit inzwischen jedoch mehr als er selbst, was er für eine gerechte Strafe hinnehme. Als Entschuldigung für sein vielfaches Fehlverhalten könne er nur seine familiäre Situation anführen, die sich zwar unterdessen nicht geändert habe, wohl aber seine Einstellung zu ihr.

In diesem Sinne ging es noch über drei Seiten fort, deren Lektüre Mechthild Kleinschmitt ein mehrmaliges herzhaftes Gähnen entlockte.

Zum Schluß stellte er gar einen Besuch in Frankfurt in Aussicht, sofern dieser erwünscht sei. Er wolle aber keineswegs aufdringlich sein und werde gewiß niemandem zürnen, wenn dieser sein Brief unbeantwortet bleibe.

Nun, das ist wahrhaftig noch ein Glück, dachte Mechthild Kleinschmitt, ehe sie zur Lektüre der Tageszeitung überging. Den Brief zu beantworten, sah sie nicht die mindeste Ursache.

Gabriele Haefs

Araf dân a wna ddial melys!

Ob es wohl deutsche Sprichwörter gibt, bei denen es um Rache geht? Die so richtig altüberlieferte Lebenshilfe bieten, von einer Generation an die nächste weitergereicht? So sehr ich mir auch den Kopf zerbreche, mir fällt bloß ein einziges ein, und das ist von derart dunklem, metaphysischen Charakter, daß mir dazu dann auch nicht mehr einfällt: Rache ist Blutwurst.

Ich gebe es lieber gleich zu, ich bin ungeeignet für die feinere Rachekunst, für die gröbere aber leider auch. Schon von einem simplen Racheakt, wie ihn die Autorin Vigdis Hjorth schildert, fühle ich mich leider total überfordert. Sie schildert einen Mann, der ein Gedicht schreibt:

Rhythmen steigen
in den Steinen am Wasser.
Bald ist Abend, wir müssen vergehen
flüchtig ist die Zeit. Ein Nun aufzuhalten
Ein Du zu lieben: Zu verstehen.
Mann und Frau
müssen verschwinden
wie du verschwandest
im Dunkel der Nacht.

Dieses Gedicht schickt er seiner Angebeteten – und sie schickt es zurück, mit dem Vermerk: ›Gedicht über eine mittelmäßige Vögelei‹. Rache? Blutwurst, aber, wie gesagt, selbst das übersteigt meine Fähigkeiten. Weshalb mir auch noch nichts Passendes für die liebe Kollegin eingefallen ist, die herumerzählt, ich sei zu doof, um ›Sofies Welt‹ zu übersetzen und habe nur eine Rohfassung geliefert, bei der der Verlag die Hauptarbeit machen mußte. (Falls eine der geschätzten Leserinnen einen Vorschlag hat, wie ich mich an der stümperhaften Möchtegernrufmörderin rächen könnte, bitte ich um Zusendung über den Verlag.)

Aber es gibt ja noch das Prinzip vom blinden Huhn. Und es gibt Wales. Wales ist ein Land mit hohen Bergen und tiefen Tälern und einer wohlklingenden Sprache, und es ist bevölkert von Männern mit klaren keltischen Augen, die Emrys oder Llewelyn heißen und in Häusern namens Plâs Cwmcynfelin wohnen. Sie schreiben Romane und Gedichte und Theaterstücke, sie übersetzen und gründen Verlage, und die Verlage veranstalten Buchmessen. Zu denen, wie überall, edeldenkende Menschen, aber auch lauter Pack, zusammenströmt.

Ich möchte keine weiteren Namen nennen, sondern den nämlichen Herrn lieber gleich als »Arsch« einführen. Dann wissen wir, woran wir sind. Wir kennen ihn alle, den Mann, der das Blaue vom Himmel schwört, bis er eine endlich rumgekriegt hat. Danach benimmt er sich wie ein Arsch, hat er denn je etwas versprochen? Bis sie ihn abgibt und sich anderweitig umsieht. Und dann kommt er gekrochen und schwört ewige Treue, und so geht's weiter, und nach dem 13. oder 28. oder 135. Aufguß hat sie es dann endlich satt. Das kapiert er nicht. Er schwört schöner denn je, verlegt sich auf Telefonterror, hängt gar nachts um drei an der Strippe, angesäuselt und sentimental und verlangt nach der einzig wahren Liebe seines Lebens. Im Hintergrund läuft Paco Ibañez. Die LP, die gemeinsam in Paris gekauft wurde. Die überall vergriffen ist. Und wenn *sie* die je wieder in Ruhe hören will, muß sie sich in *seine* Wohnung begeben. Das weiß er genau. Der Arsch.

Was den Arsch zur Buchmesse nach Aberystwyth verschlagen hatte, weiß ich bis heute nicht. Eigentlich hatte er nichts mit Büchern zu tun, sondern mit Tourismus, sollte Reisende nach Wales locken, zur Not sogar mit Hilfe der

Literatur. Deshalb saß er an einem knallbunten Stand und schaute trüb aus der Wäsche. Die walisischen Dichter mochten ihn nicht, die Dichterinnen ließen ihn links liegen, das sah ich gleich am ersten Tag bei einem Umtrunk. Alle prosteten einander munter zu, nur der Arsch stand allein in der Ecke. Ich fragte mich schon, ob ich aus rein christlicher Nächstenliebe ein Wort an ihn richten müßte, aber ich kam ins Gespräch mit zwei Herren mit klaren keltischen Augen, die Emrys und Llewelyn hießen, und schlug die christliche Nächstenliebe in den Wind.

Am dritten Abend war ich in der Bar am Rande des Messegeländes mit Emrys verabredet – aber ich konnte ihn nicht finden, denn die Bar war überfüllt von lärmenden Literaten, alle mindestens zwei Meter groß und anderthalb breit, sehr undurchdringlich also. Ich versuchte mein Glück am zweiten Eingang und dann am dritten, und dort konnte ich mich endlich zum Tresen durchkämpfen. Dort saß Llewelyn beim Bier. »Wo ist denn Emrys?« fragte er, aber das hätte ich ja auch gern gewußt. Llewelyn bot mir seinen Barhocker und die Herbeischaffung von Emrys an. Und da saß ich nun und machte mich auf eine lange Wartezeit gefaßt, ich hatte ja das Gewühl gesehen. Hinter mir sagte eine Stimme: »Darf ich dich zu einem Whisky einladen?« Der Arsch. Der genau weiß, daß mir von Whisky unweigerlich schlecht wird, der Arsch. Doch ich wollte in einer überfüllten Messebar keinen Streit riskieren, deshalb schlug ich vor: »Whisky nicht, aber ein Glas Wein würde ich durchaus nehmen.« Der Arsch bat um Wein. Bekam den Wein. Reichte mir den Wein. Lächelte erwartungsvoll.

Und dann?

Wie aus dem Erdboden emporgeschossen standen Emrys und Llewelyn neben mir, einer rechts, einer links. Wie aus einem Auge maßen sie den Arsch mit verächtlichem Blick. Wie aus einem Munde sagten sie: »Wir gehen.«

Ich schnappte mir das Glas und sagte gar nichts. Wir tranken es gemeinsam leer und vergruben es vor dem Plâs Cwmcynfelin im Sand.

Araf dân wna ddial melys lautet ein walisisches Sprichwort. Langsames Feuer kocht süße Rache. Es war keine große Rache, das nicht, aber dem Arsch war auf jeden Fall der Abend restlos verdorben, und für eine rachetechnisch unbegabte Person schmeckt selbst diese Art von Blutwurst süß.

Alice Oldenburgh

Ein schönes Arschloch

Ich habe ihn geliebt wie keinen anderen Mann. Aber es war eine labile Liebe. Auch Sascha mußte es gleich von Anfang geahnt haben, denn bei einem unserer ersten heimlichen Spaziergänge an einem kalten und nassen Januartag sagte er: »Ich habe mich in dich verliebt. Das ist furchtbar. Aber da muß ich durch.« Sascha war grausam jung, und ich hatte meine fruchtbare Zeit schon hinter mir. Das heißt, ich war verheiratet, lebte getrennt und hatte mich nach meinem ersten und einzigen Kind sterilisieren lassen.

Ich war Spätstudierende. Ich gehörte nicht zu den Frauen meiner Generation, die erst ihre Karriere verfolgt hatten und dann vielleicht noch als Spätgebärende ihr Glück suchten. Bei mir war irgendwie alles umgekehrt gelaufen. Mir war nicht zugetraut worden, Karriere zu machen. Ich hatte eine »vernünftige Ausbildung« erfahren, bald meinen Mann kennengelernt und geheiratet und irgendwann gespürt, daß vor dem Selbstmord vielleicht doch noch das Studium stehen könnte. Und da lief mir in der ersten Woche meines ersten Semesters Sascha über den Weg.

Im Gerempel vor den Fahrstühlen im »Philosophenturm« der Universität stieß er mir mit den Ellenbogen in die Rippen und sagte lachend: »Äey, man trifft sich!« »Und dabei kennt man sich noch gar nicht!« nuschelte ich und wußte nicht, ob ich zurückgrinsen oder mich abwenden sollte. Ich war noch so neu an der Uni und fühlte mich ziemlich alt.

Sascha studierte bereits im 5. Semester. Trotzdem besuchten wir dieselben Seminare. Hielten uns in den überfüllten Räumen gegenseitig die Plätze auf der Fensterbank oder auf dem Fußboden neben der Tür frei. Wir gingen

Kakao aus dem Automaten trinken. Spielten Schach bei mir. Er setzte mich matt. Und als wir uns das erstemal liebten, sagte ich: »Hab keine Angst.« Und er stöhnte immer und immer wieder: »Ich liebe dich!« »Unsinn«, wehrte ich ab und sog ihn ein.

Wir philosophierten miteinander, gingen zu Rock-Konzerten. Friedensmärsche und AKW-Nee!-Demos unterstützten wir Hand in Hand. Ich schrieb ihm glühende Gedichte, er mir flammende Briefe. Aber seinen Freunden mochte er mich nicht vorstellen. Ich zog mich aus meinem alten Kreis zurück. Wir paßten wunderbar zusammen. Wenn da nicht mein Lebensvorsprung gewesen wäre. Nach jedem Streit und jeder köstlichen Versöhnung schwor ich auf meine einzige Wahrheit: Kurzschluß gibt es nur, wo Strom fließt. Mochte der Strom nur nie versiegen.

Ein Streitpunkt war meine Ehe. Ich beschloß sie aufzulösen. Am Tag meines 40. Geburtstages kamen die Papiere vom Gericht. Ich reiste mit meinem Kind auf eine Insel, um es auf die neue Situation vorzubereiten. Auf dieser Insel erreichte mich der Anruf von Sascha: »Hör zu, ich muß mich von dir trennen. Ich hab da eine junge Frau kennengelernt, und es ist mir ernst. Such du dir deinesgleichen.« Wen sollte ich jetzt umbringen? Und auf welche Art?

Zu Hause begann ich Sascha zu vernichten. Ich zerschnit alle Gürtel, Seidenschals, Pullover, Taschen, Bücher, die ich im Laufe der Jahre von ihm bekommen hatte. Aus seinen zahllosen Briefen schnitt ich alle Sätze heraus, die da lauteten: »Ich liebe dich«, »Ich begehre dich«, »Ich halte dich fest« und schickte ihm nur diese Schnipsel in einem Briefumschlag. Die sezierten Briefe verbrannte ich an einem windigen, feuchten Herbsttag im Wald und begrub die Asche mit bloßen Händen.

Ein besonderes Geschenk von ihm waren sechs mundgeblasene Champagnerflöten gewesen. Mit einem Hammer zerschlug ich mitten auf dem Fußboden des Wohnzimmers meiner Mietwohnung um Mitternacht das erste Glas. Die Splitter flogen weit umher. Die übrigen Gläser packte ich in den Originalkarton, adressierte das Paket an Sascha und gab als Absender die Anschrift seiner Mutter an. Sie war immer gegen unsere Verbindung gewesen. Sie wollte Enkelkinder. Auf dem Postamt wurde die Annahme verweigert: »Was ist denn da drin? Wir verschicken keine zerbrechlichen Sachen!« »Aber ich bitte Sie«, sagte ich fröhlich, »das sind Scherben vom Polterabend. Das ist eine Überraschung für das glückliche Paar.« Das Paket wurde befördert.

Jetzt waren nur noch die Photos übrig. Sascha war ein interessant aussehender Mann. Mit gewaltiger Haarmähne, starkem Profil, intensiven Augen. Groß, breitschultrig. Er selber hatte sich einst als »schönes Arschloch« bezeichnet. Er war außerordentlich eitel. Manches Photo hatte er mir mit dem Hinweis überlassen, daß es nur diesen einzigen Abzug gäbe. Sascha in der Totalen auf dem Gipfel eines Viertausenders. Sascha in der Pose eines Gitarristen. Sascha als bezaubernder Knabe mit gescheiteltem Haar. Und dann Photos, die von uns zusammen gemacht worden waren und Photos, die ich von ihm geschossen hatte. Immer stand Saschas edles Profil im Vordergrund, diese wundervolle Nase, das schmale Gesicht, der breite Mund mit den ausgeprägten Lippen, die kindlich blickenden Augen. Ich liebte jedes einzelne dieser Photos. Wie oft hatte ich sie mir angesehen in den Nächten, in denen ich mich nach ihm sehnte.

Die Exekution des photographierten Sascha durch Verbrennung war meine letzte Mordhandlung. Diesmal tief in der Nacht in meiner Mietwohnung. Ich entzündete das erste von vielen Streichhölzern über dem Becken des Klosetts. Genüßlich und voller Schmerz beobachtete ich, wie die Flammen sein Haar erfaßten, dann das bleiche Gesicht, die Nase, den Mund, manchmal auch die Hände. Den Unterleib. Und manches Mal ging auch ich dabei drauf. Die Rauch- und Hitzeentwicklung war enorm. Für Augenblicke hielt ich inne, um zu lauschen, ob die Feuerwehr, von beunruhigten Nachbarn alarmiert, bereits anrückte. Aber alles blieb ruhig. Sascha brannte in meinem Klobekken. Seine ganze Schönheit rollte sich schwärzlich auf, fiel in flockigen Stücken ins Wasser. Dann drückte ich auf die Spülung. Photoasche ist resistent wie Fett oder Spinnen. Ich mußte mehrmals spülen.

Ich habe überlebt.

Jahre später traf ich den kahlköpfigen Sascha ein einziges Mal wieder. Er hatte inzwischen geheiratet, seiner Mutter den Enkel geschenkt und seine Frau mit einer sehr jungen Studentin betrogen.

Nach etlichen Bieren und vielen Zigaretten in der Kneipe, die wir früher immer gemieden hatten, weil sie uns zu spießig erschienen war, fragte er schließlich: »Sag mal, die Photos, die ich dir mal gegeben habe – würde es dir etwas ausmachen, sie mir wiederzugeben? Sie waren schließlich einmalig, weißt du? Und irgendwie würde ich sie wirklich gern wiederhaben. Natürlich nur, wenn es dir nichts ausmacht. Aber, bitte, versteh mich richtig« – Die Floskel »Bitte, versteh mich richtig« hatte er früher oft gebraucht, ach ja. Ich sah Sascha an, fast mitleidig. Da saß er nun, der Ehemann, der Vater, der Ehebrecher. Wollte die Bilder seiner Kraft zurück. »Es gibt sie nicht mehr, die Photos«, sagte ich freundlich. »Ich habe sie damals verbrannt.« Und während ich das sagte und ihn dabei beobachtete, spürte ich ein Gefühl, das nicht Liebe, nicht mehr Haß war, sondern eine besondere Art der Süße besaß.

Cornelie Gubitz

»Quitt«

Marianne ist ein Glückskind, das auf der Sonnenseite des Lebens steht, denn sie hat mich zur besten Freundin. Ich bin mir allerdings nicht sicher, ob sie sich dieses Privilegs bewußt ist. Sehr dankerfüllt wirkt sie jedenfalls nicht. Im Gegenteil.

Sie behauptet dreist, ohne sie wäre ich ein hoffnungsloser Fall, würde ziellos wie ein Schaf durchs Leben irren, widerkäuen, laut blöken, dumm schauen und mir von jedermann das Fell über die Ohren ziehen lassen.

Es nützt überhaupt nichts, darauf hinzuweisen, daß diese Behauptung in allen Punkten widerlegbar ist. Sie würde umgehend noch drastischere Beispiele aus dem Tierreich finden, mit denen sie mich anschaulich vergleichen kann.

Im Grunde ist Marianne eine Heimsuchung. Die Strafe des Himmels für alles, was ich je verbrochen haben mag.

Dabei bin ich so gut zu ihr, rufe sie täglich an, um sie über gängigen Klatsch zu unterrichten, setze ihr Kaffee vor und mich daneben, wann immer sie bei mir hereinplatzt, ohne ihr nachzutragen, daß sie mich von Haushaltspflichten abhält, lasse sie im Tennis gewinnen und finde ihre Frisur scheußlich, wenn sie aus dem sündteuren Haarstudio kommt, kurz, ich bin eine wahre Freundin.

Was man von ihr nur bedingt behaupten kann. Gut, sie kommt, putzt, schleppt und hilft einräumen, wenn ich umziehe, hütet und bekocht meine Kinder, wenn ich verreise oder macht mir die Wäsche, wenn meine Waschmaschine durchdreht. Im Grunde nichts Nennenswertes, zumindest nicht im Vergleich zu der ideellen Art von Freundschaft, die ich ihr biete.

Doch wiewohl sie mich bis aufs Blut schikaniert, blamiert und vor allen Leuten »Dicke« nennt, obwohl ich gertenschlank und allenfalls ein wenig weiblich gerundet bin, kommen wir fast ohne Messerstechereien aus, aber nur, weil ich mit Anstand und Charakter gesegnet bin. Auch Haltung und Gleichmut sind im Umgang mit ihr vonnöten, besonders, wenn es damit losgeht, daß an meinem Geburtstag in aller Herrgottsfrühe zwei entzückende alte Damen vor der Tür stehen und begehren, unser Haus zu besichtigen. Diese Forderung ist für mich so ungewöhnlich, daß ich völlig verwirrt bin.

Allerdings nur so lange, bis ich entdeckt habe, daß Marianne, die beste aller Freundinnen, Gartenzaun und Tor über Nacht üppig mit Luftballons, Fahnen und Girlanden geschmückt und mit der unübersehbaren Bekanntmachung plakatiert hat:

»Heute Neueröffnung vom Seniorenheim!«

Selbst in einem lauteren Gemüt wie dem meinen, dem Heimtücke und Niedertracht fremd sind, keimt da das erste Körnchen eines Rachegedankens. Aber nur ansatzweise, schließlich bin ich eine Seele von Mensch.

Etwas heftiger wird mein Verlangen nach Vergeltung, wenn wir beim Skifahren am Lift anstehen und dabei getrennt werden. Sie erwischt einen dicklichen Teenager, an meiner Seite nimmt ein gutaussehender Sportstyp im Sessel Platz. Gerade als er mir mit tiefem Blick versichert, ich sei das Attraktivste, was je seine Piste gekreuzt hätte, dreht sich meine wunderbare Freundin Marianne vor uns um und trompetet über die Hänge:

»Dicke, hier müssen wir unbedingt mal nächste Woche mit deinen Enkeln her!«

Die Bürde, die mir mit dieser Freundschaft auferlegt wurde, ist schwer, aber nicht untragbar. Inzwischen habe ich schon ein gewisses Maß an Abwehrreaktion entwickelt, jedenfalls sinke ich nicht mehr vor Scham in Ohnmacht, wenn sie in der piekfeinen Hotelhalle dem Kellner zuruft:

»Herr Ober, bringen Sie mir bitte einen Pikkolo und meiner Schwiegermutter ein Kännchen Tee, am liebsten Blasentee«, sondern gebe ebenso lautstark wie gelassen zurück:

»Nein, bringen Sie ihr keinen Alkohol – ein Tropfen davon und sie muß wieder zurück in die Anstalt!«

Ich darf meinen Mann für ein paar Tage auf eine Geschäftsreise in die USA begleiten. Marianne wird die Kinder versorgen. Vorher versorgt sie noch mich, mit Ermahnungen und guten Ratschlägen oder was sie eben dafür hält.

Demnach soll ich mich also nicht mit Hamburgern überfressen, die Finger von fremden Männern lassen, ihr was Schönes mitbringen und den Dollar nicht mit dem Krüger Rand verwechseln.

Wie immer tue ich brav, wie mir geheißen, und erlebe zauberhafte Tage. Zwischen den Geschäftsterminen und Veranstaltungen bleibt für meinen Mann Thomas, seinen Vorgesetzten, Herrn Ross, die Mitarbeiter und Kollegen genug Zeit, sie am Swimmingpool oder in den Einkaufsmalls, bei Besichtigungen oder Rundfahrten zu verbringen. Daß diese Aktionen zu reinen Lustbarkeiten mit hohem Unterhaltungswert geraten, liegt vornehmlich am Zugpferd der Truppe, dem Herrn Ross.

Ich liebe diesen Mann, was natürlich nicht im wahrsten Sinne des Wortes wörtlich zu nehmen ist. Aber Männer, die schon des Morgens gutgelaunt, gesprächig, charmant und lebhaft sind, finde ich schlichtweg anbetungswürdig, zumal das graue Alltagsgeschehen meines Umfeldes mehr von solchen geprägt ist, die sich mürrisch, wortkarg und unhöflich bis gereizt präsentieren und nicht im Traum daran denken, sich bei meinem Anblick – wie Herr Ross – zu dem Ausruf hinreißen zu lassen: »Sieht sie nicht in aller Frühe schon fabelhaft aus!?«

Ich finde, der Mann beweist seine Führungsqualitäten allein schon anhand der Tatsache, daß sein Blick für die wirklich wichtigen Dinge des Lebens geschärft ist.

Am letzten Tag vor der Abreise lungere ich noch ein Stündchen am Swimmingpool des Hotels herum, um noch so viel Sonnenbräune zu gewinnen, daß Marianne mich neidisch beschimpfen und schmähen wird. Die anderen lungern mit, obwohl ich es als nicht besonders klug von ihnen erachte, allzu erholt aussehend von einer Dienstreise zurückzukehren. Aber das ist schließlich nicht mein Problem. Thomas, mein Mann, ist da gewitzter und mimt Pflichtbewußtsein. Unablässig hantiert er mit Handy und Laptop und rennt alle Augenblicke in die Hotelhalle, um irgendwelche Faxe zu erhalten oder zu versenden. Allerdings bin ich ziemlich sicher, daß er diesen Arbeitseifer weniger deswegen an den Tag legt, um bei Herrn Ross als dynamischer, fähiger Mitarbeiter zu gelten, sondern mehr, um der Gefahr vorzubeugen, daß ich ihm vor Aufbruch zur nächsten Geschäftsreise boshaft einen schönen Urlaub wünsche und scheinheilig frage, ob er auch Sonnencreme und ein gutes Buch eingepackt habe. Er haßt es, wenn ich mit viel Effekt unter der Last der Haushaltspflichten zusammenbreche und ihn gleichzeitig bezichtige, Vergnügen bei seiner Arbeit zu haben. Aber diesmal bin ich ja dabei, daher frei von Neid und Mißgunst und friedlich wie ein Engel, während ich Annehmlichkeiten und Luxus genieße.

Vor dem Wasserfall der Hotelparkanlage baut sich eine Hochzeitsgesellschaft für den Photographen auf. Es ist eine bezaubernde Szene, und ich zücke ebenfalls den Photoapparat. Herr Ross, der eben noch seine Runden im Pool zog, lehnt an der Schwimmbadleiter und schaut gebannt zu, wie schließlich noch ein Motorrad herbeigeschafft wird, auf das man das Brautpaar malerisch drapiert. Automatisch schwenke ich die Kamera ein wenig und drücke den Auslöser, um den seltenen Fall, daß Spottvogel und Stimmungskanone Ross einmal im Zustand verzückter Entrückung verharrt, festzuhalten.

Abends sammeln sich alle Betriebsangehörigen zu einem Barbecue am Pool. Diese Lustbarkeit ist selbstverständlich eine reine Pflichtübung, aber man weiß ja, was man der Firma schuldig ist. Ich bin besonders einsatzwillig und ignoriere beharrlich meine kneifende Hose, während ich erneut zum üppigen Buffet schreite. Persönliche Interessen, wie Diätabsichten, müssen da eben zurückstehen.

Die anderen wissen wohl auch, was sich gehört und schonen sich nicht. An unserem Tisch sitzen ganz augenscheinlich die fähigsten, einsatzfreudigsten Mitarbeiter, denn es wird hier am lautesten gelacht und am meisten getrunken. Kein Wunder, schließlich führt Herr Ross den Vorsitz. Rechts neben sich hat er die damenhafte, elegante Designerin, links die junge, hübsche Sekretärin und mich als Gegenüber. Was will der Mensch mehr? Er fühlt sich auch sichtlich wohl, versprüht Charme und Esprit und brilliert mit amüsanten Unterhaltungsbeiträgen. Als echter Gentleman hat er nebenher ein wachsames Auge für Grundbedürfnisse und bemerkt sofort, daß das Weinglas der Sekretärin und auch meines der Nachfüllung bedürfen. Ausgeschlossen, eine solch bedeutsame Aktion dem Kellner zu überlassen. Nein, nein, verantwortungsvoll kümmert er sich selbst um Nachschank und will der Sekretärin neben ihm das Glas reichen. Im letzten Moment besinnt er sich eines Besseren, zieht das Glas zurück, ergreift das andere, reicht es mir und verkündet: »Alter vor Schönheit!«

Totenstille.

Reichlich Zeit für alle meine roten Blutkörperchen, sich in meinem Gesicht zu versammeln. Aber nach so einer Ohrfeige, selbst wenn sie nur verbal war, kann man es wohl nicht verhindern, rot zu werden.

»Oh, oh«, rufen welche.

»Na, na«, andere.

»Das war aber jetzt nicht nett«, bemerkt der ganz besonders sympathische Abteilungsleiter neben mir.

Ich fühle mich mit einem Schlag sehr ernüchtert und sehr gedemütigt. Abqualifiziert. Irgendwie nackt und schutzlos.

Daß alle anderen peinlich berührt sind und sich bemühen, die Taktlosigkeit auszubügeln, macht die Sache noch schlimmer. Nur an meinem Mann und seinem Nachbarn läuft das Geschehen unbemerkt vorbei, sie sind in eine angeregte Diskussion vertieft. »Marianne«, flehe ich innerlich, »schnell, hilf – wie rette ich die Situation?«

»Stell dich nicht so an, dummes Schaf, gib ihm Contra, sag einfach: ›Na, demnach kriegen Sie wohl nie etwas ab!‹«

Ich sage kein Wort. Marianne ist so weit weg, und ich bin so verletzt. Ross, du bist ein Riesenross! Es ist unhöflich und grob, mir mein Alter vorzuwerfen, schließlich kann ich dafür nichts. Ich kann es weder ändern noch abschaffen – nur mit Würde meistern. Aber nicht, wenn Leute wie du mich deswegen beleidigen!

Vor zwei Jahrzehnten wärst du wohl auf Händen über den Tisch balanciert, nur um mir zu imponieren, oder wärst über glühende Kohlen gelaufen, um meine Aufmerksamkeit zu erheischen. Heute diskriminierst du mich einer Jüngeren wegen! Den Rest des Abends würdige ich ihn keines Blickes mehr.

Marianne freut sich sehr, daß ich wieder zurück bin, bestreitet aber, daß sie froh ist, meine Kinder wieder los zu sein und behauptet, es sei ganz erstaunlich, wie wenig geschädigt diese herzallerliebsten Wesen trotz ihrer belastenden Erbmasse seien, und selbst der Einfluß meiner Erziehung hätte sie nicht versauen können.

»Lächerlich«, gebe ich zurück, »sie sind deshalb so wohlgeraten, weil ich sie weitgehend von dir fernhalte.«

Marianne merkt zum Glück nicht, wie wenig logisch diese Behauptung ist, nachdem sie die Engelchen gerade tagelang in Obhut hatte, sondern will wissen, ob ich ihre Ratschläge beherzigt und ihr etwas mitgebracht habe. Ich überreiche ihr einen sehr bunten Plastikventilator in Form eines Hamburgers. Als sie die Fassung wiedergewonnen hat, nickt sie anerkennend.

»So etwas Scheußliches habe ich wirklich noch nie zu Gesicht bekommen. A propos Gesicht: Du hättest nicht so viel in der Sonne braten sollen, dann würdest du jetzt nicht wie ein alter Indianer aussehen.«

»Fang du auch noch an«, breche ich in Tränen aus.

Marianne ist empört, als sie die Episode von Ross' taktloser Entgleisung erfährt. Allerdings kann ich mich nicht des Eindrucks erwehren, daß ihre Entrüstung beileibe nicht dem Umstand gilt, daß man ihre beste Freundin verunglimpft hat, sondern eher daraus resultiert, daß so ein dahergelaufener Herr Ross in ihren Kompetenzbereich gefunkt hat. Nur sie allein darf mich Dicke und Alte nennen.

»Hast du ihm eine geknallt?« will sie interessiert wissen. Ich verneine mit einem Kopfschütteln, worauf sie ebenfalls kopfschüttelt, mißbilligend.

»Aber wenigstens hast du eine Horde Kakerlaken in seinem Zimmer ausgesetzt?« hofft sie.

»Ich hab ihn keines Blickes mehr gewürdigt!«

»Soll das vielleicht eine Strafe sein?«

Ich wußte, sie würde enttäuscht sein, daß ich ihrem leuchtenden Vorbild so wenig nacheifer.

»Laß mal ein Photo von dem Kerl sehen«, fordert sie.

Damit kann ich wenigstens dienen, ich hatte morgens den Film vom Entwickeln geholt. Sie blättert den Stapel durch. Die Bilder, auf denen Herr Ross zu betrachten ist, zeigen ihn meist tadellos gekleidet, lächelnd und inmitten bewundernder Anbeter.

Marianne grunzt nur, solange, bis sie das Photo von Ross in Händen hält, das ihn versonnen an der Poolleiter zeigt, gerade den Fluten entstiegen.

Nach ihrem Hohngelächteranfall ist sie völlig erschöpft und kann nur noch stammeln: »... und so eine Witzfigur, diese lächerliche Karikatur eines Seehundes, dieser ungehobelte alte Fettsack ...« sie schnappt nach Luft, »... so einer darf dich ungestraft beleidigen! Wie willst du dir jemals Achtung und Respekt verschaffen, wenn du dir das bieten läßt ...!«

Das Photo war mir nicht weiter aufgefallen.

Mein lauteres Gemüt kennt eben weder Gehässigkeit noch Schadenfreude. Ich entreiße es ihr, um es eingehender zu betrachten. Stimmt, es ist ein echter Schnappschuß, weder schmeichelhaft noch günstig, aber gestochen scharf. Kein Maßanzug verbirgt gnädig die typische schneeweiße Hautfarbe eines Büromenschen, und die entspannte Haltung in Profilansicht läßt eine Bauchdecke weiche Wellen schlagen. Das etwas schüttere Haar hat durch die Nässe kein Volumen mehr, und der ebenfalls nasse, sonst sehr gepflegte Bart verleiht ihm das Aussehen eines traurigen Seehundes, weil er hängt.

Lange und schweigend und eingehend betrachte ich das Photo. Dann strafft sich mein Kreuz.

»Auch wenn ich Gewalt ablehne – er bekommt schon noch seine Ohrfeige!«

Ich greife die Negative, lasse die verdutzte Marianne sitzen und renne ins Photogeschäft, um eine hübsche Vergrößerung anfertigen zu lassen.

Zwei Monate später durchstreifen Marianne und ich sämtliche einschlägigen Boutiquen und Kaufhäuser. Das große Ereignis des Jahres, ein Wohltätigkeitsball, steht bevor, und es kann nicht schaden, bei solch einem Anlaß so atemberaubend wie möglich auszusehen.

»Du bist die Pest am Hals, wieso kannst du mich nicht alleine und in Ruhe einkaufen lassen«, beklage ich mich, als wir das zirka zehnte Geschäft unter Hinterlassung eines Desasters und völlig entnervten Personals abgegrast haben.

Sie grinst fröhlich: »Weil du sonst mit wer weiß was für geschmacklosen, sündteuren und unvorteilhaften Fetzen daherkämst, und ich mich in Grund und Boden schämen müßte, deine Freundin zu sein.«

Die Verkäuferin gerät in Begeisterungstaumel, als ich das dunkelblaue, figurbetonte Samtkleid anprobiere und schaut irritiert von einer zur anderen, als Marianne das Urteil fällt: »Das Kleid wäre einsame Spitze, wenn nicht gerade ein Nilpferd drinsteckte.«

Ich kaufe es.

Vor dem großen Abend bringt mir Marianne noch ihr Straßkollier vorbei.

»Damit du wenigstens einen Blickfang zu bieten hast, sonst schaut dich ja kein Mensch an.«

Ich rühre einen Löffel Salz in ihren Kaffee und bedanke mich herzlich. Wie so oft hat Marianne recht: Das Collier fällt wirklich auf, auch Ross am Nebentisch sieht immer wieder her. Natürlich ist er Luft für mich, auch wenn ich die einzige bin, die ihn ignoriert. Ansonsten drängt sich wie üblich alles um ihn, um in seinem Dunstkreis die fröhliche Stimmung zu genießen, die er verbreitet.

Kurz nach Mitternacht entschuldige ich mich und suche die Waschräume auf, angeblich um mir die Nase zu pudern. Im Foyer werden gerade die Photos ausgestellt, die von jedem Tisch und jedem Gast im Verlauf des Abends geknipst worden sind. Von Ross existiert eine ganze Serie, Prominenz wird natürlich bevorzugt abgelichtet. Er ist gut getroffen, eine blendende Erscheinung im maßgeschneiderten Smoking.

Unauffällig ziehe ich die Vergrößerung des Swimmingpoolphotos aus meiner Brieftasche und setze sie zwischen die Ballbilder, trete einen Schritt zurück, um die Wirkung zu überprüfen und trolle mich dann hochzufrieden auf die Treppe, die zum Ballsaal führt und von der aus ich einen allumfassenden Überblick auf das Foyer behalte.

Es hat sich herumgesprochen, daß die Photos erhältlich sind, das Foyer füllt sich und erstes Gelächter wird laut. Schnell bildet sich vor dem Ständer, auf dem Ross in allen Variationen ausgestellt ist, eine Menschentraube. Auch Herr Ross erscheint. Auf dem Weg zur Photogalerie wird ihm auf die Schulter geklopft, und er bekommt von allen Seiten spöttische Kommentare zugerufen, die er verständnislos registriert. Er beschleunigt den Schritt und drängelt durch's Getümmel, so daß ich ihn kaum im Blickfeld behalten kann. Ein dicker Glatzkopf umarmt ihn weinselig und dröhnt: »Tja, mein Guter, wir werden alle nicht jünger und hübscher.«

»Posierst du jetzt als Pin-up-boy für Frauenmagazine?« Die sehr blonde Dame kreischt vor Lachen.

»Das soll wohl eine Werbekampagne unter dem Motto: ›Kleider machen Leute‹ sein ...«

»Nein, eine Demonstration von ›Machen Sie das Beste aus ihrem Typ‹ ...!« So schwirrt es durcheinander. Ross ist eingekeilt und der Meute ausgeliefert.

Seelenruhig stehe ich auf der Treppe, Logenplatz für das gebotene Spektakel. Das Gesicht von Ross ist rot und schweißnaß, der Ausdruck darauf nackt und verletzt. Er findet keine Worte, seine sprichwörtliche Schlagfertigkeit ist außer Kraft. Begleitet von Hohngelächter reißt er das Photo an sich und tritt den Rückzug an.

Während seiner Flucht fällt sein Blick auf mich und wird nachdenklich. Ich schaue ihm nach langer Zeit wieder voll in die Augen und schenke ihm mein strahlendstes Lächeln!

Susanne Alge

Alles Gute zum Namenstag, Mutter!

Also, wenn dieser Typ noch einmal die Spur wechselt, dann, dann. Als ob nicht schon längst bekannt wäre, daß das ewige Spurwechseln den Stau nur noch vergrößert.

Ja glaubt's denn der Mensch! Also, wenn der jetzt noch ein einziges Mal, dann, dann wechsle ich auch die Spur.

Ist ja wahr! Kann wohl nicht ertragen, daß ich schneller bin als sein Porsche. Aber diese Porschefahrer. Weiß doch jede. Wie hieß denn noch mal der Esel mit seinem. Was war das wieder? Ein. Na! NP. Nein: NLP. Nein. Zwei Buchstaben. Da bin ich sicher.

Ja, Herrgottzack! Ist denn das die Möglichkeit! Aber ich sag's ja: Am Morgen saure Milch in den Kaffee gekippt, und schon ist der ganze Tag im Eimer. Am besten gleich wieder ab ins Bett.

Ach du Schande! Wenn das so weitergeht, komme ich gnadenlos zu spät. Mein Gott! Jetzt ein Handy. Warum hat denn um Gottes willen kein Mensch das Handy zu Christi Zeiten erfunden? Dann gäbe es wenigstens einen Heiligen des Handy. Lieber, lieber Candius, ich spotte auch nie wieder übers heilige Handius.

Was macht denn der schon wieder? Ich glaube, ich träume! Wechselt die Spur! Also hol's der Teufel. Jetzt wechsle ich auch die Spur. Was sagt der Mensch? Hupt mich dieser Oberlehrer doch an. Mann! Das war ja eine Frau. Wenn dieser Idiot um sieben angerufen hätte. Der Anruf war beschissen. Da beißt die Maus keinen Faden ab. Aber um sieben wäre er genauso beschissen gewesen. Bloß um sieben hätte ich noch nicht verschlafen gehabt. Um sieben hätte ich.

Hätte ich. Gar nichts hätte ich. Doch hätte ich.

Wie sagte Mutter immer: »Schön putzen und dann wegwerfen.« Genau das hätte ich. Um sieben hätte ich genau das. Das und nichts anderes. Aber nein! Ruft er um acht an. Versager. Arsch. Vollidiot. Und ich? Sage auch noch: Oh, Gott, schon acht. Also auf der Spur wird das nichts. Oh, Gott, sage ich, zu dem sage ich: Oh, Gott. Hätte ich doch: Oh, ich weiß nicht was gesagt. Fakt ist: In solchen Situationen sage ich immer: Oh, Gott oder Oh, Himmel. Oder jedenfalls irgend etwas Frommes, Erhebendes. Sagt der doch glatt: Nein, ich bin's. Schönen guten Morgen! Schönen guten Morgen! Wacht fünf Jahre lang neben mir auf und sagt: Schönen. Guten.

Wieso die die Ampeln in solchen Situationen nicht auf Blinken umstellen, wissen sie wohl auch nicht. Und das mir. Die ich doch wahrhaftig 2000 Jahre auf der Erde sein könnte und noch immer nicht wüßte, was denn an einem Morgen schön und gut sein soll. Ein Morgen ist ein Morgen ist ein Morgen.

Ist einfach jeden Morgen ein Scheißmorgen.

Und an einem Morgen mit saurer Milch in den Kaffee ist es eben ein Oberscheißmorgen. Mensch! Jetzt such schon den zweiten Gang! Irgendwo in deinem Auto wird er wohl herumliegen. Na klar, jetzt stehen wir wieder. Trotzdem ist der Spruch typisch Mutter. Wieso denn putzen vor dem Wegwerfen? Mein Kind! Das sagt man halt so.

Saaagt man halt so. Ach du Schreck! Mutter! Mensch! Mutter! Die hatte doch. Hatte die nicht vor kurzem Namenstag? Na, Hallelujah! Ich hör's doch schon. Hallo? Hallo Mutti!

Jawohl, ich sage einfach Mutti. So richtig retten wird mich das auch nicht, aber immerhin: Mutti ist so ein bißchen mehr, wie sie's liebt. Findet Mutter eher so ein bißchen hart. Ich kenne ja gar nichts anderes, als daß sie zu ihrer eigenen Mutter »Omilein« sagte. Sowas von doof. Also, Muttilein, sage ich nicht zu ihr. Und wenn der blöde Namenstag schon hundertmal vorbei ist. Also: Hallo Mutti?

Jetzt fahr schon, du Trampel! Grüner wird es doch nie wieder! Also, ich werde noch wahnsinnig!

MG hieß dieser kleine Sportwagen! So ist es immer. Kaum vergißt man, daran zu denken, fällt es einem wieder ein. Beeindruckte mich damals gar nicht wenig. Wofür das wohl steht: MG? Und der Typ? Daß der immer summte, aber gar nicht melodisch, wenn er einen Orgasmus hatte, weiß ich noch. Und geheißen hat er. Komisch, daß ich mir einen Orgasmus besser merke als einen Namen. Aber der wird mir schon noch einfallen.

Was sage ich jetzt zu Mutter? Mutti! sage ich, du hattest doch gerade Namenstag, Mutti! Ich habe dauernd daran gedacht, Mutti, aber ich war echt total overstressed. Echt ärgert sie, total ärgert sie, und overstressed versteht sie nicht. Die Frage ist nur, worauf sie einsteigt. Au backe, das war knapp!

Irgendwas an der Kupplung stimmt einfach nicht.

Wenn ich doch du, irgendwas stimmt an der Kupplung nicht, gesagt hätte, anstatt Oh, Gott, schon acht. Mit Kupplungen und Autos war doch der auf du und du. Und wenn er schon um acht Uhr morgens anruft, könnte er wenigstens über Kupplungen mit mir sprechen anstatt über irgendwelche komischen Sakkos.

Und was mache ich jetzt mit Mutter?

Ich sollte vielleicht die nächste Ausfahrt nehmen. Aber bis ich mich dort auf die mittlere Spur eingefädelt habe, ist doch auch schon alles verloren.

Obwohl.

Wenn ich bis zur Schwerther Straße auf der rechten Spur bleibe, gibt's doch kurz vor der Almi-Bar eine Telefonzelle. Andererseits ist es Jürgen.

Hans-Jürgen hieß er! Also, an diesen Assoziationsketten ist was dran! Hans-Jürgen! Genau! Und summte, was das Zeug hielt. Damals gefiel mir das irgendwie. Nur irgendwie. Aber immerhin. Himmel! Jetzt habe ich die Ausfahrt übersehen. Eh egal. Ich kenne doch Jürgen. Selbst wenn ich mich von unterwegs entschuldige, brüllt er mich an. Ich kann das ja verstehen. Erstens ist er einen Kopf kleiner als ich, und zweitens habe ich über Handies mehr Witze auf Lager als er über Blon Ohgottohgottohgott.

Also, wenn meine verdammten Bremsklötze jetzt auch noch streiken. Wie viele Bremsklötze besitzt eigentlich so ein Auto?

Jürgen flippt aus, wenn ich schon wieder zu spät komme. Ich weiß es jetzt schon. Von Mitarbeiterpsychologie hat der noch nie was gehört. Dein Gebrüll wirkt ganz schön demotivierend auf meine Arbeitskraft.

Könnte ich ihm zu bedenken geben.

Aber so herum hat es bei Jürgen keinen Sinn. Besser sage ich: Mann, jetzt mach doch keinen Overstress, du bist echt total demotivierend!

Womit ich wieder bei Mutter wäre.

Eine Baustelle! Oh, Gott! Hätte ich doch bloß Radio gehört! Jetzt ist ja alles klar. Wo ist denn dieser blöde Porsche abgeblieben? Also, wenn der mit seinem Spurwechsel Erfolg hatte, flippe ich gleich aus. Und wer ist schuld an allem? Ruft um acht an.

Um acht.

Wo ich entweder längst außer Haus bin oder noch schlafen will. Und wozu? Um mir mitzuteilen, daß er nicht Ohgott ist. Und um zu fragen, ob ich sein dämliches Boss-Sakko endlich rausrücken würde. Als ob ich um acht am Morgen keine anderen Sorgen als Boss-Sakkos habe! Lebt fünf Jahre mit mir und fragt um acht Uhr morgens nach irgendwelchen Boss-Sakkos! Der hat sie ja nicht alle, ist wohl lebensmüde, schneidet mich. Und das hier und bei meinen Bremsklötzen.

Wie lang soll denn diese Baustelle noch dauern? Und natürlich wieder mal weit und breit kein Bauarbeiter zu sehen. Ich frage mich ja sowieso, wie aus einer Baustelle je wieder keine Baustelle wird. Erstens sieht man nie Bauarbeiter, und wenn, arbeiten sie nicht.

Wenn Jürgen auch nur sein Maul verzieht, sage ich ihm: Sei bloß froh, daß ich keine Bauarbeiterin bin, und jetzt halt den Mund, ich habe schließlich noch etwas zu tun. Juhu! Das ist die Lösung!

Ich werde sagen: Na, Mutti, wie fandest du meine Karte? Dann wird sie fragen: Welche Karte, mein Kind? Na, meine Namenstagskarte, Mutti! werde ich antworten. Und dann stellt sich heraus, daß die Post mal wieder nicht gearbeitet hat. Und dann ist sie befriedigt und sagt: Ach so, mein Kind. Und dann raste ich nicht schon wieder aus, weil sie zweimal Meinkind gesagt hat. Und dann fragt sie: Und sonst, mein Schatz?

Ganz sicher fragt sie: Und sonst, mein Schatz? Und ich sage mir: Ich raste nicht aus, ich raste nicht aus, nein, ich raste nicht aus, ich antworte: Na gut, Mutti, wie soll es mir denn sonst gehen, Mutti? Ich halte mich beinhart ans Motto, Mutti: Abends einen trinken und morgens für die Arbeit schminken.

Nein, das sage ich nicht, sonst sagt sie nämlich: Oh, Gott, mein Kind! und ich raste aus. Und was mache ich nun mit dem Boss-Sakko? Im Grunde genommen kann er ja von Glück reden, daß er nur sein Boss-Sakko bei mir hängen ließ. Angenommen, er hätte seine sündteure Schellackplattensammlung bei mir untergestellt. Schon wieder rot. Also, Pünktlichkeit kann ich heute vergessen. Ich verstehe ja auch gar nicht, weshalb Menschen so auf Pünktlichkeit versessen sein können. Schließlich kann es Jürgen doch egal sein, ob ich zwischen neun und fünf oder zwanzig nach neun und zwanzig nach fünf meine Arbeit erledige. Aber nein: Es geht ums Prinzip! Hat sich was mit seinem Prinzip. Sein einziges Prinzip ist doch, daß er gerne größer wäre.

Also, dreißig Zentimeter mindestens, das wage ich zu schwören. Wieso hupt denn der mich an? Ach, du grüne Neune! Naja, bei den drei Autos, die jetzt rübergekommen wären! Worum soll ich mich denn noch kümmern? Erst der Anruf, dann die saure Milch und jetzt auch noch diese vielen Ampeln! Und da hupt der mich gleich an. Am liebsten würde ich noch mal stehenbleiben. Soll er doch sehen, wo er bleibt. Als ob ihn seine Freundin wegen irgendeiner blöden Jacke angerufen hat. Was sage ich. Ex-Freundin. Also Ex-Freund. Wie das schon klingt. Mein Ex-Freund macht sich Sorgen wegen seines Boss-Sakkos.

Wenn der wüßte, daß es sich um sein Ex-Boss-Sakko handelt! Hätte er es doch gleich mitgenommen.

Habe nicht ich, ich, immer wieder gesagt: du, dein Sakko nimmt einfach mächtig Platz weg. Aber nein! Liebling, hieß es da, was soll ich es denn bei mir aufhängen, ich ziehe es doch nur an, um mit dir auszugehen. Mit mir auszugehen. Hat sich was mit mir ausgegangen. Also, wenn ich noch länger über dieses Ding nachdenke, bin ich Jürgen nachher nicht gewachsen. Soll er doch froh sein, daß er nicht seine kostbare Schellackplattensammlung bei mir stehengelassen hat. Sowas ist doch ein echter Schaden. Aber so ein Boss-Sakko. Läßt sich an jeder Ecke nachkaufen.

Nachkaufen wäre vielleicht eine Möglichkeit. Aber woher nehme ich bei den Bremsklötzen das Geld für ein Boss-Sakko? Ich muß ihn hinhalten. So eine Art seelische Vorbereitung wäre auch nicht verkehrt.

Zum Beispiel.

Also so hingesagt. Nun hab dich doch nicht so, sei froh, daß es sich nicht um deine Schellackplattensammlung handelt. Was soll denn das wieder heißen, fragt er dann. Da denk mal drüber nach, antworte ich dann. Oh, Gott, was habe ich diesen Satz gehaßt!

Mutti, wieso bist du denn böse?

Da denk mal drüber nach, mein Kind.

Da konnte ich nachdenken, soviel ich wollte. Mindestens drei Gründe, aus denen sie böse sein konnte, hatte ich immer auf dem Kerbholz. Die entscheidende Frage war jedesmal, welchen sie aufgedeckt hatte.

Nein, Mutti, mir fällt wirklich nicht ein, was du meinen könntest, Mutti.

Nun, dann mußt du eben länger nachdenken, mein Kind.

Also, wenn das jetzt so zähfließend bleibt, dürfte ich doch unter einer Viertelstunde bleiben. Wenn Jürgen dann noch auf das Gestreite eingeht, ob zwölf oder vierzehn Minuten, habe ich gewonnen. Gewonnen. Um nichts anderes geht es. Als erstes muß ich Zeit gewinnen. War doch immer schon so.

Schweigen.

Schweigen.

Schweigen.

Mutti?

Du, Mutti, mir fällt einfach nichts ein. Könntest du mir nicht wenigstens einen kleinen Hinweis geben, Mutti?

Da war die doch schon weich.

Wirklich nicht, mein Kind?

Nein, wirklich nicht, Mutti!

Und deine schöne rosarote Jacke, mein Kind?

Gott sei's getrommelt! Die rosarote Jacke war wirklich das geringste Übel.

Also, das war so, Mutti: Die hatte ich, weil es doch so warm war, auf den Fahrradständer geklemmt, und irgendwie rutschte die runter und kam zwischen die Speichen und war dann voller Ölflecken. Und irgendwie dachte ich, daß mit dem Aceton, mit dem du deine Fingernägel ablackierst, auch die Ölflecken von der Jacke runtergehen. Aber das gab dann nur diese Löcher, Mutti. Und dann habe ich die Jacke eben versteckt, Mutti, weil ich doch wollte, daß du das nicht siehst, Mutti.

Da war die ganz gerührt. Sagte, daß ich mit Ölflecken in Jacken doch immer ruhig zu ihr kommen sollte. Vergaß total, daß sie mir verboten hatte, bei solchem Wetter ohne Jacke herumzuradeln. Aber wie soll ich Sven weismachen, daß ich mit seinem Boss-Sakko auf meinem Fahrradständer herumgeradelt bin?

Der weiß doch seit fünf Jahren, daß ich radfahren hasse wie die Pest.

Scheiße! Was bleibt denn der stehen? Opa auf dem Weg zu Aldi. Hat's nicht eilig und möchte seinen Wagen schonen! Sowas gehört verboten. Wenn der nicht sofort, aber soofort, bei Grün losfährt, hupe ich ihn von der Piste!

Herrgottnochmal! Jetzt habe ich Mutter kirre, Jürgen kirre und scheitere an einem Boss-Sakko. Das darf doch nicht wahr sein! Das wäre mir nicht passiert, wenn ich Sven in unseren besten Zeiten mal von Dagmar erzählt hätte. In einer richtig einschlägigen Situation, wo man verschwitzt und glücklich nebeneinander liegt und die einschlägige Zigarette raucht. Und ich wackel so mit meinen rotlackierten Zehennägeln und sage: Sag mal, hab ich dir schon mal erzählt, was Dagmar und ich mit ihrem Ex-Lover aufgeführt haben?

Nein?

Also, das war so: Der Typ hatte eine Wahnsinns-Schelllackplattensammlung und schleppte die nach und nach in Dagmars Wohnung an, weil sie die meiste Zeit dort verbrachten. Dagmar hat wegen diesen blöden Dingern extra eine ihrer Versicherungen erhöht. Na, und dann lernt dieser Idiot irgendeine Kuh kennen und verläßt Dagmar. Und als wir so Sekt trinken und Dagmar weint, haben wir plötzlich DIE Idee. Ich überlege halblaut vor mich hin, wie denn noch mal dieser Spruch hieß: Haut die Dingsbums, wo ihr sie trefft, da richtet Dagmar sich mit einem Ruck auf und sagt: Wo ich den treffe, weiß ich genau, fängt in all ihren Schubladen zu kramen an und findet endlich eine Tube Pattex. Und dann klebten wir seine Schellacks zum Turm von Babel auf, bis ihr Pattex alle war.

Wir lachten uns schief, aber am nächsten Morgen war Dagmar so übel, daß sie nicht zur Arbeit konnte. Irgendwie bekam die richtig Angst vor ihrem eigenen Mut. Dabei wollten wir ursprünglich mit den Plattenhüllen noch eine Art Freudenfeuer veranstalten. Ich verstand das damals gar nicht.

Oh, Gott! Jetzt bin ich zu weit geraten. Ich hätte bei: wir lachten uns schief, aufhören müssen und mir noch eine Zigarette anzünden.

Oder mit den Zehennägeln wackeln.

Oder noch einmal mit ihm schlafen. Noch einmal mit ihm schlafen! Bin ich denn noch zu retten? Jetzt ist es ohnedies zu spät. Das glaubt mir keiner: ein Parkplatz. Direkt vor dem Büro.

Elf Minuten!

Elende elf Minuten!

Halt die Klappe, Boss, sage ich zu Jürgen, und dann rufe ich Sven an und sage: Hör endlich auf, nach deinem Sakko zu heulen. Das ist doch längst in der Altkleidersammlung.

Sylvia Treudl

Holofernes & die Tugend

Judith erwacht mit dem Geschmack von Blut auf den Lippen; was kein Wunder ist, denn Judith hat Blut auf den Lippen, auch wenn dieses nicht von einem abgeschnittenen Kopf stammt.

Was aber durchaus sein könnte.

Judith hat geträumt.

Judith hat heftig, bunt und variantenreich geträumt.

Judith hat sich nicht aus Verzweiflung in die Unterlippe gebissen. Eher aus – diciamo – Begeisterung.

Ja. So. So geht das. Vergeltung. Mit Emphase muß die ausgeführt werden. Mit Engagement, mit Klasse. Die Planung sollte ruhig und sachlich erfolgen.

Judith schält sich aus seidenen Decken – die gönnt sie sich, wenn sie schon allein schlafen muß – und taumelt Richtung Espressomaschine.

Sie taumelt jeden Morgen, nicht nur, wenn sie Blut schmeckt.

Vor nicht allzulanger Zeit konnte sie noch gegen jemanden taumeln, gegen einen, der, wenn nicht immer, so doch mit ziemlicher Regelmäßigkeit da war. Die morgendlichen Zusammenstöße gaben dem Tag die Richtung, passierten unmittelbar nach dem Aufstehen.

Irgendwann, Judiths Schätzung nach im Mesozoikum dessen, was landläufig »Beziehung« genannt wird, war dieses Aufeinanderprallen zweier fester Körper in einem labilen chemischen Zustand (*watch out, love!*) der Auftakt zu Angriffen auf einen ausgesprochen kontraktionsfähigen Muskel, der für die Beförderung von Blut zuständig ist.

Physische Symptome, die jeden Herz-Kreislauf-Spezialisten bedenklich gestimmt hätten, wurden als blümchenbewehrte Rolltreppen ins Glück interpretiert. *(So ein Tag, so wunderschön wie heute, so ein Tag, der dürfte nie geschehn ...)*

Vorbei.

Erledigt.

Aus.

Das kommt vor. In den besten Familien kommt das vor. Gerade in den besten Familien kommt das vor. In seiner allerdings nicht, denn der Arsch hat sie sich ja behalten, die heilige Institution, die festgemauert in der Erde steht, wo man jederzeit wieder in den Stall kriechen kann, in den Mief, den man angeblich so dringend verlassen wollte, aber dann auch wieder nicht so ganz, wer weiß, was man versäumt, und wenn man nur ein bißchen trickreich arbeitet, dann kann man beides haben, den seriösen Lack des verheirateten Mannes und den draufgängerischen Charme des Lovers; mit drei Wohnsitzen: einen regulären mit Weib und Brut, einen mit der Geliebten und einen allein. Toller Hecht, der Arsch.

Nach geraumer Zeit, in der Judith sich in der Tugend der Geduld zu üben versuchte, was ihr wahrlich nicht leicht gefallen war, denn Judith ist die geborene Ungeduldige, hatte sie es satt, allmorgendlich gegen einen Leasing-Mann zu prallen, der immer unverhohlener deutlich machte, daß er seine doppelt gewirkte Befindlichkeit ganz in Ordnung fand. Sie war es leid, mit halbseidenen Versprechungen, schlecht kaschierten Lügen und offenem Betrug konfrontiert zu werden. Sie prallte am Morgen nicht mehr gegen ihn als Person, sie stieß sich Kopf und Herz an seinem selbstgewählten Gefängnis, zu dem er einen Schlüssel und sie keinen Zutritt hatte, aus dem er ihr hämisch zuwinkte und sich dann bei Bedarf unsichtbar machte.

Die morgendlichen Zusammenstöße wechselten die Qualität, Judith wurde erkennbar härter, sie hatte ihre Rüstung übergezogen. Im Inneren des härenen Kleides sah es eine Zeitlang aus wie im Schlachthof, weil sie so sehr blutete, aber das gab sich nach und nach. Er war ein ziemlich feiger Gegner und zog sich kommentar- und kampflos zurück, schalte sich ein in Beleidigtsein und suchte sich eine neue Geliebte, er hatte schließlich ein Doppelleben zu verlieren, das wollte er auf keinen Fall, was blieb ihm also anderes übrig?

Retrospektiv betrachtet hat Julia das Gefühl, eher mit einem Wanderpokal als mit einem menschlichen Wesen zu tun gehabt zu haben.

Judith warf ihn – total verspätet – aus ihrer Wohnung und aus ihrem Leben, das mit dem Hinauswurf aus dem Herzen klappte nicht im ersten Versuch.

Judith hat festgestellt, daß noch eine Rechnung offen ist, die nach Begleichung schreit. Laut schreit.

Judith hat das Gefühl, daß da einer die Zeche schuldig geblieben ist.

Judith wird nicht gerne für blöd verkauft, da ist sie ganz eigen.

Judith leckt sich über die zerbissene Lippe. Judith spürt wieder Blut.

Judith hat sehr schön geträumt.

Mit der ersten Tasse Kaffee lehnt sie in ausgesprochen lasziver Haltung am Türstock zur Küche und ruft möglichst präzise die Bilder der Nacht auf.

Am besten gefällt ihr die Sequenz, in der sie ihm – aber das ist Judiths Privatsache. Eine Gedichtzeile zieht eine zakkennarbige Linie durch ihr Hirn, das fühlt sich kreischend wie eine Kreissäge an: *deadline, die ein rachegeiler kleiner gott schon längst beschlossen hat.*

Unschön, das ist unschön, Judith will das nicht denken, nicht jetzt, nicht schon bei der ersten Kaffeeinheit.

Rachegeil, sekundiert Judith, gegen ihr Wollen.

Unter dem heißen, dampfenden Wasserstrahl in der Dusche steigen nicht nur Schaumbläschen auf.

»Ich würde ihm die Eier abschneiden, wenn er mich betrügt«, hat die Prostituierte schlicht und ruhig geantwortet auf die dämliche Frage des Moderators, am vergangenen Abend, im Nachtprogramm, auf Kabel irgendwas. Um Treue und Ehrlichkeit war es gegangen, in dieser so peinlich bemühten Talkshow. Und die schöne Hure, die gelassen dasaß und die einzige Vernünftige war in einer Runde von Besserwissern und Tussis, hatte durchaus glaubwürdig gewirkt.

Neben den Seifenblasen bricht sich Judiths Lachen Bahn.

Judith spielt Walfisch und prustet, sie macht die Ente und wackelt mit dem Bürzel, und ehe sie es verhindern kann, ist sie plötzlich ein Hai, der probeweise mit den Mehrfachzahnreihen schnappt. Hübsch.

Vom Haifisch ist es nicht weit zur Seeräuber-Jenny, und es wird ein Morgen voller Gesang *(... und man wird mich stehen sehen hinterm fenster / und man sagt: was lächelt die so bös? ... und wenn dann der kopf fällt, sag ich: hoppla!)*

Judith und Jenny haben einen guten Start in diesen Tag.

Judith erkennt mit Jennys Hilfe, daß es notwendig ist zu handeln, dafür zu sorgen, daß Strafe erfolgt.

Im Gegensatz zu Jenny, die ja nichts dafür kann, weil ihr ein Mann das in den Mund gelegt hat, möchte Judith sich nicht darauf verlassen, daß ein Schiff mit fünfzig Kanonen vor ihrem Fenster festmacht, das kann sie sich auch schlecht vorstellen, mitten in der Stadt, und außerdem will sie ihre

Rache eigentlich selber in die Hand nehmen, wer will sich schon auf fremde Seeleute verlassen. Nein, so wird das nichts werden.

Judith hat noch ein bißchen Zeit, bevor sie das Haus verlassen muß. Immer, wenn sie so intensiv – und so schön – geträumt hat, wacht sie ganz leicht und noch vor dem penetranten Weckergepiepse auf.

Dieser Morgen ist ein doppeltes Geschenk, sie nützt die übrigen Minuten zu ein bißchen Recherchearbeit. Das kann sie mittlerweile gut, auch die gutgläubigste Geliebte wird im Laufe des Langzeitversuches zwangsläufig zu einem Private Eye – schon im Eigeninteresse.

Befriedigt schminkt sie sich ein bißchen sorgfältiger als sonst und wählt viel Rot als Grundfarbe ihrer Bürogarderobe.

Zärtlich summt sie ... *you have no heart, Johnny ... no one is meaner than you ... and take that damned pipe out of your mouth, you rat!*, als sie ihren Wagen aus der Parklücke manövriert. Normalerweise bevorzugt sie die öffentlichen Verkehrsmittel, aber heute möchte sie sich unabhängig von fixen Fahrzeiten bewegen können. Judith tätschelt ihre Handtasche, da ist eine beruhigende Ausbuchtung in dem kleinen Seitenfach, da ist ein Schlüssel drin. Ein Schlüssel, der ihr seine Wohnung öffnen wird, ein Schlüssel, der nachgemacht worden war, weswegen, hat sie vergessen, *long time ago*, und der irgendwie bei ihr übriggeblieben ist, darauf hat sie auch vergessen, als sie ihm seinen gesamten Krempel, der bei ihr zwischengelagert war, zurückgeschickt hat, samt Schlüssel, selbstverständlich. Aber dann ist dieses Zwillingsexemplar aufgetaucht, bei ihrer großen Entstörungsaktion, als sie ihre ganze Wohnung sozusagen desinfizierte, Beziehungsmüll entsorgte, Photos verbrannte und mit heißen Tränen des Zorns und der Enttäuschung tagelang wischte, putzte, säuberte.

Am Ende dieser Aktion war sie so sauber wie die Wohnung auch – leergeräumt von Überflüssigem, keine Tränen mehr übrig, kein alter Dreck mehr – zumindest nicht an der Oberfläche erkennbar. Das bißchen, das sich doch noch gefunden hatte an sentimentalem Gerümpel, das sie nicht – trotz ihres furiosen Einsatzes nicht – gleich wegzuwerfen vermochte, war in einer Schuhschachtel in der hintersten Ecke des Kleiderkastens gelandet. Unter anderem der Zweitschlüssel.

Judith lächelt an der roten Ampel. Der Herr im maßgeschneiderten Dunkelblauen, passend zum gleichfarbigen Mercedes auf der Nachbarspur, meint, daß er gemeint ist, und lächelt auch. Judith schenkt ihm ihr schönstes Mörderinnengrinsen, läßt ihn leben und fährt ihm davon.

Judith hat an diesem Tag viel zu tun. Weil sich Judith neben ihrer Arbeit auch auf eine zweite Sache konzentrieren muß und weil sie für diese besondere Angelegenheit in der Mittagspause noch ein paar Besorgungen zu erledigen hat. Judith schafft das mit links. Judith bekommt anstandslos alles, was sie will – zumindest heute, an diesem speziellen Tag.

Ab dem mittleren Nachmittag ist Judith bei ihren diversen Arbeiten zugegebenermaßen nicht ganz bei der Sache. Hie und da blüht ein scheinbar unmotiviertes Lächeln aus ihren Augen, fächert über Judiths Gesicht, sie ist unfähig – vielleicht auch unwillens – das zu unterdrücken.

Eine Kollegin fragt Judith schelmisch, ob sie frisch verliebt wäre. Judith strahlt sie an und meint, daß es sich eher ums Gegenteil handle, und läßt die Kollegin einigermaßen ratlos-verwirrt stehen.

Judith macht ein ganz kleines bißchen früher Schluß im Büro, stärkt sich im Beisl ums Eck noch mit einem leichten Imbiß, konsultiert ihre Notizen vom Morgen, kurzer Zeitvergleich, es kann losgehen.

Auf der Fahrt zu seinem Domizil, das er nun nächteweise, wenn's paßt, mit der Neuen teilt, weil er ja ein einsamer, verheirateter Familientrottel ist, der was braucht für das, was er für sein Herz hält, was aber sowieso nur hinterm Hosenschlitz schlägt, wappnet Judith sich gegen alles, was sie anspringen könnte. Das könnte eine Menge sein, aber sie holt sich die imaginäre Rüstung noch einmal, einmal noch, aus der Kiste ihrer Überlebenstricks, sie atmet ruhig, sie ist gut vorbereitet und noch besser ausgerüstet.

Judith ist angekommen, Judith umkreist seinen Wohnblock zweimal in langsamem Tempo, es ist Abend geworden, erwartungsgemäß ist es dunkel hinter den Fenstern der Wohnung, sein Auto parkt nicht auf dem üblichen Platz. Gut so. Das hätte Judith wirklich gestört, wenn es nicht nach ihrem Plan gegangen wäre. Vielleicht hätte Judith sich dann zu Trivialem hinreißen lassen, zu lächerlichen Aktionen, natürlich hat Judith in ihrem ersten Zorn, vor Monaten, an geschlitzte Autoreifen und scharfkantige Ringe auf dunklem Lack gedacht. Aber schließlich gibt es eine erkennbare Untergrenze; für Judith zumindest.

Judith schließt die Tür auf, so selbstverständlich, als hätte sie ein Recht dazu – und für dieses Mal, für dieses letzte Mal hat Judith jedes Recht, das macht sie gelassen, das hilft ihr, als sie beim Anblick fremder Schuhe im Vorzimmer – mit Schleifchen und Goldabsatz – einen Augenblick lang in Versuchung ist zu randalieren.

Aber darum geht es nicht. Kein sinnloses Wüten ist angesagt, Judith plant eine konzertierte Aktion. Judith konzentriert sich darauf, nicht groß nach links und rechts zu schauen, sie will keine Irritationen wahrnehmen, sie hat ein klares Ziel vor Augen. Im Schlafzimmer angekommen, öffnet Judith den Kleiderschrank, den sie bis vor nicht allzulanger Zeit fall- und teilweise auch mit ihren Klamotten vollräumen durfte. Judith ignoriert die neue Kollektion aus Damenwäsche und Oberbekleidung. Zielsicher fischt sie alles, was nach seinen Hosen ausschaut aus den Eingeweiden des Möbels. Judith streift sich die dünnen Plastikhandschuhe über. Dann breitet sie die Beinkleider auf dem Bett aus, eins neben dem anderen.

Judith beginnt mit seinem besten Stück, mit dem maßgeschneiderten Smoking. Zwei sichere Schnitte mit dem neuen Messer, nadelspitz und giftscharf, an prominenter Stelle – na, was halt dafür ausgegeben wird. Dann noch ein guter Schuß pinkfarbenen Lacks auf die irreparable Verwüstung, und auf zum nächsten Teil.

Es geht Judith nicht um sinnloses Zerstören, es geht um das Markieren von offenbar Zentralem, das Augenmerk soll gelenkt werden auf des Mannes, dieses Mannes, vordringlichstes Interesse, das Zentrum seines kleinen Seins. Endlich öffentlich! Als Judith mit seiner ohnehin eher bescheidenen Garderobe in Sachen Hosen fertig ist, wendet sie sich dem zu, was den Schwanz vor den Zähnen des Reißverschlusses schützen soll, und läßt den Unterhosen eine Spezialkur zukommen. Judith hat schon als Kind immer gefunden, daß Juckpulver nicht zu den originellen Scherzartikeln gehört, aber es geht ihr hier und jetzt, auch wenn die Wahl der Waffen nicht wirklich ihrem Niveau entspricht, um ein philosophisches Anliegen: Es soll sinnlich erfahrbar vermittelt werden, daß der Juckreiz in der Hose kritisch zu hinterfragen ist.

Judith fühlt sich etwas angestrengt nach all der Mühe, faltet die Unterhosen aber trotzdem zusammen und legt sie ins entsprechende Fach zurück. Sie hängt auch die Hosen wieder sauber auf ihre Bügel, schließt die Schranktüren ordentlich.

Damit ist ihre Mission hier erfüllt, sie möchte jetzt auch

lieber gehen, hier ist schon lange nicht mehr ihr Ort – und der Abend hält noch eine ganze Menge Arbeit für sie bereit.

Judith wird jetzt in ihr Lieblingslokal fahren, und so wie sie sich im Moment fühlt, wird ihr der Chef des Hauses ungefragt einen doppelten Metaxa fürs erste kredenzen. Nach einem kräftigen Schluck wird Judith sich einen hübschen, kleinen, frivolen Text für die Kontaktanzeigenrubrik diverser Zeitungen und Magazine überlegen. Sie ist noch nicht ganz sicher, ob sie ihn als »Steiler Stier« oder »Hungriger Hengst« auftreten lassen soll, jedenfalls wird die Anzeige mit einem eindeutigen Appell an die Damenwelt abschließen, gekrönt mit seinen Telefonnummern von Büro und Familienwohnsitz. Da werden dann in den nächsten Tagen nicht nur die Apparate heißlaufen. Weil sie ihm wirklich was gönnt und weil Judith denkt, daß das die Dringlichkeit seines Anliegens noch verdeutlicht, wird sie auch noch die Nummer seines Handys angeben. Damit er wirklich gut erreichbar ist, für all die einsamen Damen, die es immer schon mal mit einem Herumtreiber treiben wollten. Vielleicht kriegt er so endlich den Hals oder sonst einen Teil seiner Anatomie voll genug.

Die Bestellung bei dem Versand mit der diskreten Verpackung hat sie schon am Vortag losgeschickt, selbstverständlich soll die Lieferung an seine Schreibtischadresse gehen, schließlich weiß Judith, daß der Sekretär in seiner Amtsstube mindestens genauso neugierig ist wie eine x-beliebige Ehefrau. Judith hegt keinen Zweifel daran, daß *Foxy Lady* erst einen Rundlauf durch die ganze Abteilung machen wird, bevor sie, so wie Beate Uhse sie schuf, auf seinem Tisch landen wird.

Und das Nacktfoto von ihm, auf dem er so besonders belämmert dreinschaut, wird sie vergrößern lassen, Judith denkt an Posterformat, bevor sie es, mit einem innigen Lippenstift-Kußabdruck gestempelt, seiner rechtmäßigen Gattin zukommen läßt. *Return to owner.*

Judith ist am Ziel dieses Tages angelangt – vor ihrem Stammlokal. Sie ist rechtschaffen müde.

Durch die großen Panoramascheiben erkennt sie einige vertraute Rücken an der Theke.

Barflies, denkt sie liebevoll.

Sie wird noch rasch ein paar Gedanken notieren, den nächsten Tag strukturieren, damit sie all ihre Vorhaben zügig erledigen kann, und dann noch eine ganze Menge Spaß haben, das weiß sie jetzt schon.

Als sie ihr Auto absperrt, löst sich das silberne Herz vom Schlüsselring. Sein allererstes Geschenk an sie. Es ist ihr so selbstverständlich vertraut geworden, daß sie übersehen hat, was sie da noch immer mit sich herumschleppt, Judith hat verabsäumt, es zurückzugeben, von sich zu weisen. Nachdenklich betrachtet sie es nun, wie es verloren auf der dreckigen Straße liegt.

Mit einer eleganten Bewegung aus dem Fußgelenk kickt sie es auf das Kanalgitter neben dem linken Vorderreifen. Leise klirrt Metall, dann ist es vorbei.

Judith betritt lächelnd das Lokal, wo sie mit freudigem Hallo begrüßt wird.

Gisa M. Zigan

Windsor ist überall

Diana tat ihr wirklich leid. So jung, so schön und nun so tot. Gerade als sich ihr Schicksal zu wenden schien und sie endlich ein neues Glück gefunden hatte.

Theresa griff nach der Packung mit den dünnen Papiertüchern, der zweiten seit heute morgen. Um neun hatte die Fernsehübertragung in den Öffentlich-Rechtlichen begonnen und bis abends würde sie in den Privaten fortgesetzt werden. Sie würden sich nichts entgehen lassen.

Schon gestern hatte sie eingekauft, was nötig war: Brot, Saft, Käse – viel war es nicht, weil sie am Wochenende allein sein würde – und dazu Tüten mit Kartoffelchips, Pakete mit Schokocrossies und Stapel von Papiertaschentüchern. Und eine Flasche Rotwein, herb.

Ihr waren immer wieder die Tränen gekommen in dieser Woche, wenn die Fernsehanstalten die Bilder der schönen jungen Frau brachten. Hart zusammengeschnitten mit Bildern des Autowracks – gerade jetzt wurde es wieder eingeblendet, Theresa konnte es nicht mehr ertragen und schaltete schnell weiter zu einem Sender, der zum wiederholten Male Bilder aus Diana Spencers Jugendzeit brachte.

»Mein Himmel, hast du den Rummel noch nicht über?« hatte Rudi gestöhnt. »Noch vor zehn Tagen war dir die Frau schietegal, jetzt heulst du, als ob Oma gestorben wäre.«

Rudi war gefühllos, auch hier.

»Diese Frau hat soviel Gutes getan, für die Armen, die Obdachlosen, die Aidskranken ...«

»Jaja, und immer die Reporter gerufen, wenn sie am malerischsten zur Geltung kam.«

Rudi hatte auf den Fernsehschirm gedeutet, wo gerade wieder das rührende Bild mit dem kleinen schwarzen Kind in Dianas Arm gezeigt wurde.

Theresa schniefte und spürte schon wieder die Tränen kommen: Dies war ihr Lieblingsfoto. Sie hatte es aus der Illustrierten ausgeschnitten, aus einer der vielen Illustrierten, die sie diese Woche gekauft hatte, und in ihr Portemonnaie gesteckt. Als Talisman sozusagen und als Mahnung: Sei gut ...

Rudi durfte das nicht sehen, Rudi hätte einen Topf voll Spott darüber und über sie ausgegossen.

Rudi war ein kalter Klotz.

Nur gut, daß er an diesem Wochenende wieder zu einem Seminar gefahren war, schon morgens um sechs war er aufgebrochen, sie hatte sich schlafend gestellt, so konnte sie sich ab neun in Ruhe der Beerdigung widmen. Manchmal kamen ihr Zweifel, ob alle diese Seminare, Lehrgänge und Fortbildungsveranstaltungen notwendig waren. Ob Rudi sie nicht als Vorwand nutzte, um sich dem Ehealltag und der Wochenendlangeweile zu entziehen. Ob er sich eventuell mit fremden Frauen dort traf und sie betrog?

Aber die Zeiten, als sie bei diesem Gedanken unglücklich wurde, waren längst vorbei. Heutzutage weinte sie über anderes.

Die Lafette mit dem Sarg näherte sich dem Buckingham Palast. Dort stand, wie ein Block aus schwarzem Marmor, die königliche Familie. Oder zumindest der weibliche Anteil, allen voran Queen Elisabeth, mit den weniger wichtigen männlichen Mitgliedern wie Andrew und Edward.

Prinz Charles und die Söhne William und Harry würden später zu dem Trauerzug hinzustoßen und hinter dem Sarg der geliebten Diana – von Charles nie recht geliebten! Theresa schluckte und zerknüllte wütend ein Papiertaschentuch in der Hand – einherschreiten.

Ob die Königin das auch tun würde? Ob sie in einer großen Geste der verstoßenen Schwiegertochter Reverenz erweisen würde? Immerhin hatte sie sich ja schon zu einer Fernsehansprache an das Volk gezwungen, vom Volk aufgezwungen, wie man sagte, oder vielmehr von dessen neuem Premier.

Gut sieht der aus, der Tony, hatte Theresa gedacht bei seiner ersten Ansprache zum Ereignis, dort auf dem Dorffriedhof. Heute würde er auch sprechen, in der Westminster Abtei. Sie freute sich schon darauf.

Prinzessin Margret, ganz in stumpfes Schwarz gekleidet wie alle dort in der finsteren Gruppe, sagte etwas und verzog den Mund zu einem Lächeln. Spöttisch, wie es Theresa schien. Sie warf das zusammengeknüllte Papierbällchen gegen den Fernsehschirm.

Unverschämt, so etwas. Da wurde die sterbliche Hülle einer Frau, die nie genug Liebe bekommen hatte – Theresa griff nach dem nächsten Tuch –, vorbeigefahren, und die Schwester der Schwiegermutter lachte. Na, wenigstens Elisabeth schien tief betroffen. Vielleicht aber auch nur von der Trauer, die ihre Untertanen zeigten. Wer konnte das bei dieser Frau und der ganzen undurchsichtigen Familie schon wissen.

Dicht gedrängt standen die Menschen, Tausende von Blumensträußen und Beileidskarten waren schon abgelegt worden rund um den Palast.

Die Königin und der Prinzgemahl hatten das am Tag zuvor staunend – verblüfft, fast sprachlos – besichtigt.

Theresa hatte überlegt, wie auch sie kondolieren könnte. Rudi wagte sie nicht zu fragen, der hätte wieder gelacht. Einfach bei Lotto-Toto eine schwarzgeränderte Karte kaufen und losschicken an: Königshaus, England? Aber an wen dort? Ob die Königin das überhaupt lesen würde? Sie hatte doch die schöne Blonde nie geliebt.

Da – jetzt senkte Elisabeth den Kopf, als die Lafette mit den dunklen Pferden an ihr vorbeirollte. Das war nobel. Theresa schneuzte sich. Der Fernsehsender zoomte die Blumen heran, die auf dem Sarg lagen. »Mummy« stand an dem Bukett aus weißen Rosen. Dann sah man die Hinterteile der Gäule.

Theresa stand auf, um die Rotweinflasche zu öffnen. Sie mußte schließlich den Flüssigkeitsverlust ausgleichen, den ihr Körper durch das viele Weinen erlitten hatte.

Ach ja, die Liebe ...

Auch sie hatte einmal strahlend im weißen Brautkleid neben Rudi gekniet. Hatte daran geglaubt, daß nun der schönere Teil des Leben beginnen würde. Bis zur Geburt des Sohnes hatte dieses Gefühl auch angehalten. Dann wurde es abgelöst durch Streß und Unbehagen, denn das Baby erwies sich als sehr anspruchsvoll und forderte sie Tag und Nacht.

Manchmal hatte sie Rudi verstanden, wenn er sich dem entzog.

»Du, ich muß nachts ein paar Stunden schlafen, versteh mich«, hatte er gemurmelt, als er eines Abends aus dem gemeinsamen Schlafzimmer auszog. Dort stand ja seit einiger Zeit – und insgesamt drei Jahre lang – auch das Kinderbett, weil das Kind zu Anfällen neigte und der Arzt ständige Wachsamkeit empfohlen hatte.

Rudi war nie zurückgekehrt in das eheliche Schlafzimmer, abgesehen von, naja, Theresa schluckte, kurzen Besuchen.

Diana und Charles sollen ja auch getrennte Schlafzimmer gehabt haben.

Mittlerweile war auch Ricky, Rudis Sohn, ausgezogen aus der elterlichen Wohnung, und in Kürze würde er sogar die Stadt verlassen, um nach der Lehre einen Job im Norden anzutreten.

Theresa fühlte insgeheim Erleichterung. Sie wollte endlich ihre Ruhe haben, vor Mann und Kind und Arbeit.

Und eine Oase finden für ihre Träume, wenigstens in Gedanken.

William hielt den Kopf tief gesenkt, als er sich in den Trauerzug einreihte. Neben ihm sein Vater Charles, sein Onkel, der Earl of Spencer, und Bruder Harry. Der arme Junge …

Wieder fiel ihr der eigene Sohn ein, der nun auch bald allein sein würde. Ob sie ihn doch mal anrufen sollte? Aber dann hatte sie plötzlich seinen letzten Besuch vor Augen, wo er wieder besonders patzig gewesen war. Kam wohl doch nach seinem Vater. Und der hatte nur gelacht.

So etwas würde William niemals tun. Und Charles war ein strenger Vater, das war bekannt. Diana hatte sicher nie Ärger gehabt mit ihren beiden, und wenn, dann hatte sie die Nanny gerufen und war abgebraust. Nach Afrika oder Paris oder ins Fitneßstudio.

Oder zu ihren Lovern …

Ach ja, der Dodi. Theresa seufzte tief. Der mußte nett gewesen sein. Lieb zu Frauen, einfühlsam, ein Kavalier. Da machte es nichts, wenn einer Bauch hatte und nicht so groß geraten war, längenmäßig. Obwohl, das hieß ja nichts, die Kleinen sollen sich angeblich mehr Mühe geben.

Theresa spürte, wie ihr das Blut ins Gesicht stieg. Wohin verstieg sie sich. Dodi al Fayed war schließlich tot. Und schon seit einer Woche unter der Erde.

Rudi war groß und dünn. Und schnell. Kein guter Liebhaber. Theresa schniefte und nahm einen großen Schluck von dem Rotwein, der sauer schmeckte.

Dann hatte der Trauerzug die Kirche erreicht. Acht stämmige Soldaten übernahmen den Sarg, man sah ihnen an, daß er schwer war. Dabei war die Prinzessin doch eine dünne Person gewesen, eine Bulimikerin oder wie das hieß.

Die Kamera schwenkte ins Innere der Kirche. Viel Prominenz war da, Theresa erkannte Tom Cruise und Steven Spielberg und Luciano Pavarotti und andere, zu deren Gesichtern ihr die Namen nicht einfielen. Elton John würde singen.

Nun ja, sie persönlich kannte den nur vom Hörensagen, sie mochte eher Howard Carpendale, aber Elton John sollte ja mit Diana befreundet gewesen sein, und die war schließlich bekannt für ihren guten Geschmack. Diana würde sich freuen – hätte sich gefreut.

Und schwul sollte Elton John auch sein. Für solche wie ihn hatte die schöne Prinzessin sich eingesetzt oder zumindest für die, die es erwischt hatte mit Aids.

Theresa fühlte sich etwas unbehaglich bei dem Gedanken. Wenn ihr Sohn nun schwul würde? Er hatte bisher noch keine Freundin mit nach Hause gebracht.

Aber nun ja, die Prinzessin würde ihr auch in dieser Hinsicht ein Vorbild sein. Sie dachte an das Foto im Portemonnaie.

Nun wurde der Sarg mit der Queen of Hearts in der Kirche abgestellt, Theresa erkannte kaum etwas durch den Tränenschleier vor ihren Augen. Sicher waren die Reden und Gesänge, die nun folgten, alle wundervoll und bedeutsam, aber sie war so erschöpft von all dem Trauern in der vergangenen Woche, daß sie kaum noch etwas aufnahm.

Nur als Dianas Bruder, der Earl of Spencer, ans Pult trat, riß sie sich zusammen und forschte in seinen Gesichtszügen nach Ähnlichkeiten mit der schönen Schwester. Und als der Kommentator und Übersetzer laut und deutlich wiederholte, was der Bruder meinte – daß Diana keine königlichen Titel gebraucht hatte, um ihren ganzen Zauber auf die Menschen wirken zu lassen –, hätte Theresa am liebsten applaudiert.

Ja, ja, ja, da gab er's ihnen einmal, diesen arroganten

Windsors, für die Diana nur eine Brutmaschine gewesen war.

Als ob frau nur durch ihre Eierstöcke Wert hätte!

Theresa dachte an Rudis entgeistertes Gesicht, als sie ihm gesagt hatte: »Ich will kein zweites Kind, ich habe mit einem genug Last.«

Irgendwann hatte auch sie begriffen, daß sie ein Wesen mit Willen und Wünschen war, kein Anhängsel, wie es viele Männer gern gehabt hätten. Rudi hatte ihren Willen akzeptiert und war von da an noch seltener in ihr Zimmer gekommen. Und häufiger fortgefahren, zu »Fortbildungen«. Rudi hatte sie nie verstanden.

Dodi, ja, der war sicher anders gewesen. Der liebte die Frauen und der liebte Diana und tat alles, ihr zu gefallen. Ob das an seiner Herkunft lag? Theresa hatte sich noch nie vorher für Ägypten und die Männer dort interessiert, aber in der vergangenen Woche hatte sie in der Städtischen Bücherei gestöbert.

Klar, das mit den Pyramiden wußte sie – Rudi wäre es dort zu heiß, der fuhr am liebsten nach Dänemark oder wenigstens Holland –, aber wie die Leute heute dort lebten und was sie so trieben, davon hatte sie keine Ahnung gehabt.

Ihre Bekannten fuhren nach Tunesien, wenn überhaupt so weit. Caroline, eine ehemalige Kollegin, hatte von den Männern dort geschwärmt: »Alle so dunkel und feurig, hach Theresa, da möchte ich mal mit dir allein hinfahren!« Caroline hatte Mann und Kind, aber immer noch Schwung.

Warum eigentlich nicht?

Warum sollte sie nicht auch in ihrem Alter noch einmal die Liebe des Orients kennenlernen? Gut, sie war fünf Jahre älter als Diana und zwei Kleidergrößen schwerer, aber die Muselmanen – Muslims sagte man wohl heute – hatten das doch gern. Viel Fleisch, viel Frau, viel Freude, hatte Caroline kichernd gesagt und von Bauchtänzerinnen erzählt.

Jetzt war dort Sommer, sicher sehr heiß in einem Land, das zu 96,5 Prozent – Theresa hatte ein Gedächtnis für Zahlen – aus Wüste bestand. Sie mochte die Sonne und haßte die Stürme an der Nordsee, Rudis bevorzugtem Urlaubsziel.

»Candle in the wind« – der Sänger war selbst gerührt, das sah man, aber für Theresas Geschmack war das Lied nichts. Und außerdem war es ja auch nur die Neuauflage eines alten Songs für Marilyn. Diana hätte weißgott ein eigenes Lied verdient oder ein ganzes Orchesterwerk.

Ob es wohl bald ein Musical oder einen Film über ihr Leben geben würde? Sicher doch. Und die CD würde sie sich kaufen – ach, den CD-Player hatte Ricky bei seinem Auszug ja mitgenommen – na, egal, dann legte sie die Scheibe ins Regal, schon aus Pietät.

Nun war der Sarg im Innern der Limousine, die langsam durch Londons Straßen fuhr. Überall standen die Menschen dichtgedrängt und warfen Blumen auf das Auto. Ob das den Fahrer nicht störte? Und wieso waren die alle gleichzeitig auf diese Idee gekommen?

Theresa staunte über die Gefühlstiefe der Engländer. Nie hätte sie ihnen das zugetraut. Nie hätte sie einen Engländer heiraten mögen. Naja, die Deutschen waren auch nicht besser. Die meisten kalt wie Rudi. Rudi vernachlässigte sie. Rudi hätte es verdient, mit einem Reitlehrer betrogen zu werden. Aber sie hatte doch gar kein Pferd …

Aber die Möglichkeit, einen Liebhaber zu finden. Dunkelhäutig, schwarzhaarig, glutvoll. Wie Dodi. Und damit Diana nahe zu sein. Zu fühlen, was sie gefühlt hatte. Dem Ehemann zu demonstrieren, was er versäumt hatte.

Theresa griff nach dem Katalog, der »Schöne Ferien« verhieß und den sie sich auch in der vergangenen Woche besorgt hatte.

»Tunesien, Marokko, Ägypten« stand auf dem Titelfoto, das einen halbnackten Mann am Strand zeigte.

Einen Mann, kein Bikinimädchen wie üblich ... Sollte das ein Hinweis sein: Hier finden Frauen das, was sie schon immer suchten?

Im Reisebüro war ihr das gar nicht aufgefallen. Sie hatte, nach kurzem und verlegenem Gruß – sonst regelte Rudi ja so etwas – in den Bergen von Katalogen gekramt und diese zwei herausgesucht.

Auf dem zweiten, der schon die Herbst- und Winterreisen anpries, war ein junges Paar zu sehen. Der Mann war braunhäutig und hatte kurze krause Haare. Na bitte!

Sie starrte auf das Inhaltsverzeichnis: El Gouna, Hurghada, Kairo, Luxor, Quseir, Sharm el Sheikh.

Sie kannte nur den Namen Kairo. Dort war Dodi – als Ägypter – sicher oft gewesen. Und sicher auch mit Diana. Dorthin würde sie auch einmal gern reisen.

»Kairo – das Herz Ägyptens an der Lebensader Nil ist mit seinen 16 Millionen Einwohnern die größte Stadt Afrikas. Das farbenfrohe Bild Kairos ist geprägt durch das pulsierende Leben der Bewohner auf den Straßen und bunten Märkten. Der Flughafen liegt etwa 15 km außerhalb der Stadt. Die Transferzeit ist verkehrsabhängig.«

Das wäre doch mal eine Abwechslung in ihrem eintönigen Leben! Sie las die Beschreibungen der Hotels, die angeboten wurden: »Eine kleine anspruchsvolle Oase nahe dem quirligen Kairo. In der großzügigen, gepflegten Gartenanlage befinden sich das Haupthaus, die Reihenbungalows und der beheizbare Süßwasser-Swimmingpool mit integriertem Kinderabteil ...«

Nix Kind, nix Mann: Allein müßte sie dorthin. Und, sich in der Sonne räkelnd, auf die Erfüllung warten. Auf einen Dodi. Es mußte ja kein Millionär sein.

Der Konvoi mit dem Leichenwagen hatte nun die Außenbezirke von London erreicht. Auf einer Brücke stoppte er, weil die Frontscheibe mit Blumensträußen dicht zugepackt war, wie der Kommentator erläuterte. Der Fahrer konnte den Weg kaum noch erkennen. Er und ein anderer Mann stiegen aus dem Wagen aus und trugen die Sträuße behutsam zum Straßenrand. Sehr taktvoll ...

Auch Theresa sah jetzt klar. Sie hatte schließlich ihr Konto mit der Abfindung von damals und Omis kleiner Hinterlassenschaft. Und sie hatte die Nase voll von den einsamen Wochenenden, an denen Rudi sich »fortbildete«. Nachdem sie die vielen feuchten Taschentücher eingesammelt und in den Papierkorb geworfen hatte, nahm sie den Kuli, der immer neben dem Fernsehapparat lag – für die Adressen der Gewinnspiele und ähnliches – und unterstrich:

»1 Woche Übernachtung / Frühstück und Flug pro Person im Doppelzimmer ab DM 1028.« Warum nicht zwei Wochen? Und den Einzelzimmerzuschlag würde sie auch noch aufbringen können. Vielleicht würde sie ja nicht immer allein bleiben darin ...

Sie nahm noch einen kräftigen Schluck, der Wein war gar nicht so übel für seinen Preis.

Ab in die Wüste! Trockener als hier in ihrem Ehetrott konnte es dort auch nicht sein. Sie war ein Kamel, daß sie sich nicht früher daraus befreit hatte. Sie schaute noch einmal auf den Schirm, auf dem jetzt das Schloß Althorp gezeigt wurde. Dort würde Diana ihre letzte Ruhe finden. Aber ihr eigenes Leben war noch lange nicht zu Ende. Danke, Diana!

Gerhild Stoltenberg

Der Klavierspieler

Da kamen sie ja, diese Rudel quietschend-kreischender Menschenbündel, jetzt mußte er nur noch langsam bis drei zählen, und dann trampelten sie auch schon herein: Das grausame immer gleiche Schauspiel konnte beginnen.

Seit über dreißig Jahren ist er der Klavierspieler der »Morgensprache« dieses Internats. Und seit über dreißig Jahren minus ungefähr drei Minuten guten Mutes haßt er diese abscheulichen Kreaturen, deren Zusammensetzung zwar jedes Jahr variiert, aber nicht ihre Geräusche, mit denen sie ihre abartigen Grimassen begleiten. Die Tragödie findet jeden Montagmorgen statt und umfaßt zehn läppische Minuten Klavierspiels. Ja, es lohnt sich – sicher –, für die kurze Zeit ist es viel Geld; Schmerzensgeld. Denn sobald er die erste Taste nur berührt, fangen sie an: mit ihrer Kruschelei, Flüsterei, Gackerei, Husterei, Tyrannei. Und wenn der letzte Ton noch nicht verklungen ist, springen sie von ihren Bänken und trampeln wieder hinaus. Er weiß, daß sie hinter seinem Rücken lachen, wenn er sich verspielt – sie halten ihn für einen senilen Stümper, keines von diesen Ferkeln erkennt seine Perlen an. Spucken verächtlich darauf, seufzen ab der Hälfte. Die Lehrer sind anders – natürlich –, die bekriechen, hofieren und umgarnen ihn. Sicher denken sie, er würde das nicht merken; die halten ihn auch für altersschwach. Er weiß genau, daß die wissen, daß sie so schnell keinen neuen Clown finden würden, der sich jeden Montagmorgen hier an den Flügel setzt und sich von dieser Meute Geier mißhandeln läßt. Sie brauchen ihn, er gehört zu dieser Tradition, wie die Tradition zu dieser Schule. Schließlich hat er schon vor den Vätern und Müttern einiger dieser Parasiten sein Talent verraten. Und er wird wohl, solange er nicht vom Schemel fällt, auch die kommenden Montage hier sitzen und die Invasionen der Monster erwarten, leiden, und sich eine Woche vor dem nächsten Montag fürchten. Jetzt muß er doch grinsen, denn heute wird das anders sein. Heute ist er der Spielmacher, und die Puppen werden an seinen Fäden hüpfen und tanzen. Nein, tanzen werden sie nicht: winden in schleichender Stille werden sie sich. Rituale leben durch Gesetzmäßigkeiten, unausgesprochene; durchbricht einer einen dieser traditionellen Abläufe, ist das Ritual gestört. Und er wird sie heute stören, mittendrin in ihrer Üblichkeit wird er sie packen und stillschweigend ihre Gemüter schütteln; bis sie bleich vor Schauder nicht einmal mehr um Gnade betteln können: Er wird einfach nicht anfangen zu spielen, er wird dasitzen wie immer und auf das Notenblatt starren, und sie werden darauf warten, daß er endlich anfängt zu musizieren; schließlich sind sie nicht zum Vergnügen dort. Aber er wird nicht beginnen. Und wenn er nicht beginnt, kann auch keiner von ihnen mit Lärm und Mißachtung beginnen – so sind die Spielregeln, er hält sich schließlich sonst immer ohne Murren daran – außer heute. Keiner der Lehrer wird auf die Idee kommen, sein Handeln öffentlich in Frage zu stellen oder ihn zu stören, schließlich ist er eine Institution und hat die alle hier anfangen sehen. Keiner wird es wagen aufzustehen, um eventuell Unterricht zu geben, ohne nicht vorher sein rituelles Morgenspiel vernommen zu haben – wie jeden Montag. Sie werden höflich in ihren Köpfen nach Entschuldigungen suchen und es auf seine Senilität schieben. Aber sagen, sagen werden sie nichts – nur warten, warten, bis er beschließt, daß der richtige Moment zum Anfangen gekommen ist. Und das kann dauern, denn er hat Zeit, viel Zeit. Nur keine Eile, er wird ihnen schon den Einsatz geben für ihr Räuberkonzert.

Dann wird er spielen, zehn Minuten, wie immer, sie werden aufspringen – aber anders als sonst: verstört. Und ab heute werden sie jeden Montag Angst haben, er könne wieder vergessen, mit dem Spielen zu beginnen.

Regula Venske

Rache am Mythos, oder: Mit Adam Riese gerächt

Der Mann war ein Mythos und ist es noch. Und ich war jung, nicht sehr jung, aber doch fast. Nur – wie soll ich anfangen, davon zu erzählen, jetzt, da ich älter bin?

Vielleicht so:

Der Mythos saß hinter seinem Schreibtisch und war beschäftigt. Sein Hemd war offen, ein heißer Sommerabend erlaubte es ihm. Seinen Bauch trug er lässig über dem Hosenbund.

Oder so?

Der Mythos saß hinter seinem Schreibtisch und tat beschäftigt. Sein Hemd war aufgeknöpft; unbekümmert ließ er die Speckfalten seines Bauches über den Gürtel wabbeln.

»Nehmen Sie Platz«, sagte er.

Schüchtern ließ ich mich auf einer Stuhlkante nieder.

»Nein, da!« sagte der Mythos und zeigte woanders hin. Ich sah zum Sofa, auf das er gedeutet hatte, hinüber: Es erschien mir zu niedrig. Eine strategisch ungünstige Position, versinken würde ich ja darin; so schlau war ich immerhin schon. Also blieb ich auf meiner Stuhlkante sitzen.

Ich wartete eine Weile, während derer der Mythos an seinem neuen Buche schrieb; es steht übrigens hier in meinem Regal. Schließlich ließ sich der Mythos herab / schließlich bequemte er sich / schließlich setzte er sich auf einen Stuhl an den Couchtisch, mir schräg gegenüber.

»Und, haben Sie sich ein paar Fragen überlegt?« fragte er.

Ich war Praktikantin in seiner Firma – ach, wozu die Vorsicht: in seinem Verlag, und wäre er nicht ein Verleger und ein Mythos gewesen, wäre ich bestimmt nicht zu ihm in die Wohnung gegangen. Hätte mich ein Bankdirektor zu sich nach Hause geladen oder der Vorsitzende des Hamburger Sportvereins – wer immer das war; nichts gegen Bankdirektoren und die Vorsitzenden des Hamburger Sportvereins – sicher hätten alle meine Alarmlampen geschrillt. Aber hier war dieser Mythos, ein Verleger, bei dem ich drei Monate Verlagsluft geschnuppert, dessen großzügiges Angebot – eine Halbtagsstelle für vierhundert Mark im Monat – ich aber zuletzt abgelehnt hatte. Ein Doktorandenstipendium der Studienstiftung des deutschen Volkes half mir bei meiner Standfestigkeit, meine Arbeitskraft schien mir mehr wert als vierhundert Märker im Monat.

»Gut, dann kommen Sie um sieben zu mir in die Wohnung, und schreiben Sie sich ein paar Fragen auf.«

Ja. Die brennendste Frage, die mich beschäftigte, war natürlich: Würde der Verlag wirklich bald pleite gehen? Und wie ließe sich das eventuell verhindern? Außer dadurch, daß die Mitarbeiter für vierhundert Mark, vielleicht war es bei den anderen auch unwesentlich mehr, arbeiten mußten?

Aber darüber sprach der Verleger natürlich nicht mit mir.

So stellte ich irgendeine andere Frage, in der Hoffnung, auf Schleichwegen schon noch zu meinem Thema zu kommen. Zielstrebiger als ich aber steuerte er auf sein Thema zu. Und schon war er bei den abgehalfterten Lehrern und dem neurotischen Unipack angelangt.

»Und der Sowieso, dieser alte Waschlappen!« ereiferte er sich.

Ich nahm den Sowieso, einen gemeinsamen Bekannten, in Schutz. Müßten nicht alle übrig gebliebenen Linken, müßten nicht alle immer noch literarisch Interessierten, müßten nicht alle auch nur halbwegs Intellektuellen in diesem Land zusammenhalten? schlug ich vor. Ich war noch recht jung, wie gesagt.

Das sei jetzt wieder typisch für mich, meinte er. Ich sei

überhaupt eine ganz unmögliche Frau. Die R. hätte einen Schlag weggekriegt, hätte auch Die-und-die schon gesagt.

»Allein, wie Sie mit dem Armen XY umgegangen sind: Angeknipst und wieder ausgeknipst haben Sie den! Ganz unmöglich war das!«

Obwohl es immerhin beachtlich gewesen sei, daß es mir überhaupt gelungen war, den armen Kerl anzuknipsen.

»Der hat sei Jahren nicht mehr – wie haben Sie das nur geschafft?«

Daß mein Ich-weiß-nicht-was mit XY nun plötzlich Chefsache war, verblüffte mich schon; hilflos hörte ich meiner Selbstverteidigung zu. Daß auch zum Ausknipsen immer zwei Seiten gehörten und daß »audiatur et altera pars« doch ein Grundprinzip der von ihm so geschätzten Demokratie sei.

Aber da hatte ich nicht mit dem Mythos gerechnet. Denn das war nun wieder ganz typisch für mich: daß ich immer gleich so *grundsätzlich* würde. Und wohin das führe, hätte man ja an Terroristen gesehen. Das sei typisch für diese norddeutschen Protestantentöchter, die immer alles *ausdiskutieren* wollten –

»*Ausdiskutieren* ...«

Bei diesem Wort wackelte der Mythos karikierend mit dem Kopf, und seine Bauchfalten schwabbelten vor Empörung im Takt. Die Terroristin sei ja auch – »Wieso auch?« fragte ich – eine protestantische Pfarrerstocher gewesen.

Ich war verblüfft. Hier saß mein Mythos – ein linker Mythos war es, es ist jetzt an der Zeit, das einmal zu sagen – und klang wie die BILD-Zeitung persönlich.

Und ich war es, die er sich vorgeknöpft hatte. Von Männern hätte ich, wie alle norddeutschen Protestantinnen eben, rein gar keine Ahnung. Wenn ich XY nicht hätte ausknipsen wollen, hätte ich mir doch nur ein hübsches Kleid anzuziehen brauchen und ein Buch mit einer schwierigen

Stelle mitnehmen. Und dann hätte ich zu XY ins Zimmer gehen und ihn bitten können, daß er mir diese schwierige Stelle erkläre. Da bliebe kein Männerherz hart. Und es könne ja wohl nicht so schwer sein, eine schwierige Stelle in einem Buch zu finden; er fände andauernd welche.

Vermutlich war das der Zeitpunkt, als mir hätte einfallen sollen, daß ich eine Karte für die Philharmonie besaß. Aber ich blieb fassungslos sitzen. Sicher würde sich gleich alles freundlich aufklären, hoffte ich noch; ich konnte doch nicht jetzt gehen und den Mythos ausgerechnet so in Erinnerung behalten? Typisch Protestantin eben, die alles ausdiskutieren will. Dagegen die süddeutschen Mädchen –

»Wenn da ein Mann Unsinn redet, stehen sie auf und hauen ihm eine herunter.«

»Ja, was würden Sie denn machen, wenn ich jetzt aufstünde und Ihnen eine Ohrfeige verpaßte?« fragte ich und kam mir allen Ernstes schlagfertig vor.

Ja, das sei eben wieder so typisch. Theoretisch, verbal, da sei ich ja sehr avanciert, aber körperlich – da haperte es.

»Mit Männern haben Sie noch keine Erfahrung? Geben Sie zu, aus dem Alter, wo man einen Freund in Griechenland hat, sind Sie eigentlich raus.«

Einen Moment zögerte ich. Woher wußte er von meiner Verbindung nach Griechenland? Vom Verlag aus hatte ich nicht telefoniert. Das überließ man dem DDR-Dichter, der fast täglich kam, um seine Geliebte in West-Deutschland anzurufen.

»Der Freund in Griechenland, wie Sie ihn nennen, ist seit elf Jahren mein Freund und seit sechs Jahren mein Mann. Wir sind verheiratet.«

Das saß, ich sah ihn stutzen – für einen Moment. Dann setzte er nach.

»So, als ob Sie schon seit sechs Jahren mit einem Mann ins Bett gehen, sehen Sie aber nicht aus.«

An dieser Stelle meiner Erzählung schieden sich in den darauf folgenden Jahren die Geister. Während die einen meinten, ich hätte dem Mann sogleich eine schmieren sollen, und zwar mit Schwung, fanden die anderen es richtig, daß ich mich zurückgehalten hatte.

»Sonst hätte er dich genau da gehabt, wo er dich hinkriegen wollte: auf der Ebene eines körperlichen Kontakts.«

»Wer weiß, was dann noch alles passiert wäre – auf dem Sofa vergewaltigt hätte er dich.«

In dieser Einschätzung – »der wollte mit dir ins Bett« – waren sich alle Zuhörenden einig, nur ich mag das noch heute nicht glauben. Der Mann war ja kleiner als ich. Zu dick für meinen Geschmack. Und ungefähr doppelt so alt: Der hätte mein Vater sein können.

»Absurd!«

»Aber klar! Wie konntest du auch nur so blöd sein und dich mit dem Lektor einlassen? *Ius primae noctis*: Dem Verleger gebührte das Recht der ersten Nacht!«

Unmöglich, daß der mit mir – wo ich doch gar nicht mit ihm – konnte es sein, daß ich von Männern tatsächlich nichts wußte? Und im Grunde nicht einmal Wert darauf legte?

Aber, selbst wenn es nun richtig war, ihm keine Ohrfeige zu geben: Was sonst konnte ich tun?

Was sagen, voller Gelassenheit und Verachtung?

»Laß doch mal die Hose runter, Kleiner . . .«

»Ach zeig doch mal, was du da hast . . .«

So lauteten die Vorschläge tatsächlich. Und dann in lautes Lachen ausbrechen – vorausgesetzt natürlich, er hätte die Hose heruntergelassen?

Ach nein.

»Never use the weapons of the enemy«, schrieb schon Virginia Woolf.

Wenn aber etliche schlaue Leute, Männer und Frauen,

selbst im nachhinein nicht wußten, wie man angemessen reagieren konnte, außer aufstehen und weggehen natürlich, so ist vielleicht verständlich, daß mir auf die Schnelle erst recht kein rettender Einfall kam. Ich verstand nicht, was sich da tat; vor allem wollte ich es einfach nicht glauben. Warum sollte der Mythos mich derart beleidigen wollen?

Mit meiner Ungläubigkeit, meiner Hoffnung auf Aufklärung und Aussöhnung blieb ich also sitzen und reizte mein Gegenüber bis zur Weißglut, nehme ich an.

Irgendwann wurden wir hungrig: Der Mythos bot an, Berliner Buletten zu braten.

Ja, und dann habe ich Buletten in seiner Küche gegessen.

An seinem Küchentisch; ich fasse es nicht.

Irgendwann war es spät; der Abend änderte sich nicht.

Irgendwann sagte ich, ich müsse jetzt gehen.

Das Konzert, für das ich eine teure Karte gekauft hatte, war längst schon vorbei; meine Freundin hatte es ohne mich genossen.

Der Mythos aber hatte schlechte Laune bekommen. Daß er den ganzen Abend mit mir verplempert hatte! Da lag das Buch, an dem er schrieb; mit großer Geste wies er darauf. Es könnte längst fertig sein! Aber immer wieder gab er sich mit überflüssigen Leuten wie mir ab, die ihm nichts brachten. Dagegen die Frechheit, die Dummheit, mit der ich sein Angebot abgelehnt hatte! So eine Chance erhielt man nur einmal im Leben! Und draußen vor der Tür warteten Hunderte, warteten Tausende arbeitsloser Germanistikstudentinnen! Die leckten sich alle Finger einzeln nach so einer Möglichkeit ab!

Entschuldigungen murmelnd, schleppte ich mich zur Tür und tastete mich ins Treppenhaus hinaus.

»Maßlose Selbstüberschätzung!« rief der Mythos mir nach.

»Und unglaubliche Undankbarkeit!«

Ja, der undankbarste Mensch, der ihm je begegnet sei, das sei ich! Buletten hätte er gebraten! Den Abend verdaddelt mit mir! Und immer noch höre er kein Wort des Dankes!

Und da drehte ich mich um und sah noch einmal zu ihm hinauf – ich war ja inzwischen schon ein paar Stufen abwärts getaumelt. Ich sah zu ihm auf – und hörte mich »Danke schön« sagen.

Unten auf der Straße brach ich in Tränen aus. Ich fühlte mich maßlos gedemütigt. Und das schlimmste war, daß ich daran irgendwie mitgewirkt hatte. Wieso war ich nur so lange geblieben?

Heulend radelte ich den Ku'damm entlang, kam heulend in meiner Wohngemeinschaft an, fand mich heulend im Arm meiner Mitbewohnerin wieder. Heulend verbrachte ich den ersten Teil der Nacht am Telefon, teure Einheiten vertelefonierend. Durch die Leitung hörte ich meinen Mann in Griechenland lachen; vor allem, daß ich mich zu guter Letzt noch bedankt hatte, erheiterte ihn sehr. Im zweiten Teil der Nacht schrieb ich dem Mythos lange Briefe. Was er Falsches, was er Dummes gesagt und gedacht hatte, legte ich ihm dar. Und daß alles ein Mißverständnis sein mußte. Während des dritten Teils der Nacht schlief ich einen traumlosen Schlaf.

Am nächsten Morgen verabschiedete ich mich aus dem Verlag, kurz und bündig, ohne lange Erklärung und ohne den Mythos zu sehen. Ein junges, gerade erst dem Praktikantenstatus entwachsenes Bürschlein guckte mir mitleidig nach und wünschte mir Glück. Erhobenen Hauptes stapfte ich davon und schrumpfte auf der Straße zu einem Bündel aus Wut und Ratlosigkeit.

Und dann kam eine Zeit – wie soll ich davon erzählen, jetzt, da ich älter bin? Es ist alles so lange her. Als wäre es gar nicht geschehen.

Und doch: Einmal in meinem Leben habe ich Rachegelüste gehegt. Wann immer ich an jenen Abend dachte – und ich dachte recht oft daran –, verspürte ich den Wunsch, mich zu rächen. Vor dem Einschlafen malte ich mir aus, wie; auch sprach ich mit anderen darüber. Mehrere Freundinnen machten die Idee zu ihrem eigenen Bedürfnis. Auf sie war Verlaß.

Eines Tages, so malten wir uns aus, würde der Mythos einen Vortrag in Hamburg halten. Im Publikum säßen etliche von uns verteilt. Immer wenn der Mythos etwas besonders Wichtiges sagte, würden wir in Lachen ausbrechen. Hier würde eine kichern und dort eine glucksen – der Mythos würde mit dem Vortrag nicht fortfahren können.

Während die anderen noch in dieser Vorstellung schwelgten und sich schon jetzt kaputtlachten darüber, wußte ich, daß das niemals reichte.

Nein. Es mußte mindestens eine Ohrfeige sein.

Vielleicht würde der Mythos eines Tages zu einer Talk-Show im Fernsehen geladen? Und ich zufällig auch? Und dann würde ich ihm vor laufender Kamera eine verpassen?

Die Vorstellung war schön. Aber nie wurde ich zu Talk-Shows geladen. Auch der Mythos übrigens nicht; vielleicht war er gar nicht so wichtig. Auch zu Vorträgen nach Hamburg kam er übrigens nicht.

Ein, zwei Jahre gingen ins Land. Das Bedürfnis nach Rache war unvermindert vorhanden, das Bedürfnis nach einer Erklärung dazu. Noch immer verstand ich die Dynamik dieses Abends ja nicht. Manchmal fürchtete ich, alles wäre nur meiner Phantasie entsprungen. Vielleicht hatte ich wirklich einen Schlag weg, wer weiß? Ich traute meiner eigenen Wahrnehmung nicht; das war das Allerschlimmste.

Eines Tages fuhr ich zu einer Tagung, zu der, das wußte ich vorher schon, eine Frau kommen würde, die den Mythos auch kannte. Den ganzen Abend, während man in geselliger Runde beisammen saß, lauerte ich auf eine Gelegenheit, sie nach dem Mythos zu fragen. Endlich kam der ersehnte Moment.

»Was hältst du eigentlich von Dingens?« fragte ich sie.

Sie sah mich ruhig an, mit nachdenklichem Blick.

»Willst du es wirklich wissen?« fragte sie.

Begierig nickte ich mit dem Kopf.

»Er ist ein Schwein«, sagte sie.

In den Folgejahren ging es mir zunehmend besser. Über meine eigene, persönliche Rache dachte ich kaum noch nach. Zeit heilt alle Wunden, sagt das Sprichwort, und obwohl ich es nie glauben wollte, denke ich jetzt, daß das manchmal stimmt. Man kann es den jungen Frauen nicht oft genug sagen.

Wiederum Jahre später schrieb ich meinen ersten Kriminalroman. Darin schickt eine Frau einem Mann gefüllte Windelpakete; anonym, mit der Post. Der Roman ist nicht autobiographisch, diese anonyme Frau war nicht ich. Ihre Heimlichkeit und Kleinlichkeit wären mein Fall nicht gewesen, meine Rachephantasien zielten – das merke ich jetzt erst, in der Erinnerung – immer auf Öffentlichkeit ab. Vielleicht nicht einmal wegen des größeren Effekts: Es galt, die Intimität jenes Abends zu sprengen.

Immerhin wußte ich, wie einer zumute sein kann, die keinen anderen Weg sieht, ihre Unversehrtheit zu retten, als an jemandem Rache zu üben.

Und noch etwas fällt mir jetzt, beim Schreiben dieses Textes, erst auf: was für eine starke Rolle das Motiv der Rache in meinen Kriminalgeschichten spielt. »Samtkrimi«, »Blood on the Breakfast-Room Floor«, »Daß man dran glauben mußte« – alle sind ohne Rache nicht zu denken. »Schief gewickelt«, »Kommt ein Mann die Treppe rauf«, »Rent A Russian« und »Die Hexen von Oevelgönne« – überall Rache, nichts als Rache. Sublimierte Rache, was mich angeht; glücklich, gewinnträchtig sublimiert.

Diesen Text aber kann ich nur schreiben, weil ich mich nicht mehr rächen will.

Vor einigen Jahren begegnete ich dem Mythos unverhofft wieder. Er war mir im Weg. Auf der Buchmesse war es, bei einem Empfang. Drum herum standen Leute mit Sektgläsern, dicht gedrängt, plaudernd, lachend. Und ich kam nicht zwischen ihm und ihnen vorbei. Jetzt doch die Ohrfeige, vor Zeugen? Nein, kein Bedarf – damals, an jenem Abend, nicht, und jetzt immer noch nicht. Einen Umweg gehen, mich hinten herum vorbeischlängeln, als wäre er gar nicht da? Nein, Umwege gehe ich nicht.

»Ach, Herr Dingens, jetzt muß ich mich auch noch an Ihnen vorbeiquetschen – wo ich Sie doch gar nicht mag.«

Er erkannte mich sofort, fragte aber schwach, wer ich denn sei. Ich nannte ihm meinen Namen.

Richtig gut wäre er gewesen, wenn er dann weiter gesagt hätte: »Ja, und?«

Statt dessen – küßte er mich, ehe ich mich's versah, auf die Wange.

Da war ich schon weiter gegangen. Die Stelle im Gesicht brannte, als wüchse gleich eine schwarze Spinne daraus. Wäre ich abergläubisch, müßte ich den Kuß als böses Omen für mich deuten, denn kurze Zeit später erlebte ich den größten Reinfall meines Lebens, auch mit jemandem aus einem Verlag. Leider war ich nicht abergläubisch; vielleicht hätte ich mir sonst diese Enttäuschung erspart? Und die war so groß, daß alle anderen dahinter verblaßten.

In diesem Herbst sah ich den Mythos wieder. Er kam in ein Restaurant, als ich gerade Kartoffeln in Grüner Sauce verzehrte, und nahm mit seiner Begleitung am Nebentisch Platz.

Mein Gott, ist der alt geworden, dachte ich; ich nahm ihn nur aus den Augenwinkeln heraus wahr. Wäre ich richtig gut gewesen, hätte ich ihn freundlich gegrüßt. Aber das konnte ich nicht.

Von der Form her war er zwar immer noch annähernd quadratisch, aber doch wirkte er fast wie ein schmächtiger Mann. Er trug ein Hemd in den Farben Italiens und rote Socken dazu.

Und ich verspürte so ein Gefühl – wie Erbarmen.

Voraussichtlich überlebe ich ihn, dachte ich auch. Und das soll mir genügen.

... »Ja«, sagte ich.

»Mein Name ist Linda Owen.«

»Jenny«, sagte ich. »Jenny Warner.«

»Es ist vielleicht aufdringlich, aber ich möchte Ihnen gern was sagen. Darf ich mich setzen?«

Ich nickte.

»Sehen Sie Ned Saraman noch?«

Sekundenbruchteile davor hatte ich gewußt, was sie fragen würde, vielleicht kommt da doch Mums Gabe in mir durch. Aber es war schon eine komische Formulierung. Jemanden zu »sehen« klingt irgendwie komischer, als wenn man sagt, er »geht« mit einem. Es bedeutet, mit jemandem zu schlafen, bedeutet Verliebtheit, Liebe, Leidenschaft – mit »sehen« im eigentlichen Sinn hat es herzlich wenig zu tun. Genaugenommen gar nichts, wenn man darunter versteht, daß man dem anderen ins Herz sieht und seine Gedanken kennt.

Und merkwürdigerweise war ich mir in diesem Moment nicht sicher, wie ich ihre Frage beantworten sollte. Aber ich nickte und sagte ja und fragte, warum sie das wissen wollte. Ich war nicht böse oder gekränkt. Nichts von alledem.

»Ich hab gesehen, wie Sie sich mit ihm getroffen haben«, sagte sie. »Zweimal. Und dann hab ich Sie hier mit ihm gesehen. Bitte fassen Sie das nicht falsch auf, aber ich hab Ihnen angemerkt, wie Sie zu ihm stehen. Eigentlich hätte ich damals schon was sagen sollen, aber ich hab mich nicht getraut. Heute trau ich mich auch nur, weil – ja, weil Sie allein hier sind und ich erst in einer halben Stunde verabredet bin.«

»Was wollten Sie mir denn sagen?« fragte ich mühsam.

»Thelmarsh Cross, wo Sie sich mit ihm getroffen haben, das war auch unser Treffpunkt.«

»Wie meinen Sie das?«

»Vor mir war eine gewisse Rosie Ferrell, mit der konnte er sich nicht in Thelmarsh Cross treffen, sie wohnte in Sheringham. Wie die davor hieß oder wo sie sich getroffen haben, weiß ich nicht.«

»Das ist nicht wahr«, sagte ich. Er hatte vor mir Jane noch nie betrogen, das hatte er mir oft genug erzählt. »Und wenn es wahr ist ...« – meine Güte, wie kläglich! – »... wenn es wahr ist, hat es nichts zu bedeuten. Jetzt hat er mich. Für immer. Er liebt mich.«

Sie sah mich an – ohne billiges Mitleid, ohne jede Spur von Verachtung. Fast verständnisvoll. »Ich hole uns was zu trinken«, sagte sie.

Mum war gerade gekommen, in ihrem schrillsten Outfit wie immer am Samstagabend, vielleicht besonders aufgemotzt, weil es der Samstag vor Weihnachten war, schwarzer Minirock, eng wie eine Bandage, königsblaues ärmelloses T-Shirt mit dem Schriftzug *Die donnernde Legion* in goldenen Lettern, darunter ein Gossard Wonderbra, den sie weiß Gott nicht nötig hat. Sie sah mich an und zog eine Augenbraue hoch. Was sie sich in diesem Moment gedacht hat, weiß ich nicht, aber als sie Linda die Drinks gab, sagte sie: »Auf Rechnung des Hauses.«

»Ach ja? Schönen Dank auch.«

»Sie ist meine Mutter«, sagte ich. »Aber das mit Ned sehen Sie falsch. Ich wollte eigentlich noch nicht drüber sprechen, aber wir ziehen zusammen, er verläßt seine Frau. Wenn er von seiner Reise zurückkommt. Bis dahin soll es eigentlich noch unter uns bleiben, aber weil Sie gefragt haben ...«

»Er wird sich nie von Jane trennen, Jenny. Und von seiner Tochter auch nicht. Das Asthma ist nicht so schlimm, wie er immer tut, aber verlassen würde er die beiden nie. Jane ist goldrichtig für ihn.«

Ich hatte es satt, immer wieder zu sagen, daß sie sich irrte. »Es sollte noch unter uns bleiben, ich dürfte gar nicht darüber sprechen.« Das hatte ich auch schon mal gesagt. Und dann sagte ich was Neues. »Ich weiß, Sie meinen es gut.« Sie schwieg. »Ned hat gesagt, daß er Jane jederzeit verlassen würde, daß es allein meine Entscheidung ist. Ich hätte nie gedacht, daß ich das mal jemandem erzählen würde, aber so ist es. Zuerst wollte ich nicht, ich habe mich lange gesträubt, weil ich fand, daß es unrecht war, aber dann ... dann habe ich nachgegeben.« Ich hatte eine Idee, und mir wurde ein bißchen leichter ums Herz. Sie war eifersüchtig, weil er sich von ihr getrennt hatte und zu mir gekommen war. Und weil man das so nicht sagen kann, sagte ich: »Ich kann mir vorstellen, daß man das schwer verkraftet, aber mich liebt er wirklich. Bei mir ist es was anderes.«

Sie lachte nicht, und dafür werde ich ihr ewig dankbar sein. Sie ist eine nette Frau, die Linda, wir sind inzwischen ziemlich befreundet und sehen uns oft. Schließlich haben wir ja so einige Gemeinsamkeiten. Sie lachte nicht, im Gegenteil, sie machte ein ganz unglückliches Gesicht.

»Hör zu, Jenny, er macht das ständig, es ist seine Masche. Sie weiß Bescheid und nimmt es hin, weil sie weiß, daß er nie von ihr weggehen wird. Sie mieten irgendwo ein Cottage, meistens für ein Jahr. Vor zwei Jahren waren sie in Breckenhall. Ich mache dort im Dorfladen die Poststelle. Danach hatten sie ein kleines Haus in Weybourne, an der Küste. Gut findet sie's natürlich nicht, was er da treibt, aber zumindest weiß sie immer so ungefähr, wo er steckt.«

»Mit mir hat das nichts zu tun«, sagte ich.

»Mir hat er auch gesagt, ich soll mit ihm weggehen, Jenny. Das macht er immer, wenn er genau weiß, daß eine von sich aus nein sagen wird. Bei Frauen mit Pflichtgefühl, die an ihre Ehe denken oder an ihre Kinder. Ich hab eine Tochter, tagsüber kümmert sich meine Mutter um sie, und er wußte, ich würde sie nicht von Mutter und von ihrer Vorschule wegnehmen. Ich war ungefährlich, bis ich es mir anders überlegte.«

»Anders überlegte? Wieso?«

»Meine Tochter war fünf geworden. Jetzt, da sie sowieso in eine andere Schule müßte, könnte ich sie mitnehmen, hab ich zu ihm gesagt. Jetzt würde ich mit ihm gehen. Er hatte gesagt, daß er uns eine Wohnung in Dereham suchen würde, allerdings war das schon eine Weile her. Nur interessehalber: Wann hat er dich zum letztenmal gebeten, mit ihm zu gehen?«

Ich wußte es nicht mehr, es lag lange zurück, und da wurde mir plötzlich eiskalt. Ich trank einen Schluck Gin, er schmeckte wie Desinfektionsmittel. Wann hatte Ned zum letztenmal mit mir darüber gesprochen? Vor Monaten. Etwa um die Zeit, als wir anfingen, uns in Stellas Haus zu treffen. In meiner Verliebtheit hatte ich nicht darauf geachtet.

»Darum hat er dich also auch gebeten?« sagte ich.

»Es tut mir leid, Jenny. Ich bin inzwischen drüber weg, aber bei dir wird es eine Weile dauern, das merke ich schon.«

Etwas begann in mir zu rumoren, in meinem Kopf. Von manchen Sachen sagt man, daß man sie nicht glaubt, aber insgeheim glaubt man sie doch. Es war etwas, was eigentlich nicht sein durfte, es war eine … eine Freveltat. Später, viel später, habe ich das Wort im Lexikon nachgeschlagen. »Eine besonders gemeine oder bösartige Kränkung, ein mutwilliger Übergriff« stand da, neben vielem anderem, aber das paßte schon ganz gut, eine besonders gemeine und böswillige Kränkung steckte in meinem Kopf und wollte raus, um laut loszuschreien.

»Aber er hat mich darum *gebeten*«, sagte ich, quengelig wie ein Kind. »Wenn ich nun ja gesagt hätte?«

»Letztlich hast du ja gesagt.«

Und du siehst ja, wohin es dich gebracht hat. Das sagte nicht Linda, das sagte ich mir, während ich sie ansah und vergeblich versuchte, sie zu hassen. Und dann dachte ich – bisher hatte ich mich darum immer gedrückt – an das Telefongespräch in der letzten Woche, als ich ihm gesagt hatte, ich würde es machen, wir würden für immer zusammensein. Er hatte mir keine Antwort gegeben. Keine richtige Antwort. Er hatte geseufzt, vor Erleichterung, hatte ich gedacht und zu ihm gesagt, wir würden in Stellas Haus darüber sprechen. Und er war nicht gekommen. Er hatte nicht angerufen, er war nicht in Stellas Haus gekommen, er hatte seinen Anrufbeantworter angestellt und war mit Frau und Kind in dieses Interlaken gefahren. Zum Skilaufen. Weil er das immer so oder ähnlich machte, wenn eine Frau ihm eröffnete, sie würde alles stehen- und liegenlassen und mit ihm gehen.

Behutsam sagte sie: »Fairerweise muß man wohl eins dazu sagen: Er ist wie eine Frau, die es nur machen kann, wenn sie glaubt, daß der Mann sie liebt. Und daß sie ihn liebt. Er kriegt ihn nicht hoch, wenn er nicht sagt: Ich liebe dich, ich liebe dich. Es ist krankhaft. Er ist echt krank, der arme Kerl. Ein Fetischist, und sein Fetisch ist die Liebe. Aber das dürfte kein Trost für dich sein. Er sucht sich immer die aus, von denen keine Szenen zu befürchten sind. Und wenn sie doch mal ausflippen, springt Jane in die Bresche, sie hat inzwischen reichlich Übung in so was. Ich bin nach Norwich gefahren und hab ihr alles erzählt, aber geholfen hat es nicht, sie wußte es schon. Mit so einer Frau hat ein Mann das Große Lose gezogen: Sie weiß Bescheid, aber sie nimmt es hin, weil sie ihn liebt. Im Grunde hat er überhaupt nichts zu verlieren.«

Ich konnte es immer noch nicht glauben. Es war nichts Greifbares wie der Wintergarten oder Stellas Tod oder daß Richard mir den Kassettenrekorder geschenkt hatte. Es war einer von diesen Träumen, bei denen man nicht weiß, daß man träumt, und nach dem Aufwachen eine ganze Weile braucht, um zu begreifen, daß alles nicht wahr ist.

Es war dumm und demütigend, immer wieder »Er hat mich geliebt« zu sagen – aber ich konnte nicht anders, ich wiederholte es wie eine Litanei. An seinem Stolz hält man am längsten fest, doch zum Schluß ist man auch den los. »Er hat mich immer gebeten, ich soll sagen, daß ich ihn liebe«, sagte ich und wußte, daß ich damit genau den Typ beschrieb, den Linda geschildert hatte.

»Hat er sich im Hotel mit dir getroffen?« fragte sie. »Oder habt ihr es immer unter der Hecke gemacht? Entschuldige, aber bei mir war es genauso ...«

»Ich konnte das Haus von einer Bekannten benutzen.«

»Für die Bleibe hast *du* also gesorgt, ja, das kommt mir bekannt vor. Ist er mit dir essen gegangen, hat er dir Geschenke gekauft? Wahrscheinlich hat er gesagt, du sollst ihn auf einer Auslandsreise begleiten, das ist weiter kein Aufwand, es geht sowieso alles auf Spesen, und er hat ein Doppelzimmer. Aber hat er dir was aus dem Duty-free-Shop mitgebracht?«

Ich stand auf. Ich hätte gern den Tisch umgeschmissen, wie man es manchmal im Kino sieht. Mum ahnte wohl so was, sie machte die Klappe hinten am Tresen auf und kam einen Schritt näher. Mein Kopf fiel vornüber, ich würgte.

»Ich hol noch was zu trinken«, sagte Linda. »Ich bin uns noch eine Runde schuldig.«

»Nein«, sagte ich. »Das hilft nicht.«

»Doch, es hilft.«

Ich hatte weiche Knie und setzte mich wieder. »Ich will nichts trinken.«

»Daß du es so schwer nimmst, hätte ich nicht gedacht.«

Sie drehte sich um und winkte dem Mann zu, der gerade reingekommen war. Er war nichts Besonderes, ein jüngerer Typ, hellhaarig und untersetzt, einer von denen, die überall sofort an die Theke gehen.

»Ich lasse dich jetzt ungern einfach hier sitzen«, sagte sie. »Ich kann ihm sagen, daß es heute nicht geht, soviel liegt mir nicht an ihm. Wenn du willst, bring ich dich nach Hause.«

»Nicht nötig«, sagte ich. »Ich bin jetzt ganz gern allein. Ich muß allein damit klarkommen.«

»Es tut mir wahnsinnig leid, Jenny. Ehrlich.« ...

Peggy Parnass

Rache

In Haß ersticken und immer lieb sein strengt an. Rache will ich. Rache. Wollte ich schon damals, als ich ganz klein war.

Ich stand daneben, als Mutti von der Milchfrau geohrfeigt wurde, weil sie etwas für uns zu essen kaufen wollte. Mich hat sie auch geschlagen, aber das tat nicht so weh. Dann hoben die Frau und ihr Mann Mutti hoch und schmissen sie raus. Ich fühlte mich für sie verantwortlich und schämte mich, weil ich ihr nicht helfen konnte.

Ich schäme mich auch, daß sie tot ist.

Na warte, dachte ich. Wenn ich groß bin, schlag ich zurück.

Ja, ich hab reichlich gehaßt. Erst die Täter. Dann auch die Opfer, die sich nicht wehrten. In Schweden alle zwölf Pflegeeltern-Paare. Ihre Kinder. Ihre unterschiedlichen Gewohnheiten und Intimitäten. Ihre Verwandten und Freunde. Ich weiß bis heute nicht, was schlimmer war: ihre Gleichgültigkeit oder ihre gelegentlichen Versuche, mich für sich zu erwärmen. Sie waren absolut unterschiedlich – Russen, Dänen, Schweden, Juden, Nazis, egal. Ich haßte sie alle. Weil sie nicht Mutti waren. Und so taten, als könnten sie ihren Platz einnehmen.

Doch am intensivsten haßte ich die Leiterin von Gadys Waisenhaus. Und ich krieg ne Gänsehaut, wenn ich nun an sie denke. Tante Lisa hieß sie. Ein so weicher Name für eine so harte Frau. Wenn ich ins Heim reingelassen wurde, haben wir immer versucht, uns zu verkriechen. Dann wollten wir uns immer alles anvertrauen, was inzwischen gewesen war. Dafür, daß er alles erzählte, kriegte er meistens von ihr Prügel.

Mein kleiner Bruder Gady. Er war erst vier, als wir nach Stockholm mußten.

Dreimal hab ich ihn richtig entführt. Frech gesagt, daß wir zu unserem Vormund müssen. Jedesmal wurden wir erwischt, und jedesmal wurde nur Gady dafür verprügelt. Obwohl ich der Anstifter war. Und jedesmal schwor ich mir, diese Drecksau zu ermorden, sobald ich groß genug wäre.

Die Gelegenheiten kamen. Aber sie waren keine. Ich fuhr zurück nach Stockholm. War London-, Hamburg-, Paris-erfahren, selbstsicher, elegant und hart. Hatte zwölf Jahre nicht geweint. Ging wie immer – nein, damals rannte ich ja immer – rauf in den vierten Stock. Sah die Frau – schrumplig, verbittert. Erkannte ihre Einsamkeit. Aus guten Gründen nie geliebt. Ich konnte ihr nichts tun, nur angewidert gehen. Mit weichen Knien und unausgelebtem Haß.

Genauso ging es mir mit der Hamburger Milchfrau. Ich gab mir einen Ruck und ging in ihren Laden. Da stand die Frau. Das früher schöne rote Haar jetzt grau. Ich hab mich an die Wand gelehnt, damit ich nicht umfalle. Hab die Frau nur angeguckt. Unentwegt. Sie bediente einen nach dem anderen. Zum Schluß fielen ihr die Sachen aus der Hand. Dann sagte sie, grau im Gesicht: »Ich seh ja Gespenster.« Sie hielt mich für Mutti.

Als sie endlich begriff, daß ich die Tochter bin, also kein Spuk, jammerte sie: »Und wie oft, wie oft, hab ich an deine liebe Mutter gedacht. Ach Gott, ach Gott, hab ich gedacht, diese liiiebe Frau ...«

Ja, auch da bin ich rausgegangen. In beiden Fällen hatte ich kein Wort gesprochen. Mir war durch und durch elend. Ich hätte bei beiden gern gekotzt, aber nicht mal das konnte ich.

Auf meine Unfähigkeit zur Rache bild ich mir nichts ein.

Froh macht sie mich schon gar nicht. Es ist nur so, daß ich nicht nach unten treten kann. Sich rächen kann man aber erst, wenn der andere schwächer ist. Und einem Schwächeren kann ich nichts tun.

Das heißt aber nicht, daß ich irgend etwas verzeih. Im Gegenteil.

Aber egal, was ich mir hätte einfallen lassen können, es hätte nicht gereicht. Hätte meine Rache nicht befriedigt.

Ich finde es unerträglich, daß sich auch sonst niemand gerächt hat. Nicht in Argentinien. Nicht in Chile. Nicht in Griechenland, Spanien oder Portugal. Noch hier. Wenn eine Diktatur abgelöst wurde, hat weder die Regierung die Folterer bestraft, noch die Bevölkerung die Henker gelyncht. Die leben alle immer so weiter, als wäre nichts gewesen.

Im ZEIT-Magazin war ein langer Bericht über junge Juden der Widerstandsgruppe Hagana, die als Angehörige der britischen Armee gleich nach dem Krieg nach Deutschland und Österreich kamen, um sich wenigstens ein bißchen zu rächen. Sie nannten sich Nakam, was auf hebräisch Rache heißt. Sie wollten Nazis in Österreich und Deutschland auftreiben und sie umbringen. Der erste Plan war, für die 6 Millionen Juden 6 Millionen Deutsche umzubringen. Sie wollten das Trinkwasser Hamburgs und Nürnbergs vergiften. Das wurde abgeblasen, weil die Führung der Hagana nicht wollte, daß Juden sich auf die gleiche Stufe wie die Naziverbrecher stellen. Sie fragten: »Was soll diese obszöne Idee? Was haben wir davon, wenn wir 6 Millionen Deutsche vergiften?«

So fanden sich die »Rächer« alleingelassen.

Der nächste Plan war, in die Großbäckerei, die 16000 ehemalige SS-Angehörige in einem Lager versorgte, einzubrechen. Dort 3000 Brotlaibe mit Arsen zu bestreichen, um die SS-Leute umzubringen. Mir wurde schlecht vor Wut, als ich las, daß auch dieser schöne Plan verhindert wurde. Man sagte sich: gut, etwas Gift ja. Aber nicht soviel, daß sie daran sterben. Nur ein bißchen krank werden sollte die SS.

Das spricht zwar sehr für die Humanität der führenden Juden damals, aber befriedigt mich in keiner Weise. So wie es ist, konnten sich die Rächer nur ein bißchen Luft machen, indem sie in den ersten sechs Monaten nach dem Krieg, wenn auch ziemlich wahllos, an die hundert Nazis umbrachten.

In NS-Massenmörderprozessen, wenn sie schon mal stattfanden, waren die Zeugen die Elenden und Gebrochenen. Nicht die Angeklagten. Denen ging es gut.

Nie drehte eines der Opfer durch. Nie stürzten sie sich auf die, die ihr Leben zerstörten. Schluchzte mal eine Zeugin, war man im Gericht unangenehm berührt und machte schnell eine kleine Pause. Die angeklagten Täter waren sowieso nur gelangweilt. Und die anderen, die Geschundenen, durften im Gericht die Fassung nicht verlieren. Zusammenbrüche sind für zu Hause da.

Ein einziges Mal nur kam es zu einem Mini-Eklat.

Der Sohn eines Opfers, der seine Mutter zu den Prozessen nach Deutschland begleitete, verlor die Beherrschung. Nachdem er tagelang die entsetzlichen Details von Folter und Massenmorden gehört hatte, sah er den Hauptangeklagten, der natürlich auf freiem Fuß war, auf der Straße. Rannte hinter ihm her und schlug ihm mit dem Schirm auf den Kopf. Er, der Sohn, wurde sofort festgenommen.

Auch meine Tante Flora hat sich nicht gerächt.

Sie arbeitete in Auschwitz am Fließband, 15, 16 Stunden am Tag bei einer Wassersuppe. Wenn die Aufseher schlechte Laune hatten oder besoffen waren, griffen sie sich wahllos Häftlinge und schubsten sie in ein Riesenbassin mit Salzsäure. Vor den Augen der anderen, mit denen sie gerade noch gearbeitet hatten. Sie hörten ihre entsetzlichen Schreie, und dann blieb kaum was von ihnen übrig. Sie lösten sich auf und wurden zu einem Teil der Brühe.

Ich stand der blutigen Brygida gegenüber und hab sie nicht gewürgt. Ich sprach mit Doktor jr. Hahn, dem obersten Chef von Warschau, statt ihn mit Salzsäure zu überschütten. Aber das ist ja alles egal. Es gibt ja doch nichts Adäquates. Es sei denn, so jemanden lebendig durch den Fleischwolf zu drehen. Hahn dann gleich vierhunderttausendmal. Einmal für jedes seiner Opfer.

Es geht einfach nicht. Hätte ich von einem Attentat gehört, einem Erschießen, einem Erstechen, das hätte mich nicht erleichtert. Nein, enttäuscht. Nicht einen schnellen Tod wünschte ich denen.

Wie groß mein Haß ist, merke ich, wenn ich Grund zur Freude hab. Der Hahn kriegte Blasenkrebs und ein Bein ab. Köstlich. Auch Barbie, als Gestapo-Chef von Lyon unvergessen, litt an Krebs. Gräßliche Krankheiten, die man eigentlich niemandem wünscht. Beide sind für meinen Geschmack viel zu früh an ihren Leiden gestorben. Ich hätte sie lieber in alle Ewigkeit dahinsiechen sehen.

Doch ich kann nicht aus meiner Haut. Zusammen mit Serge Klarsfeld und seinem Freund Julien hab ich mal in Hamburg einen Nazi aufgespürt. In dessen Wohnung, an seinem sechzigsten Geburtstag. Keine Feier, alles sehr ärmlich. Die Frau war frech wie Rotz. Der Mann schlotterte vor Angst. Die blasse Stirn schweißnaß. Auch vor ihm ekelte ich mich. Und wie. Aber ich war nicht in der Lage, darüber zu schreiben. Den Mann den Lesern auszuliefern. So eine furchtbare Angst – jahraus, jahrein –, dachte ich, ist Strafe genug.

Daß ich auch einige meiner Männer bis aufs Blut gehaßt hab, muß ich ja wohl nicht erst erwähnen. Nur die hab ich immerhin irgendwann mal geliebt.

Daß ich auch einige meiner Männer hätte umbringen können, versteht sich von alleine.

Nur die hab ich immerhin irgendwann mal geliebt.

Julia Wosnessenskaja

Über Akte der Rache

Der achte Tag des Dekamerons war angebrochen. Nachdem die Frauen die Kinder gestillt und ihr Frühstück eingenommen hatten, wandte sich Valentina an die Stewardeß: »Hör mal, Albina, du hast doch vorgestern angedeutet, es sei dir gelungen, dich an dem Sadisten zu rächen, der dich vergewaltigte, und es auch dem General heimzuzahlen, der so frech behauptete, niemand würde ein anständiges Mädchen vergewaltigen. Erzählst du uns heute abend, wie du das angestellt hast?«

»Gern, Valja, vorausgesetzt, es bleibt dabei, daß jeder eine Geschichte zum Thema Rache erzählt.«

»Das war doch ausgemacht, oder?« Valentina schaute fragend in die Runde, und alle äußerten Zustimmung.

DIE ERSTE GESCHICHTE

Worin die Biologin Larissa eine ans
Anekdotische grenzende,
doch durchaus glaubwürdige Begebenheit
aus einer Gemeinschaftswohnung erzählt

Durch den Tod einer alten Frau wurde in einer Leningrader Gemeinschaftswohnung ein Zimmerchen von zehn Quadratmetern frei, um das unter den Mietern sofort ein heißer Kampf entbrannte. Alle lebten in drangvoller Enge. Der eine meinte ein Recht auf dieses Kämmerchen zu haben, weil er seit langem auf der Warteliste stand und durch die Inbesitznahme seine beengten Wohnverhältnisse sofort hätte verbessern können, ein anderer wünschte, endlich mit seiner Frau zusammenzuziehen, die irgendwo in einem noch kleineren Kabuff hauste und dieses gegen das der Verstorbenen tauschen wollte. Und ein dritter und vierter hatten auch berechtigte Gründe. Da die Wohnungsverwaltung keinen Durchblick hatte, wer von den alten Mietern der Bedürftigste war, zog sie sich aus der Klemme, indem sie das Zimmerchen einem neuen Mieter zusprach. Wie wenig erbaut die Mieter von dem Neuen, einem jungen Ingenieur, waren, könnt ihr euch ja denken. Vom ersten Augenblick an wurde er zur Zielscheibe ihres Neides. Wo immer er sich blicken ließ – in der Küche oder in anderen Räumlichkeiten, die der allgemeinen Nutzung dienten –, schikanierten sie ihn nach Strich und Faden. Wenn ein Freund zu ihm auf Besuch kam, erstatteten sie Anzeige beim Abschnittsbevollmächtigten und behaupteten frech, bei dem neuen Mieter verkehrten Trinker und Rauschgiftsüchtige. Wagte er es gar, ein weibliches Wesen zu empfangen, eine alte Bekannte oder eine Arbeitskollegin, dann schwärzten sie ihn wegen unsauberen Lebenswandels an. Zuerst versuchte der Bursche, sich zu rechtfertigen und das verkrampfte Verhältnis durch sachliche Gespräche zu entspannen, aber damit goß er nur Öl ins Feuer. Resigniert zog er sich ins Schneckenhaus zurück, vermied es, sich außerhalb seines Zimmerchens zu zeigen und begegnete allen Provokationen von seiten der Nachbarn mit Schweigen.

Eines Tages schlug wie eine Bombe die Nachricht ein, daß man in der Straße ein supermodernes Gebäude errichten und, um Platz für den Neubau zu schaffen, einige alte Häuser abreißen wollte. Auch das Haus, in dem sich die Wohnung befand, stand auf der Abbruchliste. Allen Mietern widerfuhr ein unerwartetes Glück: Sie bekamen in anderen Vierteln teils neue Zimmer, teils sogar abgeschlossene kleine Wohnungen. Die allgemeine Freude kannte keine Grenzen. Die Aussicht auf bessere Wohnverhältnisse machte die Mieter zu besseren Menschen. Ihr Gewissen, das unter den bisherigen miesen Lebensbedingungen verlorengegangen war, erwachte wieder, und sie sagten sich: »So viele Jahre haben wir nun miteinander gelebt, kennen uns in- und auswendig, haben schlechte und gute Erinnerungen. Aber unser neuer Mieter – hat der vielleicht gute Erinnerungen an unsere Wohnung? Wir haben es ihm wirklich schwer gemacht. Dabei ist er ein so bescheidener, kluger, ruhiger Mensch und immer höflich ...« Sie beschlossen, bei Kuchen und Tee gemeinsam Abschied zu feiern und den Ingenieur um Verzeihung zu bitten. Am letzten Abend riefen sie ihn in die Gemeinschaftsküche. Etwas verlegen stand er unter ihnen und fragte sich bangen Herzens, was für eine Gemeinheit sie ihm wohl zum Abschied antun wollten. Zu seiner Überraschung aber vernahm er folgende Ansprache: »Lieber Nachbar! Wir bereuen aus tiefstem Herzen, daß wir uns Ihnen gegenüber so schändlich benommen haben und möchten nicht von hier fortgehen, ohne uns bei Ihnen zu entschuldigen. Bitte, vergeben Sie uns und tragen Sie uns nichts nach. Und nun wollen wir gemeinsam eine Tasse Tee trinken und Frieden schließen.« Zu Tränen gerührt, starrte der Ingenieur sie an. Dann nahm er die Brille ab, tupfte sich mit dem Taschentuch die Augen und sprach: »Mit Freuden vergebe ich Ihnen, liebe Freunde. Aber Tee kann ich nicht mit Ihnen trinken. Ich will Ihnen erklären – warum: Die ganze Zeit, während Sie Krieg gegen mich führten, mit dem Ziel, mich aus der Wohnung hinauszudrängen, habe ich Stillschweigen bewahrt und geduldig alles hingenommen. Aber wahrscheinlich ist Ihnen nicht entgangen, daß ich abends manchmal mit meinem Teekessel in die Küche ging. Nun, meinen eigenen Tee habe ich mir in meinem Zimmer auf einem Elektrokocher gebrüht. In jenen Teekessel aber, der hier in der Küche steht, habe ich gepinkelt! Und sobald die Luft in der Küche rein war, habe ich den Inhalt auf Ihre

Teekessel verteilt. Deshalb kann ich nicht mit Ihnen Tee trinken. Wie Sie sehen, habe auch ich allen Grund, Sie um Verzeihung zu bitten!«

Die Frauen amüsierten sich köstlich über den gelungenen Streich dieses – mit Verlaub gesagt – gewieften Intellektuellen. Solche Kriege waren in Gemeinschaftswohnungen an der Tagesordnung. Manchmal einigten sich die Parteien friedlich, oft genug kam es aber auch zu tätlichen Auseinandersetzungen, und die Übeltäter mußten sich vor Gericht verantworten.

DIE ZWEITE GESCHICHTE

Worin die Streunerin Sina, wiederum aus ihren Lagererfahrungen schöpfend, behauptet, sie könnte Mörderinnen an ihren Augen erkennen, und sodann von einer alten Frau erzählt, die einen grauenhaften Mord beging, um sich an ihrem Sohn zu rächen

Wir hatten viele Mörderinnen im Lager. Manche haben ihren Mann in Notwehr umgebracht, weil sie zurückschlugen, als er sie prügelte, andere haben aus Armut ihr Neugeborenes getötet, wieder andere mordeten aus Rache oder Eifersucht. Und wißt ihr, was ich entdeckt hab, Mädchen? Eine Mörderin kann man an ihren Augen erkennen! Sie haben alle so merkwürdig weiße Augen. Nein, keine hellen, wie sie Kinder oder sehr gütige Menschen haben, sondern weiße, rein weiße Augen. Sogar Dunkeläugige können dieses Weiß in den Augen haben, es liegt darüber wie ein Schleier. Und noch etwas Merkwürdiges ist mir aufgefallen: Wenn der Mord aus Versehen begangen wurde, wenn es, wie es im Strafgesetzbuch heißt, kein »vorsätzlicher« Mord war, dann fehlt dieser Schleier. Zuerst dachte ich, ich bilde mir das nur ein, weil ich Mörderinnen verabscheue, aber es ist wahrhaftig so. Manche Menschen führen ein elendes Dasein, Krüppel zum Beispiel, die sich nicht allein helfen können, und doch freuen sie sich am Leben. Wir hatten einen Kriegsinvaliden im Dorf, der Ärmste hatte keine Hände und keine Beine mehr. Wenn die Sonne schien, trug ihn seine Frau in den Garten. Dort lag er im Gras, und an seinem Lächeln spürte man, daß er sich trotz allem am Leben freute. Wie kann man einem Menschen das Leben nehmen, wenn sogar so einer am Leben hängt? Mörder setzen mich in Erstaunen. Und ich fragte mich, ob sich dieses Weiß nicht vor Staunen über meine eigenen Augen legte. Aber dann stellte ich fest, daß ich eine Mörderin erkannte, ohne etwas von ihr zu wissen. Ich erkannte sie an ihren weißen Augen! Erst, wenn ich sicher war, erkundigte ich mich bei anderen nach ihr, und jedesmal bestätigte sich meine Vermutung. Noch etwas habe ich herausgefunden: Eine Frau, die nicht vorsätzlich gemordet hat, bereut ihre Tat aufrichtig, quält sich und sucht die Strafe. Anders die Absichtstäter. Die hassen ihre Opfer. Der hat's gut, sagen sie, liegt unter der Erde, dem tut nichts mehr weh, aber ich sitze wegen dem Dreckskerl im Lager und leide.

Frauen, die Eifersucht zum Mord trieb, haben nicht diese weißen Augen, nur so einen leichten hellen Schimmer. Aber manchmal, wenn man sie von der Seite betrachtet, oder wenn sie zornig werden, ist das Weiß ganz deutlich zu sehen. Auch sie sind reuige Sünder und gedenken der erschlagenen Opfer im Guten. Wer jedoch aus Rache tötete, ist niemals bußfertig. Schrecklich sind diese Frauen, und ich machte einen Bogen um sie. Besonders um eine schon ältere, die man den Grashüpfer nannte, weil sie so klein und schmächtig war. Sie arbeitete an der Kochwasserausgabe und teilte morgens und abends Trinkwasser aus. Auf Grund meines geringen Strafmaßes war ich eine Zeitlang Diensthabende in meiner Baracke, und es gehörte zu meinen Aufgaben, für alle das Wasser heranzuschleppen, so sieben bis acht Eimer. Natürlich bekam ich Schwierigkeiten mit dem Grashüpfer: Es war mir ums Verrecken nicht möglich, zu ihr zu gehen und Wasser zu holen. Ich mußte jedesmal ein Päckchen Machorka springen lassen, damit eine andere das Wasser holen ging. Dabei paffte ich selber wie ein Schlot, die Sache wurde teuer. Ich gab sogar das Rauchen auf, damit ich andere fürs Wasserholen mit Machorka bezahlen konnte. Warum hatte ich nur so fürchterliche Angst vor diesem Weib? Diesem Häftling, mit einem Gesicht, gerade so groß wie eine Faust, und knochentrockenen Spinnenfingern. Von der hatte ich doch nichts zu befürchten. Und trotzdem flößte sie mir tödliche Angst ein. Das machten ihre Augen. Kleine Augen von der Farbe einer Bierflaschenscherbe. Ihr weißes Licht schnitt mir wie ein Messer ins Herz. Schrecklich.

Immer wieder drängte ich unsere Frauen, mir doch die Geschichte der Alten zu erzählen, aber sie winkten ab: »Daran erinnern wir uns nicht gern!« Dann erfüllte eine von ihnen mir doch meine Bitte, und die anderen bestätigten, was sie sagte.

Der Sohn der Alten hatte eine Frau geheiratet, die ihr nicht zusagte. Alle drei lebten in einem Zimmer, und tagtäglich gab es Zank und Streit. Einmal griff die Alte bei einer Auseinandersetzung nach einem Küchenmesser und stürzte sich auf die Schwiegertochter. Die aber war ein kräftiges Frauenzimmer und auch nicht gerade friedfertig. Lachend entriß sie der Alten das Messer und keifte: »Was nimmst du dir raus? Bevor du zustechen kannst, platzt du vor Anstrengung!« Damit reizte sie die Alte nur noch mehr. Der Sohn stand zwischen den beiden, wußte nicht, wer im Recht war und wer schuld hatte. Seine Frau wollte die Schwiegermutter bei der Miliz anzeigen, aber er flehte sie an, Mitleid walten zu lassen. Später ergriff er doch die Partei seiner Frau, weil er sah, daß die Mutter grundlos Gift und Galle spie. Für die Alte war das wie ein Messerstich ins Herz – der geliebte Sohn ließ sie fallen!

Die Zeit ging hin, und die Schwiegertochter wurde schwanger. Einmal kam sie tagsüber von der Arbeit nach Hause, weil sie sich nicht wohl fühlte, und legte sich ins Bett. Kaum war die junge Frau eingeschlafen, schlich sich die Alte zu ihrem Bett und hackte sie mit einem Beil in Stücke. Aber dabei ließ sie es nicht bewenden. Um sich an ihrem Sohn zu rächen, tat sie etwas noch viel Grausigeres: Sie setzte ihm, als er nach Hause kam, ein Süppchen vor und sagte, seine Frau wäre zum Doktor gegangen. Als er die Suppe aufgegessen hatte, fragte sie: »Na, wie hat dir dein Frauchen gemundet?« Der Sohn verlor den Verstand, als er begriff, was seine Mutter getan hatte, und die Alte wurde eingesperrt. Unsere Frauen wunderten sich, warum man sie für ihre Tat nicht erschossen hat. So eine braucht niemand …

Eines Tages, als wir beim Appell durchzählen mußten, fehlte der Grashüpfer. Man befahl uns, in Reih und Glied stehenzubleiben, und die Wachen suchten das Lager nach ihr ab. Sie wird doch nicht geflohen sein? dachten wir. Man fand sie in der Kochwasserstelle – erhängt an einem alten Elektrokabel. Das Kabel hatte sie ausgehalten, sie war ja federleicht. So böse diese Frau auch war, das Gewissen quälte sie doch, war stärker als sie. Wenn ich die Alte nicht selbst gekannt hätte, ich hätte die Geschichte nie und nimmer für möglich gehalten. Glaubt mir, Kinder: Wer Rache in seinem Herzen nährt, der trägt selbst den größten Schaden davon. Man sagt doch: Wer nicht vergessen und vergeben kann, leidet selbst sein Leben lang.

»Dagegen ist schwer etwas einzuwenden, Sina, du hast uns in menschliche Abgründe blicken lassen«, sagte Emma.

»Blickt man jedoch nicht ganz so tief, dann kann es kaum etwas Angenehmeres geben, als einem schlechten Menschen so richtig eins auszuwischen. Dann fühlt man, daß Rache auch süß sein kann. Hab ich nicht recht?«

Die Frauen pflichteten Emma erleichtert bei, denn Sinas Geschichte hatte sie allzusehr mitgenommen.

»Ich weiß nicht, wer von euch beiden recht hat«, meldete sich Natascha zu Wort, »aber bei mir ist es so: Wenn ich Wut auf jemanden habe und auf Rache aus bin, dann habe ich das Gefühl, meine Augen und mein Herz würden schwarz vor Zorn und Ärger. Alle Strafen, die ich mir für meinen Beleidiger ausdenke, erscheinen mir kümmerlich im Vergleich zu dem, was er mir angetan hat. Aber sobald der Zorn verraucht ist, schockiert es mich, zu welchen Racheplänen mich meine Phantasie hinreißt. Bloß gut, daß sie nicht zur Ausführung gelangen, bei mir jedenfalls nicht. Aber nun will ich euch erzählen, wie man sich rächen kann, ohne sich die Hände schmutzig zu machen.«

DIE DRITTE GESCHICHTE

Worin die Ingenieurin Natascha von einer Freundin berichtet, die ihren Liebhaber durch Telefonanrufe in tiefe Depressionen stürzte

Meine Freundin Soja hatte es nicht leicht mit ihrem Schätzchen Oleg. Mal ging es eine Zeitlang gut mit den beiden, dann wieder sahen sie sich über Wochen überhaupt nicht, und zwar immer dann, wenn Oleg eine neue Flamme hatte. Soja war älter als Oleg, aber auch klüger, was ihn offenbar störte und immer wieder zum Fremdgehen veranlaßte. Die Flirts führten jedoch zu keiner anderen festen Bindung, vermutlich mochten die Frauen seine Schwerfälligkeit nicht, und so kehrte er stets zu Soja zurück. Die dumme Gans verzieh ihm, und alles begann von vorn. Wenn Soja ihn darauf ansprach, ob sie nicht heiraten und ein Kind haben sollten, führte Oleg stets die fehlende Wohnung als triftiges Gegenargument ins Feld. Eines Tages aber entschloß er sich, für eine Wohnung zu sparen und hielt auch Soja zum Sparen an, mit dem Versprechen: »Dann haben wir endlich unseren eigenen Winkel, wo wir uns ungestört treffen können.« Soja ging es dabei weniger um diesen Liebeswinkel, sie hoffte vielmehr, wenn Oleg eine eigene Bleibe hätte, würde er vielleicht doch bereit sein, eine Familie zu gründen. Schon jetzt sorgte sie wie eine Ehefrau für ihn: Sie wusch seine Wäsche, kochte für ihn und wich, wenn er krank war, nicht von seinem Bett. Sie liebte ihn sehr. Auch darum, weil er nach seinen Abenteuern immer wieder reuevoll in ihre Arme zurückkehrte.

Nach einem Jahr konnte er die Genossenschaftswohnung beziehen, in die auch Soja ihr Geld gesteckt hatte, und sie begannen mit der Einrichtung ihres Nestes. Beide jagten sie durch die Stadt auf der Suche nach Möbeln – fürs erste begnügten sie sich mit alten Stücken, die ihnen Bekannte abtraten –, beide kümmerten sie sich um die üblichen Reparaturen, allein mit dem Unterschied, daß Oleg bei allem, was er tat, daran dachte, wie herrlich es sein würde, in seiner gemütlichen Junggesellenwohnung Damenbesuche zu empfangen, während Soja sich darauf freute, endlich ein gemeinsames Heim zu haben. Sie war sogar bereit, aufs Heiraten zu verzichten, Hauptsache, sie lebten unter einem Dach zusammen. Jeden Wunsch las sie Oleg von den Augen ab: So stahl sie im Botanischen Garten Schößlinge und pflanzte sie in Tontöpfe, weil er gern Blumen aufs Fensterbrett stellen wollte, und lernte Deckchen häkeln, mit denen sie Bett, Sessel, Tisch und Schränkchen schmückte. Kurzum, sie trug wie ein Vögelchen mal ein Gräschen, mal ein Federchen ins Nest. Faktisch lebte sie bei Oleg. Zu ihrer

Mutter fuhr sie nur noch einmal in der Woche, um nach dem Rechten zu sehen. Als Schreibkraft verdiente sie zwar nicht viel, hatte jedoch die Möglichkeit, sich Arbeit mit nach Hause zu nehmen. Zum Glück besaß Oleg, der in einer Zeitschriftenredaktion beschäftigt war, eine Maschine, und so tippten sie abwechselnd darauf mal das Geld für den Kühlschrank, mal für ein Tonbandgerät zusammen.

Eines Nachts, so gegen zwei, klingelte bei uns das Telefon. Ich nahm den Hörer ab und hörte Soja mit niedergedrückter, fast tonloser Stimme sagen: »Kann ich bei dir übernachten? Oleg hat mich mitten in der Nacht auf die Straße gesetzt, aber in meiner Verfassung kann ich jetzt unmöglich zu Mama gehen.« – »Natürlich, komm her! Nimm am besten ein Taxi.« Eine halbe Stunde später war sie da, völlig aufgelöst, sie vermochte sich kaum auf den Beinen zu halten. Wir gingen in die Küche, um die anderen nicht aufzuwecken, und Soja fragte: »Hast du Wodka im Haus?« Ich hatte und goß ihr ein Gläschen ein. Sie leerte es in einem Zuge und hockte schweigend da, die Arme um die Schultern gelegt. Ich sah, daß sie am ganzen Körper zitterte. »Nun erzähl schon, was ist denn passiert?« Sie antwortete nicht, sagte nur: »Gieß noch mal ein, aber nimm ein größeres Glas.« Sie leerte auch dieses in einem Zuge und saß immer noch wie ein Ölgötze da. Plötzlich verlor sie die Beherrschung, fiel nach vorn auf den Tisch, indem sie den Kopf auf die gekreuzten Arme warf und fing wie ein Schloßhund an zu weinen. Gott sei Dank, dachte ich, das wird sie erleichtern. Ich strich ihr übers Haar und drängte: »Sprich dich aus! Red dir alles vom Herzen.« Allmählich wurde sie ruhiger und berichtete, was geschehen war.

Sie war wie gewöhnlich als erste von der Arbeit nach Hause gekommen, hatte Essen gekocht und sich für ihren Oleg schön gemacht. Gleich bei seiner Ankunft spürte sie, daß er irgend etwas im Schilde führte: Der Begrüßungskuß war anders gewesen als sonst, er wollte nicht sofort zu Abend essen, ging statt dessen in der Wohnung herum, pfiff vor sich hin und schien angestrengt nachzudenken. Dann platzte er heraus: »Weißt du, Soja, ich muß die nächsten Tage ziemlich viel arbeiten und brauche die Maschine selbst. Was hältst du davon, wenn du ein paar Tage zu deiner Mutter fährst ...?« Soja begriff nicht gleich, daß dies einem Hinauswurf gleichkam, und meinte: »Zu Mama? Nicht nötig. Ich bin mit meinem Tippauftrag gerade fertig geworden und brauche die Maschine nicht. Im übrigen muß ich einen Berg Wäsche waschen, du kannst also ungestört arbeiten.« Nun wurde er deutlicher: »Versteh doch, Liebling, ich hab für morgen ein paar Freunde eingeladen. Wir wollen die neue Wohnung begießen. Deine Anwesenheit wäre nur peinlich.« – »Wieso peinlich? Warum willst du von all deinen Freunden ausgerechnet mich nicht dabei haben? Zumal mich deine Freunde lange kennen und wir ein gutes Verhältnis zueinander haben. Ich möchte sie auch gern wiedersehen.« Darauf Oleg: »Es ist mir trotzdem peinlich vor den Kollegen, schließlich sind wir nicht verheiratet, und ich weiß nicht, wie sie unser Zusammenleben aufnehmen. Immerhin ist es ein Unterschied, ob man sich hin und wieder besucht oder ständig unter einem Dach unverheiratet zusammenlebt. Und vergiß nicht, es könnte mir beruflich schaden, ich mache schließlich ideologisch wichtige Arbeit. Wie wär's, wenn wir beide heute abend allein feiern, ohne Fremde? Ich hab extra Champagner und Cognak besorgt.« Da Soja darauf nichts zu erwidern wußte, ging sie in die Küche und trug das Essen auf. Sie saßen gemütlich beisammen, hörten Musik, und sie war schon so weit, zu vergessen, was er ihr noch kurz zuvor zugemutet hatte. Oleg aber brachte das Gespräch geschickt auf die Männer, mit denen sie sich in ihrer Einsamkeit und Verlassenheit zu trösten versucht hatte, während er auf Abwegen war. Und meine so gescheite, zugleich aber auch so törichte Soja ging ihm in die Falle und erzählte ihm reuevoll, was er ohnehin schon wußte. Er spielte den Eifersüchtigen mit dem Hintergedanken, Streit zu provozieren. Ein Wort gab das andere, plötzlich stellte er sein Glas ab, nahm sie in die Arme und sagte: »Weißt du, Soja, eigentlich sollte ich dir die Wahrheit gestehen. Du erinnerst dich doch an die Kunststudentin, mit der ich mal was hatte? Sie hat mich heute angerufen und um ein Gespräch gebeten, da sie in Kürze ihre Ausbildung abschließt und sich mit mir über ihre Zukunft beraten möchte. Ich hab sie für morgen zum Abendessen bei mir eingeladen.« Soja war wie vor den Kopf geschlagen und hatte plötzlich eine Vision: Das Zimmer war ein einziger Trümmerhaufen. Die Blumentöpfe lagen in Scherben auf der Erde, die Fenstervorhänge waren verbrannt, Olegs Bücher zerrissen. Und sie selbst lag leblos inmitten des Wirrwarrs – in Jeans und Jacke, als wäre sie gerade heim gekommen ... Während sie dieses Bild der Verwüstung für Sekunden ganz deutlich vor sich sah, sagte sie zu ihm: »Nein, Oleg, das wird nicht sein.«

Er sprang auf, wie mit heißem Wasser verbrüht, und schrie, bleich vor Zorn: »Hexe! Wie du das sagst! Mir ist, als ob du mir ein Messer in den Bauch gerammt hättest!« – »Es ist die Angst ... Denn du hast mich mit deinen niederträchtigen Worten wahrhaftig durchbohrt.« Er verlangte, sie solle auf der Stelle seine Wohnung verlassen und begann fieberhaft ihre Sachen in eine Einkaufstasche zu stopfen, drückte ihr die Jacke in die Hand und schob sie zur Tür. Sogar mit der Miliz drohte er ihr. Er mußte irre geworden sein, der Mann. Soja blieb nichts anderes übrig, als zu gehen. Ein Glück, daß sie mich angerufen hat. Ich goß ihr immer wieder Wodka nach, bis sie willenlos wurde und sich von mir ins Bett bringen ließ.

Am nächsten Morgen rief ich bei meiner Arbeitsstelle an

und ließ mir einen Tag frei geben. Ich wollte bei ihr bleiben, denn wer weiß, was sie sich in ihrem Zustand angetan hätte. Sie war sehr schweigsam und schien angestrengt nachzudenken. »Woran denkst du, Soja?« fragte ich. – »An Rache.« – »Aber Soja! Daran darfst du nicht einmal denken! Die Zeit wird deine Wunden heilen, du wirst diesen Schweinehund vergessen. Was kann er dir schon bedeuten? Er hat dich doch nur ausgenutzt.« Sie schwieg nach wie vor. Ich saß neben ihr, den Arm um ihre Schulter gelegt, und spürte förmlich körperlich, wie die Rachegedanken, einer schrecklicher als der andere, in ihrem Kopf entstanden und herumgeisterten. Und auf einmal sah ich entsetzt, daß sie lächelte. Das war ein ganz schlechtes Zeichen. Mir wäre lieber gewesen, sie hätte geweint ... Ach, es gibt nichts Schlimmeres als eine Frau, die in eine unglückliche Liebe verstrickt ist. »Ich muß telefonieren«, sagte sie plötzlich mit ruhiger Stimme, griff nach dem Apparat, legte sich auf die Couch und wählte Olegs Nummer. »Oleschenka!« sagte sie. »Du hast mich gestern eine Hexe genannt. Erinnerst du dich, was eine von Bulgakows Hexen mit der Wohnung des Kritikers Latunski gemacht hat? Nimm dich in acht, mein Lieber! Ich weiß, wie sehr du an deinem hübschen Nest hängst. Es war ein Fehler, mir den Wohnungsschlüssel nicht abzunehmen. Ich befinde mich hier ganz in der Nähe bei Freunden, und du brauchst eine halbe Stunde Fahrzeit. Das genügt, um dein geplantes Abendessen mit deiner Freundin platzen zu lassen: Du wirst sie doch wohl nicht in eine verwüstete Wohnung führen? Also dann, mein Lieber, mach's gut! Nein, nein, keine Zeit, ich muß auflegen. Tschüß!« Sie hängte ein und schüttete sich aus vor Lachen.

»Willst du das wirklich tun?« fragte ich erschrocken. »Ach, ich denke ja gar nicht daran! Aber kannst du dir vorstellen, wie eilig er es jetzt hat, nach Hause zu kommen? Doch das ist noch nicht alles. Er kann sich auf eine Serie von

Anrufen gefaßt machen! Ich verspreche dir, das gibt ein köstliches Schauspiel mit einem total eingeschüchterten Mann in der Hauptrolle.«

Soja stand wie neugeboren auf, nahm eine Dusche und verlangte etwas zu essen. Nach etwa zwei Stunden rief sie wieder bei Oleg an, diesmal in der Wohnung. »Oleschenka? Ich wollte dir nur sagen, daß ich mich nach unserem Gespräch hundeelend fühlte und erst jetzt allmählich wieder zu mir komme. Aus diesem Grund hab ich meine Aktion verschoben. Wolltest du nicht gegen sieben deine Freundin abholen? Richtig. Ich werde aus einem Versteck beobachten, wann du die Wohnung verläßt und deine Abwesenheit nutzen, die Bude kurz und klein zu schlagen. Ach, wie gemütlich ihr es dann haben werdet! Nein, ich wüßte nicht, worüber wir sonst noch sprechen sollten. Wiedersehen, mein Schatz.« Am späten Abend trieb es Soja dann ganz böse. Alle halbe Stunde wählte sie Olegs Nummer und legte auf, sobald er sich meldete. Allem Anschein nach hatte er es nicht gewagt, die Wohnung zu verlassen, und das geplante Schäferstündchen war ins Wasser gefallen. Vor dem Schlafengehen rief Soja noch einmal bei ihm an und sagte: »Du leistest ganz umsonst Widerstand gegen dein Schicksal, Oleschenka. Eines Tages ereilt es dich doch, glaub mir, auch wenn du das Türschloß auswechselst. Die Wohnung befindet sich im ersten Geschoß – kein Problem für mich. Ich kann jederzeit zuschlagen. Jederzeit!«

Von diesem Tag an verfolgte Soja ihn mit ihren Anrufen überall, im Dienst und zu Hause. Oleg fühlte sich überwacht und hatte keine ruhige Minute.

Nach ein paar Monaten wechselte er die Wohnung, doch Soja machte sofort seine neue Adresse ausfindig und rief an: »Sehr umsichtig, muß ich sagen. Du wohnst jetzt im achten Stock. Aber ich werde mir auch etwas einfallen lassen. Und was ich mir vornehme, führe ich aus. Eine Tages komme ich. Warte du nur und denk an mich, Schätzchen!«

Mit der Zeit wuchs Gras über die Sache. Soja beruhigte sich. Seit zwei Jahren lebt sie mit einem anderen zusammen. Die beiden sind ein Herz und eine Seele. Doch manchmal, wenn sie auf ein Schwätzchen zu mir kommt, erinnern wir uns an Oleg, und dann packen sie die alten Rachegefühle. Wie hypnotisiert greift sie zum Telefonhörer, wählt seine Nummer und leiert die alte Platte ab. Einmal hielt sie mir den Hörer ans Ohr. Oje, wie hatte sich seine Stimme verändert! Ihr satter, forscher Klang war wie weggeblasen. Der da sprach, schien ein alter, müder Mann zu sein.

»So ein dämliches Volk!« sagte Emma. »Da lob ich mir meine Kreise, wir pfeifen auf Sitten und Bräuche, auf materiellen Plunder ...«

»Ja, das Theater hätte sich deine Freundin sparen können«, sagte Sina. »Ab in die Wüste mit dem Dreckskerl – und fertig. Das Gescheitsein bekommt den Weibern nicht. Je gescheiter die Weiber, desto mieser die Kerle. Ein einfaches, ungebildetes Weib wäre dem rechtzeitig auf und davon.«

»Das ist deine Wahrheit, Sina!« wandte Larissa ein. »Aber das Unglück ist ja: Eine einfache Frau erkennt beim Anblick eines Haufens, daß es Scheiße ist. Eine intelligente Frau dagegen träumt davon, aus dem Scheißhaufen Sahne zu machen. Sie schlägt sich den Bauch voll, bis ihr übel wird und läßt erst dann die Finger davon. Und ihr männliches Gegenstück ist versessen auf Frauen, die über ihm stehen, damit er sie mit aller Kraft zu sich herunterziehen kann. Wenn er sie da hat, wo er sie haben will, trampelt er auf ihr herum. Und ehe man sich versieht, endet die Sache tödlich.«

»Aber es gibt doch auch Frauen, die ihre Männer quälen?!« sagte Olga.

»Sicher, doch das kommt viel seltener vor«, entgegnete Emma. »Wir Frauen sind weniger nachtragend. Auch kann eine Frau es nicht lange mitansehen, wie ihr Opfer leidet. Was meinst du, Natascha? Hätte Soja ihrem Oleg nicht verziehen, wenn sie ihm tagtäglich begegnet wäre und gesehen hätte, wie er dahinsiechte?«

»Natürlich hätte sie das! Zuletzt hat sie die Show nur noch mit Mühe durchgezogen. Sie hat es ja nur getan, um mit der Demütigung fertig zu werden und von ihm loszukommen. Wie sonst soll man einer Krämerseele beibringen, daß man einen anderen Menschen nicht ungestraft beleidigen darf? Hätte dieser Oleg ein Herz gehabt, so wäre er sich seiner Schandtat bewußt geworden und vor Scham im Boden versunken.«

»Daß ich nicht lache!« warf Albina ein. »Welcher Mann nimmt denn Rücksicht oder schämt sich gar, wenn ihm die Möglichkeit winkt, mit einer anderen zu schlafen?! In so einem Falle schlägt ihm das Herz in den Eiern!«

»Albina!« rief Irischka empört. »Hat es denn in deinem Leben nie einen Mann gegeben, der anständig zu dir gewesen ist und dich wirklich geliebt hat?«

»Doch, einen. Aus lauter Anständigkeit und Liebe zu mir hätte er beinahe ein unschuldiges Mädchen ins Verderben gestürzt. Wenn ich an der Reihe bin, werde ich euch davon erzählen. Aber jetzt wollen wir uns erst einmal anhören, was uns Valentina zu bieten hat.«

DIE VIERTE GESCHICHTE

Worin die Nomenklaturdame Valentina uns in Form eines erbaulichen Gleichnisses zeigt, wie gefährlich Rache sein kann, auch wenn sie im Namen der Verfassung geübt wird

Als mein Mann und ich noch im Stadtbezirkskomitee des Komsomol arbeiteten, wohnten wir in einem Haus mit Ofenheizung. Jeder hatte sein Holz im Hof gestapelt, weil keine Schuppen vorhanden waren und die Keller ewig unter Wasser standen. Zu jener Zeit wurde die Mehrzahl der Leningrader Häuser schon mit Dampf beheizt, trotzdem herrschte Mangel an Feuerholz, und Holzdiebstähle waren etwas Alltägliches. Wem der Vorrat ausging, klaute einfach bei den Nachbarn. Es gab aber auch abgefeimte Halunken, die überhaupt kein eigenes Holz besaßen und ausschließlich auf fremde Kosten heizten. Nun, die Leute nahmen diese Tatsache als etwas Elementares hin und standen nicht, das Gewehr in der Hand, neben ihren Holzstapeln auf Wache. Aber auch die Diebe gingen behutsam zu Werke: Sie stahlen nur bei Nacht und bedienten sich nicht von einem Stapel, sondern dezimierten alle gleichmäßig. Das versöhnte die Geschädigten.

Nun hatten wir in unserem Block eine gewisse Polikarpowna, eine ehemalige Frontkämpferin, die in alles ihre Nase steckte und den Leuten mächtig auf den Wecker ging. Beständig lief sie in einem mit Ordensspangen gespickten Männerjackett herum und berief sich auf ihre Kriegsverdienste, besonders, wenn sie, was häufig vorkam, mit einem Mieter in Streit lag. Sie war ein schrecklicher Streithammel und kämpfte permanent für die Einhaltung der »sozialistischen Rechtsordnung«. Ließ ihre Nachbarin aus Versehen im Korridor das Licht brennen, so machte sie sie nicht etwa höflich auf ihre Vergeßlichkeit aufmerksam, sondern stemmte die Hände in die Seiten und brüllte durch die ganze Wohnung: »Der Staat ist daran interessiert, Elektroenergie zu sparen, aber die Genossin Petrowa sabotiert die Ökonomie des Staates – sie verschwendet Elektroenergie! Dabei hat Wladimir Iljitsch Lenin gesagt: Kommunismus, das ist Sowjetmacht plus E-lek-tri-fi-zie-rung des ganzen Landes! Solche Leute sind schuld, daß wir den Kommunismus bis jetzt noch nicht aufbauen können!«

Eines Tages stellte die Polikarpowna fest, daß zwei Scheite Holz bei ihr gestohlen worden waren. Sofort zitierte sie die Mieter zu einer Versammlung in den Hof und schwadronierte: »Die sowjetische Verfassung, die fortschrittlichste in der Welt, garantiert das Recht auf persönliches Eigentum. Folglich verstößt derjenige, der bei einem Bürger Holz stiehlt, gegen die Verfassung. Das muß bestraft werden!« Die Leute sagten zu ihr: »Machen Sie doch nicht soviel Aufhebens um diese zwei Scheite!« Aber sie schrie: »Es geht mir nicht ums Holz, sondern ums Prinzip! Es ist noch nicht lange her, da hat man in Finnland einem Dieb die Hand abgehackt!« Ein Rentner, früher ebenfalls Soldat, widersprach ihr: »Lüg nicht, Polikarpowna! Ich war im Krieg dort, aber einhändige Finnen hab ich nicht zu Gesicht gekriegt. Und die Finnen, die jetzt jeden Sonntag zum Wodkakaufen zu uns nach Leningrad kommen – haben die etwa abgehackte Hände? Schämst du als alte Frontkämpferin dich nicht, den Leuten zu wünschen, daß ihnen wegen deiner verdammten zwei Scheite Holz die Hand abgehackt wird? Wenn du zuwenig Holz hast, nimm dir welches von mir! Nächstes Jahr kriegen wir sowieso Dampfheizung, bis dahin reicht der Vorrat, es bleibt sogar noch etwas übrig.« Die Polikarpowna gab sich aber nicht zufrieden und geiferte: »Wenn sogar unsere Hausgemeinschaft in Person eines verdienstvollen Rentners es ablehnt, sich um die Einhaltung der Rechtsordnung zu kümmern, was können wir dann von den einfachen Mitbürgern erwarten? Na schön. Nehme ich den Kampf gegen die Verbrecher eben allein auf, die kommen mir nicht ohne gerechte Strafe davon!« Nun riß der Nachbarin, jener Genossin Petrowna, die von der Polikarpowna am meisten schikaniert wurde, die Geduld: »Hüte dich vor Gott. Darja Wassiljewna!« rief sie. »Hast du wirklich vor, dich wegen des Holzes an den Leuten zu rächen? Bedenke doch: Vielleicht brauchen sie es, weil sie frieren. Zu kaufen gibt es doch keins. Vergiß die Geschichte, lade dir kein Unrecht auf die Seele!« Aber auch von ihr ließ sich die Polikarpowna nicht umstimmen. »Ach was! Ich werde es dem dreckigen Diebsgesindel schon zeigen! Die strecken ihre Pfoten nicht noch mal nach fremden Eigentum aus!« Die Leute sahen, daß bei der Polikarpowna Hopfen und Malz verloren war, winkten ab und gingen auseinander.

Ihren Krieg gegen die Diebe führte die Polikarpowna wie folgt: Zuerst lauerte sie ihnen nachts im Hof auf. Aber kein Dieb ließ sich sehen. Trotzdem verschwand, wie zum Hohn, jetzt öfter bei ihr Holz als bei anderen. Da heckte sie einen neuen Plan aus, der war so teuflisch, daß die Leute, als später alles rauskam, nur staunen konnten, wozu ein rachsüchtiger Mensch fähig ist. Sie besorgte sich Dynamit, das sie in zwei eigenhändig ausgehöhlte Birkenscheite steckte, pfropfte sie mit einem Holzstöpsel zu und legte sie oben auf die Seite des Stapels, wo die Diebe vermutlich zuerst zugreifen würden. Für den eigenen Gebrauch nahm sie Scheite von der gegenüberliegenden Seite. Ruhig und gelassen sah man sie im Hof herumspazieren, und jedem, den sie traf, verkündete sie: »Paß auf, bald ergeht es den Dieben in unserem Hof so wie denen in Finnland!«

Doch alles kam ganz anders, als unsere Polikarpowna sich ausgerechnet hatte. Jemand von den Nachbarn brachte eine Fuhre Holz, und beim Rangieren auf dem engen Hof riß der Lastwagen mit der Bordwand Polikarpownas Holzstapel zur Hälfte ein. Um sich nicht ihren Zorn aufs Haupt zu laden, machten sich die Nachbarn eifrig daran, den Stapel wieder aufzuschichten, ehe der Drachen etwas bemerkte. Natürlich gerieten dabei die mit Dynamit präparierten Scheite an andere Stellen. Der Zufall wollte es, daß sie am selben Abend diese beiden Scheite in die Hände bekam und in ihren Ofen warf. Gerade in dem Augenblick, als sie mit der rechten Hand die Ofenklappe schließen wollte, erfolgte die Detonation. Der Ofen flog auseinander, es gab einen Zimmerbrand und ihr wurde die rechte Hand abgerissen. Und wißt ihr, niemand in unserem Haus hat sie bedauert.

Auch die Frauen empfanden kein Mitleid mit ihr, sie wandten sich Albina zu, die jetzt ihre mit Spannung erwarteten »Enthüllungen« machen wollte.

DIE FÜNFTE GESCHICHTE

*Worin die Stewardeß Albina schildert,
wie jemand aus Liebe zu ihr zum
Vollstrecker ihrer Rachepläne wurde,
und wir dabei ganz neue
Charakterzüge an ihr feststellen*

Ich nehme den Faden meiner Erzählung dort wieder auf, wo ich ihn fallen ließ: Der zuständige Untersuchungsrichter wollte meinen Fall nicht bearbeiten, weil die Zeugen, aus welchen Gründen auch immer, nicht bereit waren, gegen den Mann auszusagen, der mich vergewaltigt hatte.

Wieder einmal war ich an einem Tiefpunkt meines Lebens angelangt, ich fühlte mich hilflos und verlassen. Wie sollte ich diese Demütigung verwinden? Von meinen Selbstmordgedanken hatte ich Abstand genommen, mein

Tod würde diese Schurken nicht rühren, die mir soviel Leid angetan hatten, sie würden nicht einmal erfahren, daß im Leningrader Krematorium auf Staatskosten und ohne Blumen eine gewisse Albina Nadjoshdina eingeäschert wurde, eine junge Frau, die niemand kannte und die niemand vermißte.

Ich wollte nicht sterben, aber leben konnte ich auch nicht. Irgendwie brachte ich die Zeit hin, bis ich eines Tages unerwartet und ganz unerwünscht einen jungen Mann kennenlernte. Er war sechsundzwanzig Jahre alt und von Beruf Bauleiter. Ich machte seine Bekanntschaft in der Wohnung einer alten Freundin, die mich zu ihrer Geburtstagsfeier eingeladen hatte, zu der auch er erschienen war. Von seiner Seite war es Liebe auf den ersten Blick. Ich dagegen hatte absolut nichts mit Männern im Sinn, und wäre er gleich mit der Tür ins Haus gefallen, so hätte ich ihm bestimmt einen Korb gegeben. Er umwarb mich jedoch mit ungemein viel Zartgefühl: Wenn mein Dienst abends endete, holte er mich ab und brachte mich bis vor die Haustür, wo er sich höflich von mir verabschiedete. Sehr viel hatten wir uns nicht zu sagen, die meiste Zeit schwiegen wir. Das ging so ein, zwei Monate. Ich hatte mich schon daran gewöhnt, daß dieser schweigsame Schatten nach Dienstschluß auf mich wartete und mich zu meiner Wohnung begleitete. Manchmal nahm ich ihn gar nicht an meiner Seite wahr, ich war dann völlig in meine Gedanken versunken, und er störte mich nicht beim Nachdenken.

Einmal erschien er mit Blumen am gewohnten Treffpunkt, sagte, er müsse mit mir reden und führte mich in ein Café. An diesem Tage war ich besonders deprimiert und ich wäre sonstwo hingegangen – ob mit ihm oder mit einem anderen, ob ins Café oder ins Wasser –, mir war alles scheißegal. Er bestellte Eis und Champagner, und nach langem Schweigen sagte er zu mir: »Heiraten Sie mich, Albina!«

Ich fiel aus allen Wolken.

»Ich soll Sie heiraten? Aber Sie kennen mich doch überhaupt nicht. Was wissen Sie schon von mir und meinem Leben ...«

»Bitte, erzählen Sie von sich. Ich möchte alles, alles von Ihnen wissen!«

Und er nahm meine Hand, blickte mir hingebungsvoll und flehend in die Augen.

Also gut, dachte ich, du sollst erfahren, was für eine Braut du dir ausgesucht hast. Ich ließ nichts aus, erzählte ihm alles, von Kajura bis zu dem sadistischen Engelsgesicht. Er hörte mir schweigend zu, ohne mich zu unterbrechen, wurde nur abwechselnd blaß und rot, was bei meinen Geständnissen nicht verwunderlich war.

»Nun, was sagen Sie jetzt?« fragte ich ihn, nachdem ich mit meiner Beichte fertig war.

»Schreckliche Dinge haben Sie mir erzählt, Albina. Sie werden es mir nicht glauben, aber ich habe geahnt, daß Sie ein ungewöhnliches, ein tragisches Schicksal haben ...«

Ich lachte ihm schallend ins Gesicht.

»Gehen Sie doch abends mal zum Moskauer Bahnhof, dorthin, wo sich die Nutten versammeln, da finden Sie dutzendweise Frauen mit tragischem Schicksal. Ich wette sogar, daß es manchen dreckiger ergangen ist als mir!«

Der Dummkopf sah mich entgeistert an und hatte sogar Tränen in den Augen, stellt euch vor!

»Warum sagen Sie mir das so vorwurfsvoll? Ich habe noch keiner einzigen Frau etwas zuleide getan.«

»Keiner einzigen? Sie wollen mir doch nicht weismachen, sie hätten noch nie mit einer Frau geschlafen, noch nie eine Frau sitzenlassen, noch nie eine Frau beleidigt?«

»Ich habe mit einer Frau geschlafen. Mit meiner Frau. Als wir heirateten, waren wir beide achtzehn.«

»Und dann haben Sie sich scheiden lassen, nicht wahr?

Weil sie nicht zusammenpaßten, oder weil Sie Ihre Frau nicht mehr liebten ...«

»Nein, ich bin Witwer. Meine Frau ist vor einem halben Jahr im Wochenbett gestorben, unser Kind ebenfalls.«

Überrascht starrte ich ihn an: Sollte ich wirklich einem Menschen begegnet sein, der ebenfalls litt? Ein warmes Gefühl für ihn wallte in mir auf, ich griff nach seiner Hand, wollte ihm ein paar gute Worte sagen, doch ich erinnerte mich nicht, was man einem Mann in solchem Falle sagt. Die Kehle war mir wie zugeschnürt, als ob mir ein Eisklumpen im Hals steckte. Ich schluckte den Kloß krampfhaft hinunter, und während ich noch immer nach tröstenden Worten suchte, überwältigte mich von neuem mein eigener Kummer. Was war los mit mir? Man hatte mich immer nur getreten, und jetzt wurde ich aus Mitleid mit diesem Burschen sentimental und ließ mich ködern wie ein dummer Fisch. Was wußte ich schon von diesem Fjodor, abgesehen von dem, was er mir gerade gesagt hatte? Konnte ich ihm glauben? Plötzlich schoß mir ein Gedanke durch den Kopf, ein erregender und zugleich furchteinflößender Gedanke. Ich ließ seine Hand los, sah ihm unverwandt in die Augen und sagte: »Hören Sie, Fjodor! Ich werde Sie heiraten, aber ich stelle eine Bedingung.«

Er wurde blaß, wahrscheinlich hatte er eine ungute Vorahnung.

»Schon angenommen«, sagte er, »sprechen Sie.«

»Sie müssen mich rächen! Zahlen Sie es dem Sadisten heim! Auch dem General, der mir von allen diesen miesen Leuten im Haus die saftigste Ohrfeige versetzt hat.«

»Einverstanden. Sie können sich auf mich verlassen.«

Er schien noch bleicher zu werden, griff zum Glas und trank den Champagner wie Wasser in großen Schlucken aus.

»Aber merken Sie sich: Der Streich, den Sie ihnen spielen, muß der Gemeinheit, die sie mir angetan haben, angemessen sein. Wenn Sie mir das nicht garantieren, verzichte ich. Es finden sich genug andere Kavaliere, die das für mich tun würden.«

»Keine Sorge. Geben Sie mir die Namen und die Adresse.«

Er notierte sich Namen und Anschrift, verlangte die Rechnung und sagte: »Ich werde Sie heute nicht nach Hause begleiten, Albina. Ich möchte mich dort noch umsehen. Wenn die Sache erledigt ist, rufe ich Sie an.«

»In Ordnung.«

Wir verließen das Café und gingen getrennte Wege.

Es verstrich eine Woche, eine zweite – er rief nicht an. Manchmal zweifelte ich an ihm und dachte: Mein Rächer wird doch nicht gekniffen haben und verduftet sein? Dann wieder sagte mir eine innere Stimme: Nein, er läßt dich nicht im Stich, er wird es tun oder hat es schon getan.

Eines Abends endlich läutete das Telefon. Das ist er! durchfuhr es mich.

»Hier Fjodor. Darf ich zu Ihnen kommen und berichten?«

Mir wurde auf einmal ganz schrecklich zumute, ich mußte mich setzen, weil mir die Knie einknickten. Fünf Minuten später war er da, demnach hatte er von einer Zelle aus angerufen. Er war bleich und sank erschöpft in einen Sessel.

Eine Zeitlang saßen wir uns schweigend gegenüber, dann begann er zu erzählen: »Zuerst habe ich einige Tage das Haus beobachtet, um festzustellen, wer wann kommt oder geht. Senko oder das Engelsgesicht, wie Sie ihn nennen, ist abends meistens allein zu Hause. Seine Frau arbeitet als Beleuchterin am Theater und kommt erst gegen Mitternacht heim. Lenotschka, die Tochter von General Wassiljew, besucht mittwochs und freitags Kurse für Französisch und kommt gegen zweiundzwanzig Uhr. Ich besorgte mir von

Senko und vom General die Telefonnummer, um mich zur entscheidenden Stunde vergewissern zu können, daß beide zu Hause waren. Erraten Sie, warum?«

»Nein, erzählen Sie weiter!«

»Ich mußte also auf einen Abend warten, an dem Senko allein war, der General ebenfalls zu Hause war und Lenotschka zu ihren Kursen ging. Heute war dieser Abend. Ich schlich mich ins Treppenhaus, schraubte die Glühbirnen locker, setzte mich eine Etage höher im Treppenflur aufs Fensterbrett und wartete im Dunkeln, bis ich das Mädchen über den Hof auf die Haustür zukommen sah. Da schlich ich hinunter zu Senkos Tür, preßte mich an die Wand und hielt den Atem an. Als unten die Haustür zuschlug, klingelte ich bei ihm. Jetzt kam es darauf an: Senko durfte nicht zu früh und nicht zu spät öffnen. Ich hatte Glück: Genau in dem Augenblick, in dem Lenotschka den Treppenabsatz erreichte und in ihrer Handtasche nach dem Schlüssel suchte, ging die Tür auf. Schnell trat ich von hinten an sie heran, stieß sie in Senkos Wohnung und zog die Tür zu. Zuerst hörte ich von drinnen keinen Laut, dann gellte Lenotschkas erster Schrei, und ich machte mich sofort auf den Weg zu Ihnen. Das ist alles.«

Ich saß wie erstarrrt. Dann handelte ich wie im Traum.

»Geben Sie mir die Nummer des Generals!«

Er holte sein Notizbuch heraus, blätterte die Seite auf und hielt sie mir hin. Ich wählte wie im Fieber.

»Herr General? Hier spricht eine Nachbarin. Ich habe gerade beobachtet, daß Ihr Nachbar von gegenüber Ihre Tochter zu sich in die Wohnung gezerrt hat. Rasch, helfen Sie ihr, ehe es zu spät ist!«

Ich hörte einen Aufschrei, dann ein Poltern, dann war Stille. Vermutlich hatte der General den Hörer fallen lassen und war nach nebenan gestürzt. Ich legte auf.

Fjodor, der kein Auge von mir gewandt hatte, kniete

plötzlich vor mir nieder, preßte den Kopf in meinen Schoß und stammelte: »Danke, danke. Ich wäre mein Lebtag nicht froh geworden ...«

»Freu dich nicht zu früh, du Narr! Vielleicht hat er ihr doch was angetan.«

»Soll ich hinfahren und nachsehen, wie es ausgegangen ist?«

»Nein, du bist ja völlig fertig.«

Wir legten uns hin, fanden jedoch beide keinen Schlaf. Auch zu Zärtlichkeiten kam es nicht, dafür fehlte uns in dieser Situation jeder Nerv.

Am anderen Morgen ging ich hin, Fjodor blieb in meiner Wohnung. Ich hatte Glück, die Hausmeisterin fegte den Hof. Ich grüßte sie und fragte, ob sie mich wiedererkenne. Natürlich erinnerte sie sich nicht mehr an mich, ich mußte ihr auf die Sprünge helfen: »Ich bin diejenige, die von Ihrem Mieter aus Wohnung Nummer siebzehn vergewaltigt wurde. Sie haben damals einen Wildlederschuh von mir an sich genommen, wissen Sie nicht mehr?«

Sie ließ den Besen los und rief, wild mit beiden Händen gestikulierend: »Oh! Den hat die Miliz gestern abend abgeführt. Der hätte doch beinahe die Generalstochter vergewaltigt. Bloß gut, daß jemand den Vater angerufen hat. Zum Glück hat's jemand gesehen und angerufen, sonst wär's dem Mädchen schlecht ergangen. Der General kam gerade noch rechtzeitig. Grün und blau geprügelt hat sie der Kerl. Dem gehört die Rübe abgeschlagen, dem Schuft, jawohl, abgeschlagen!«

»Danke für die Mitteilung. Und richten Sie dem General aus: Anständige Mädchen werden nicht vergewaltigt, kapiert?!«

Sie sah mich verständnislos an, ich aber lachte und machte mich zufrieden auf den Heimweg. Mir war ein Stein vom Herzen gefallen.

An der Gerichtsverhandlung nahmen Fjodor und ich nicht teil. Und geheiratet habe ich ihn bis jetzt auch nicht. Ob ich mich je dazu entschließen werde – ich weiß es nicht, ehrlich gesagt. Das Kind ist von ihm, aber deswegen heiraten ... Nach dieser Geschichte ist das ziemlich schwierig, besonders für ihn. Und ich mache mir die schwersten Vorwürfe, schließlich habe ich ihn angestiftet. So quälen wir uns und wissen nicht, was wir tun sollen. Er schickt mir Geschenke, und ich schicke sie zurück. Ach, ich bin eben doch ein Scheusal ...

Nun wußten die Frauen, von wem Albina Geschenke bekam. Sie machten ihr Vorwürfe wegen ihrer Härte gegenüber Fjodor und versuchten sie zu bewegen, sich doch für ihn zu entscheiden.

Nur Galina war anderer Meinung.

»Ich verstehe deinen Fjodor«, sagte sie. »Daß er dieses Mädchen beinahe in dieselbe Situation brachte, in der du warst, lastet schwer auf seiner Seele. Aber von dir bin ich einfach begeistert, Albina. Du hast das Mächen gerettet, hast wie im Fieber gehandelt, wie du dich ausdrücktest, das finde ich großartig! Du hast dir also trotz allem ein Herz und ein Gewissen bewahrt. Wie ist das nur möglich – bei allem, was du hinter dir hast?«

»Mein Leben war bisher wahrhaftig kein Zuckerlecken. Ich habe mich auf Teufel komm raus amüsiert, aber ich habe auch vieles gesehen, was du, trotz Brille, nie zu sehen bekommen wirst.«

»Sei doch vernünftig! Warum verleugnest du das Gute in dir?«

»Das Gute in mir? Sag bloß, ich wäre eine Heilige!«

»Dummes Ding! Wenn eine Heilige Gutes tut, ist daran nichts Verwunderliches. Bei dir ist das was anderes, eine gute Tat von dir hat viel mehr Wert, begreif doch!«

»Was verstehst du schon davon, du glaubst doch gar nicht an Gott!«

»Wie kommst du darauf? Ich habe mich vor einigen Jahren taufen lassen und gehe regelmäßig in die Kirche, ich glaube an Gott.«

»Du? Eine Dissidentin?!«

Auch die anderen Frauen sahen Galina überrascht an. Ihre Blicke verwirrten Galina ein wenig, doch sie sagte fest: »Christ sein bedeutet heute Dissident sein. Viele meiner Freunde glauben an Gott.«

»Willst du damit sagen, daß Jesus Christus ein Dissident war?«

»Wenn ich ehrlich sein soll – ja. Aber lassen wir das. Ich werde euch jetzt von einer Frau erzählen, die in der Tat eine Heilige war.«

DIE SECHSTE GESCHICHTE

Worin die Dissidentin Galina von einer Form der Rache erzählt, die sehr viel Format verlangt, doch ungemein produktiv ist und daher allen Frauen in ähnlicher Situation zur Nachahmung empfohlen wird

Ich erfuhr die Geschichte am Tage des Begräbnisses meiner Schwiegermutter, und zwar von ihrer Schwester.

Kurz vor Beginn der Blockade war es meiner Schwiegermutter gelungen, mit Slawik und den beiden Kindern ihrer Schwester in ihr Heimatdorf zu flüchten. Nach der Blokkade durfte sie zurückkehren, was ein Glück war, denn vielen evakuierten Leningradern wurde damals von den Behörden die Heimkehr verweigert, weil jemand auf die blödsinnige Idee gekommen war, die Bevölkerungsstruktur der Stadt zu ändern – jeder war willkommen, nur nicht alteingesessene Leningrader Bürger.

Kaum war sie wieder da, hinterbrachten ihr die Nachbarn, daß sich ihr Mann während ihrer Abwesenheit eine Geliebte angeschafft hatte, eine Krankenschwester aus dem Militärhospital. Auch mit der Adresse der betreffenden Person konnten die hilfreichen Nachbarn aufwarten. Selbstverständlich erschütterte diese Eröffnung meine Schwiegermutter sehr, sie weinte tagelang, wußte nicht ein und aus, doch schließlich faßte sie sich und begann ihren Mann behutsam auszufragen, wie er ohne sie gelebt hatte. So erfuhr sie, daß seine alte Tuberkulose wieder ausgebrochen war und er sogar Blut gespuckt hatte. Sein Zustand verschlechterte sich rasch, er konnte nicht mehr arbeiten, worauf ihm die Lebensmittelration gekürzt wurde. Sein baldiger Tod war so gut wie vorgezeichnet. Aber plötzlich kam er wie durch ein Wunder ins Krankenhaus, wo man ihn wieder auf die Beine brachte. Mehr holte sie nicht aus ihm heraus. Sie überschlief die Sache ein paar Tage – meine Schwiegermutter war ein Mensch, der sich stets reiflich überlegte, was er tat, erst recht, wenn es um wichtige Dinge ging –, dann beschloß sie, dieser Krankenschwester einen Besuch zu machen. Was für ein Schlag muß es für sie gewesen sein, als ihr eine schöne Frau öffnete, die um viele Jahre jünger war als sie selbst.

»Sie wünschen?« fragte die Krankenschwester meine Schwiegermutter.

»Ich möchte mich vor dir verneigen.«

»Wie bitte? Ich verstehe nicht ...«

»Ich möchte mich vor dir verneigen, wie es bei uns Russen Brauch ist.« Und Anna Nikolajewna machte eine tiefe Verbeugung.

Die Krankenschwester war verwirrt, sie begriff wirklich nicht und vermutete eine Falle.

»Ich verneige mich vor dir, weil du meinen Mann vor dem sicheren Tod bewahrt hast. Weil du dich nicht daran gestoßen hast, daß er kein Offizier war, von dem du dir Vorteile erhoffen konntest, sondern ein einfacher Mann, noch dazu schwindsüchtig und sterbenskrank. Ich weiß nicht, wie er sich entscheiden wird – ob er bei mir bleibt oder ob er zu dir möchte, du bist ja so jung! Aber du hast meinem Sohn den Vater erhalten, und den Sohn läßt er nicht im Stich. Und dafür verneige ich mich vor dir. Nun leb wohl, du brauchst keine Angst zu haben, ich trage dir nichts nach. Einerlei, wie es sich fügt.«

Anna Nikolajewna verneigte sich noch einmal vor ihr und wandte sich zum Gehen. Aber die junge Frau hielt sie zurück, bat sie zu bleiben. Die beiden Frauen sprachen sich aus. Es war die Krankenschwester gewesen, die Anna Nikolajewnas Mann zufällig gefunden hatte, er war auf der Straße zusammengebrochen. Nur unter großen Mühen war es ihr gelungen, ihn im Krankenhaus unterzubringen. Und ihre Liebschaft hatte erst begonnen, als er genesen war.

Wißt ihr, wie die Sache ausging? Die beiden Frauen wurden unzertrennliche Freundinnen! Die Krankenschwester setzte Slawisk Vater vor die Tür, als er eines Tages wieder bei ihr erschien. Allmählich fügte auch er sich in sein Schicksal und akzeptierte seine ehemalige Geliebte als Freundin der Familie. Leider ist er bald darauf doch gestorben – Tuberkulosekranke hatten damals, kurz nach dem Krieg, so gut wie keine Chance …

Die Frauen bewunderten Anna Nikolajewnas Weisheit und Edelmut.

»Wo stammt deine Schwiegermutter eigentlich her, Galina?« fragte Olga.

»Von der Wolga, aus der Gegend von Rybinsk. Wieso?«

»Weil solche Frauen heute eine Seltenheit sind, zumal in den Städten. Heutzutage vergeht einem der Edelmut, da hat man zu tun, irgendwie über die Runden zu kommen.«

»Das stimmt«, seufzte Valentina. »Ich hab's ziemlich weit gebracht, doch wenn ich mich mit meiner jüngeren Schwester Ljuba vergleiche, kann ich nur staunen, wieviel Gutes ich auf meinem Weg nach oben verloren habe. Wenn ihr wollt, erzähle ich morgen von ihr. Ach, morgen wollen wir nur von guten Menschen erzählen.«

»Ein guter Mensch – welch relativer Begriff!« warf Larissa ironisch lächelnd ein. »Ein Bekannter von mir ist der Ansicht, ein guter Mensch könne erst jemand vom Doktor an aufwärts sein, alles darunter zähle nicht für ihn, sei Lumpenpack.«

»Diesen Bekannten haben Sie doch hoffentlich abgelegt – oder?« fragte Emmy.

»Selbstverständlich! Nennen wir unser Thema für morgen doch lieber: Über hochherzige Taten von Frauen und Männern. Das klingt zwar ein bißchen altmodisch, ist aber präziser.«

»Richtig!« rief Olga lachend. »Männer sind schließlich auch Menschen. Und jetzt erzähle ich euch ein tolles Ding von einem Ehepaar aus unserem Haus. Ihr werdet euch kringeln vor Lachen.«

DIE SIEBENTE GESCHICHTE

Worin die Arbeiterin Olga, allen Frauen zur Mahnung, erzählt, wie folgenschwer es sein kann, den Gegenstand ihrer Eifersucht zu verfluchen

Das Ehepaar ist zehn Jahre verheiratet, und all die zehn Jahre hindurch gab es bei ihnen nur Krach, besonders abends, wenn Mischa von seinen Sauftouren heimkam. Mischa trieb sich herum, weil er es, offen gesagt, zu Hause bei seiner Nastja nicht aushielt. Nastja war krank vor Eifersucht und machte ihm das Leben zur Hölle. Jeden Abend stand sie vorm Haus oder am Fenster auf der Lauer, und sah sie ihn von weitem, ging das Gekeife los – den beiden zur Schande, den Leuten zum Gaudi. Außer sich vor Eifersucht überschüttete sie ihren Mann mit den unflätigsten Flüchen und Verwünschungen, die man sich nur denken kann, so daß die Nachbarn, die Kinder hatten, eilig die Fenster schlossen.

»Daß dich der Geier hole, elender Hurenbock! Abreißen sollte man dir dein Rammelzeug, dein sündiges, kurz und klein schneiden, durch den Wolf drehen ...« Ihr Wortschwall nahm kein Ende. Wie immer sah Mischa rot vor Wut, sauste nach oben und prügelte sie durch. Dann flehte er sie an, die abendlichen Vorstellungen zu unterlassen. Aber er redete bei Nastja gegen die Wand.

Einmal beklagte er sich bei seinen Kumpels über sein bitteres Schicksal, und diese meinten, er sollte ihr einen Streich spielen, der sich gewaschen hat, dann würde sie ihre Eifersucht bestimmt vergessen. Und sie heckten ein tolles Ding aus. Heimlich mit dem Geschlechtsteil eines Hammels und einem Fäßchen roter Tinte versehen, erschien Mischa eines Abends vorm Haus. Nastja stand wie gewöhnlich am Fenster und giftete prompt: »Hast dich wieder rumgetrieben, du nimmersatter Satan! Mir kommst du nicht ins Haus. Scher dich dorthin, wo du gewesen bist! Abreißen sollte man ihn dir, zu Pulver zerstampfen, durch den Wolf drehen ...«

Kurz und gut, sie zog die übliche Schau ab. Doch diesmal blieb Mischa unter dem Fenster stehen und ließ sich, zur Verwunderung der Nachbarn, auf einen Wortwechsel mit ihr ein.

»Besinn dich, Nastja! Wie kannst du denn wünschen, daß er mir abgerissen wird, wo er deine einzige Freude ist?«

»Freude?! Ach, du geiler Hund! Steck ihn dir selber rein, ich pfeif auf deinen Wanderstab, deinen Gruppenschwengel, deinen Kollektivknochen ...« Und wieder nahm ihre Tirade kein Ende.

»Das wird dir leid tun, Nastja, sehr leid. Du treibst mich noch so weit, daß ich mich und die anderen Weiber, vor allem aber dich, mein Täubchen, um diese Freude bringe. Ach, wie wird es dir leid tun!«

»Daß ich nicht lache! Einen Eimer Wodka schenk ich der Schlampe, die ihn dir im Eifer des Gefechts abreißt!«

Die Nachbarn, die hörten, daß heute zwischen den Ehegatten etwas Besonderes, etwas Neues vorging, lehnten sich mit gespitzten Ohren weiter aus den Fenstern.

Und da geschah es. Mischa knöpfte sich vor den Augen der ehrenwerten Leute den Hosenschlitz auf und fuchtelte mit einem Messer herum. Irgendwie brachte er es fertig, den Hammelpimmel mit der roten Tinte zu übergießen, dann hielt er ihn hoch wie eine Fackel des Sieges, rief: »Da hast du ihn! Kein Grund mehr zur Eifersucht. Nun wirst du mich ja endlich in Ruhe lassen ...« und warf den Pimmel zum Fenster hinauf – Nastja mitten ins Gesicht! Sie fing ihn auf, sah das Blut an ihren Händen und kreischte: »Mischa, Liebling! Was hast du getan? Aaaah ...«

Sie raufte sich die Haare, stieg aufs Fensterbrett und stürzte sich hinunter – aus dem ersten Stock! Das Blumenbeet unter dem Fenster war ihre Rettung – sie blieb am Leben, verknackste sich nur den Knöchel. Ob es nun der Schmerz oder der Schock war, weiß ich nicht, jedenfalls lag sie bewußtlos am Boden. Mischa stürzte zu ihr, und die Nachbarn riefen den Rettungswagen. Als die Sanitäter sie auf die Trage hoben, kam sie zu Bewußtsein, schlug die Augen auf und jammerte: »Laßt mich sterben. Das Leben hat keinen Sinn mehr!«

»Aber Nastja, Liebste, ich hab doch nur Spaß gemacht!« rief Mischa erschrocken. »Sieh her! Er ist noch dran. Ich hab ihn mir nicht abgeschnitten. Bitte, stirb nicht, mein

Schnuckelchen. Ich hab doch nicht gewußt, daß er dir wichtiger ist als das Leben ...« Er knüpfte sich wieder die Hose auf, griff hinein und zeigte ihr das kostbare, unversehrte Stück.

»Halt!« befahl Nastja den Trägern. »Das muß ich genauer prüfen.«

Sie faßte nach dem unersetzlichen Schatz, betastete ihn und zog daran, und nachdem sie sich überzeugt hatte, daß alles in Ordnung war, sank sie, ein Lächeln im Gesicht, wieder in Ohnmacht. Am anderen Tag holte Mischa sie aus dem Krankenhaus ab, und nach einer Woche konnte sie wieder gehen.

Noch heute lachen die Nachbarn über diese Geschichte, und Mischa hängt seitdem ein peinlicher Spottname an. Ihr kennt doch das Märchen vom Drachen Gorynytsch, dem immer wieder der Kopf nachwuchs, sooft man ihm diesen auch abschlug. Da nun Mischas Geschlecht die Eigenschaft besaß, nachzuwachsen, nannte man ihn – Schwanz Gorynytsch.

Olga hatte ihre Geschichte nur mit Mühe zu Ende gebracht, weil sie, angesteckt vom Lachen der Frauen, selbst schallend lachen mußte.

»Oje, mir tut richtig der Bauch weh ...« stöhnte Irina.

»Tut das gut, mal so richtig von Herzen zu lachen!« sagte Sina. »Aber eins interessiert mich doch, Olga. Wie ging es mit den beiden danach weiter? Hat sich in ihrem Leben was geändert?«

»Das kann man wohl sagen. Mischa, erschüttert von der großen Liebe seiner Frau, hat das Saufen und Fremdgehen aufgegeben, und Nastja umgurrt ihn wie eine Taube. Ihre Eifersucht ist wie weggeblasen.«

DIE ACHTE GESCHICHTE

Worin die Musiklehrerin Nelja schildert, wie Studentinnen an einer Lehrerin Rache nahmen

Glaubt mir, Kinder, manchmal fällt es den Frauen schwer, das Altwerden zu verkraften. Wer Mann und Kinder hat, bei dem mag es noch gehen, der hat genug eigene Sorgen und keine Zeit für dumme Gedanken. Kommt aber eine alleinstehende Frau in die Jahre, dann wird es kritisch.

Das beste Beispiel dafür war die Baturina, Lehrerin für die Geschichte der KPdSU, eine Witwe im besten Alter. Nun ist die Parteigeschichte, ebenso wie Politökonomie und lauter solches Zeug, worin sich sowieso niemand richtig auskennt, für Studenten einer Musikschule nicht gerade das Wichtigste, und niemand von ihnen hätte sich dafür ein Bein ausgerissen, wenn die Zensur in diesem Fach nicht ausschlaggebend für die Bewilligung des Stipendiums gewesen wäre. Eine Drei in der Geschichte der KPdSU bedeutete – kein Stipendium! Die Baturina aber gab einer Studentin, wenn sie hübsch war, nie eine bessere Zensur als eine Drei. Jugend und Schönheit waren ihr verhaßt, dabei war sie früher selbst attraktiv gewesen, sie konnte sich eben einfach nicht damit abfinden, daß sie nicht mehr jung war. Einige ältere Frauen aus unserem Kollegium hatten vergeblich versucht, ihr ins Gewissen zu reden, doch sie hatte sich dumm gestellt und gemeint: »Die sollen mehr lernen, statt ans Vergnügen zu denken und sich herauszuputzen!« Natürlich hatte sie sich mit diesen Worten selbst bloßgestellt.

Mit einer unserer besten Studentinnen hat sie sich einen bösen Streich erlaubt. Das Mädchen hatte einen jüngeren Bruder, der zum Nachmittagsunterricht ging. Eines Tages verlor sie den Wohnungsschlüssel, und da es zirka zwei Wochen dauerte, ehe der Nachschlüssel fertig war, rief sie ihn in dieser Zeit nach den Vorlesungen täglich aus dem Sekretariat an. Sie sagte stets dasselbe: »Borik, bist du noch nicht weg? Gut, warte auf mich, ich komme gleich!« Dann lief sie heim, um den Jungen in die Schule zu schicken. Einmal hörte die Baturina so ein Gespräch mit und interpretierte es auf ihre Weise: »Shorik, bist du noch im Bett? Warte auf mich, ich komme gleich!« Ob sie nun wirklich Shorik statt Borik verstand oder die Namen absichtlich vertauschte – jedenfalls hatte das Mädchen ihre liebe Not zu beweisen, daß sie ihren Bruder und nicht ihren Liebhaber aus der Lehranstalt angerufen hatte. Daß sie nicht von der Schule geworfen wurde, verdankte sie lediglich den Aussagen einiger anderer Lehrer, die ihre Telefonate ebenfalls hin und wieder mit angehört hatten und sich an den Namen Borik erinnerten.

Nach diesem Vorfall beschlossen die Studentinnen, der Baturina einen Streich zu spielen. Ihr Plan verlangte die Mithilfe eines männlichen Wesens, und so weihten sie den Geiger Dima in ihr Vorhaben ein, einen unverbesserlichen Casanova. Dima sollte der Baturina verliebte Augen machen und alles andere den Mädchen überlassen. Von da an bombardierten sie die Baturina mit Liebesbriefen, die mit »Ihr unbekannter Freund D.« unterzeichnet waren. Anfangs blieb die Baturina kühl und unnahbar, als in den Briefen jedoch immer häufiger Gedichte standen, Dimas Blicke eine immer deutlichere Sprache sprachen, seine Stoßseufzer im Unterricht unüberhörbar wurden, zeigte sie erste Reaktionen: Sie wurde sichtlich nervöser, wurde öfter rot, erschien in neuen Kleidern und mit veränderter Frisur. Und siehe da – auf einmal bekamen auch die hübschen Studentinnen Zensuren, die sie nicht um das Stipendium bangen zu lassen brauchten.

Nun kommt der Clou: Einige besonders talentierte Studenten setzten sich hin und komponierten ein Liebesmadrigal, das sie mit Unterstützung des Bruders eines Kommilitonen, der bei der Zeitschrift *Aurora* arbeitete, drucken ließen. Das Madrigal war eindeutig der Baturina gewidmet, obwohl nur ihre Initialen angegeben waren, und der Komponist hatte wie in den Briefen unterzeichnet. Noch bevor das Journal in den Kiosken auslag, schickte die Redaktion der Baturina ein Exemplar. Kurz darauf trug sie, wie wir bemerkten, weitere fünf oder sechs Zeitschriften mit sich in der Tasche herum. Sie schwamm in Seligkeit, ließ alle Zurückhaltung fallen und lud Dima ein, sich dann und dann mit ihr im Café »Weiße Nächte« zu treffen. Dima weigerte sich hinzugehen, aber das war auch gar nicht nötig.

Als die Baturina zur festgesetzten Stunde im Café erschien, erlebte sie eine böse Überraschung: Alle Tischchen waren von ihren Studentinnen besetzt, die sich lässig mit der bewußten Zeitschrift das Gesicht fächelten ... Sie erstarrte zur Salzsäule, machte auf dem Absatz kehrt und ward nie mehr gesehen.

Die Schule stellte einen neuen Lehrer ein, einen älteren Herrn, das Gegenstück zur Baturina: Er flog auf hübsche junge Mädchen und himmelte sie an, allerdings in allen Ehren, rein platonisch.

Zugegeben, der Streich war grausam. Aber wenn man bedenkt, wie wichtig das Stipendium für die jungen Leute war, kann man ihre Reaktion verstehen. Die paar Kopeken reichten ohnehin nicht hin und nicht her, und die jungen Menschen konnten heilfroh sein, wenn die Eltern für Ernährung und Kleidung etwas zuschossen. Wer jedoch aufs Stipendium angewiesen war und es wegen der klimakterischen Launen der Baturina nicht bewilligt bekam, der war aufgeschmissen! Für mich sind unsere Studenten hart und fleißig arbeitende junge Menschen, auf die ich nichts kommen lasse, da könnt ihr sagen, was ihr wollt!

DIE NEUNTE GESCHICHTE

Worin die Regisseurin Emma einen Racheakt schildert, der nicht zur Nachahmung empfohlen werden kann

Ihr könnt euch nicht vorstellen, Mädchen, wie blöd sich Schauspieler manchmal gebärden, sobald sie in eine Rolle schlüpfen! Als wir Lermontows *Helden unserer Zeit* inszenierten, geschah es, daß sich die Darsteller des Petschorin und des Gruschnizki gleichzeitig in die Schauspielerin verliebten, die die Rolle der Fürstentochter Mary spielte. Bei den Proben entbrannte regelmäßig grimmiger Streit, zumal Lermontows Text genau zur Situation paßte und jedes Wort Öl ins Feuer war. Bisweilen führte der heftige Wortkampf in den Pausen sogar zu Handgreiflichkeiten. Hervorgehoben werden muß, daß Olenka Lapina, die die Fürstentochter Mary spielte, eindeutig unserem Gruschnizki den Vorzug gab, was den Petschorin allein deshalb in Weißglut brachte, weil es bei Lermontow umgekehrt war.

Einmal wurde ich nach den Proben etwas länger im Theater aufgehalten, und als ich mich endlich auf den Heimweg machte, sah ich, daß sich die beiden auf dem Theatervorplatz prügelten. Ich schickte Gruschnizki nach Hause, und mit Petschorin ging ich ein Stückchen spazieren, weil ich mit ihm reden wollte. Ich beschwor ihn, sich doch endlich damit abzufinden, daß Olenka sich für den anderen entschieden hatte, und aufzuhören, meine Probearbeit zu stören. Aber der Dummkopf hörte mir überhaupt nicht zu und schrie nur immer: »Ich bring ihn um!«

»Schluß jetzt!« sagte ich schließlich ärgerlich. »Du kannst also nicht anders und willst ihn umbringen. Meinetwegen. Ich sorge dafür, daß deine Pistole, die du beim Duell benutzt, am Abend der Premiere geladen ist, dann kannst du ihn auf offener Bühne erschießen. Aber bedenke: Das kostet dich Kopf und Kragen! Und Olenka gewinnst du auch nicht, darauf kannst du Gift nehmen!«

Seine Sinne waren schon so verwirrt, daß er den Unsinn für bare Münze nahm und sagte: »Olenka wird auf mich warten.« – »Na gut, alles klar. Aber versprich mir, bis zur Premiere Ruhe zu geben.« Er versprach es, und wir verabschiedeten uns.

Von nun an verliefen unsere Proben tatsächlich ruhiger, und ich hatte, ehrlich gesagt, die leise Hoffnung, Petschorin würde sich bis zur Premiere vielleicht in eine andere verknallen oder sein Vorhaben einfach vergessen. Aber daraus wurde nichts. Kurz vor der Premiere trat er mit Verschwörermiene an mich heran und fragte, ob ich mein Versprechen halten würde. »Geht alles klar«, beschwichtigte ich ihn. »Überschlaf die Sache noch mal und ruf mich morgen früh an, vielleicht überlegst du es dir doch anders. Der Morgen ist klüger als der Abend.«

Am Morgen rief er an und teilte mir mit, er habe seine Absicht nicht geändert und baue auf mich. Nun war guter Rat teuer. Ich eilte zu unserem Requisiteur, erzählte ihm die ganze Geschichte und bat ihn, mir zu helfen. Der Alte lachte schallend und war bereit, die Duellpistole entsprechend zu präparieren. Sie würde wirklich mit Pulver geladen sein, was Petschorin nachprüfen konnte, doch beim Abdrücken würde wie gewöhnlich nur das Zündhütchen losknallen. Als ich die Pistole später bei ihm abholte, gab er sie mir mit den Worten: »Einem normalen Menschen würde ich so ein Ding nicht in die Hand geben, aber dein Petschorin ist doch ein Blödmann, er wird auch das spielend überstehen – ich kenne diese Schauspieler!«

Am Premierenabend ging ich vor der Vorstellung in Petschorins Garderobe und überreichte ihm die Pistole, die ich unter Schuhen verborgen in einem Korb mitgebracht hatte. Ich zeigte ihm, daß Pulver drin war. Er nickte befriedigt, und ich ließ ihn allein. Arme Schauspielerseele! Niemand nimmt dich ernst ... Mit Ungeduld wartete ich auf den Beginn der Vorstellung. Heute abend würde ein Petschorin agieren, von dem jeder andere Regisseur nur träumen konnte! Um es kurz zu machen, Petschorin spielte wahrhaftig großartig, sein erschütterndes Spiel riß das ganze Ensemble mit. Fürstentochter Mary erbebte geradezu unter seinen tragischen Blicken, und Gruschnizki war so leichenblaß, als ahne er sein Ende voraus. Endlich kam die Duellszene. Petschorin schoß ... stürzte zu Boden und blieb reglos liegen. Gruschnizki stürzte ebenfalls, doch mit dem Unterschied, daß seine Rolle es vorschrieb. Beifall brandete auf. Vermutlich glaubten die Zuschauer, das Malheur sei ein beabsichtigter Gag. Kaum war der Vorhang gefallen, eilte ich zu Petschorin. Auch Olenka kniete neben ihm nieder. Wir holten ihn ins Bewußtsein zurück. »Hab ich ihn getroffen?« fragt er, als er die Augen aufschlug. Ich schüttelte den Kopf und sagte: »Das Pulver war feucht.« Olenka blickte uns mit großen Augen verständnislos an.

Am anderen Tag gab Petschorin vor den Kollegen eine Erklärung ab. Auch ich und der Requisiteur mußten mit der Sprache heraus. Alle lachten den armen Petschorin aus, am meisten lachte Gruschnizki. Olenka Lapina aber war so betört, daß sie Petschorin auf der Stelle heiratete. Gruschnizki ging an ein anderes Theater, und bald war die ganze Geschichte vergessen, weil etwas Neues passierte – am Theater ist doch immer etwas los.

DIE ZEHNTE GESCHICHTE

Worin die Sekretärin Irischka gesteht,
wie sie sich erfolgreich an
einer unbeliebten Nachbarin rächte

Außer einer lästigen Nachbarin hatten wir in unserer Gemeinschaftswohnung, die im Parterre mit den Fenstern zum Hof lag, auch noch lästige Schädlinge: Wanzen, Schaben, Silberfischchen das ganze Jahr über und im Sommer obendrein Fliegen. Die ganze Bude war feucht. Nur Klawdija Iwanowna versicherte, in ihrem Zimmer gebe es keine derartigen Lebewesen, weil sie, im Gegensatz zu uns, reinlich sei. Im Klartext hieß das: Sie hielt uns für Schweine! Nun aber war die Sache die, daß besagte Dame nicht arbeiten mußte – sie lebte von der einträglichen Rente ihres Mannes, der bei Raketentests ums Leben gekommen war – und auch noch das größte Zimmer der Wohnung besaß. Die anderen malochten, hausten wie die Heringe auf engstem Raum, Klawdija Iwanowna aber wienerte den ganzen Tag ihr Zimmer, staubte ihr Kristall und ihr Porzellan ab und führte ihr Schoßhündchen spazieren, eine uralte Töle, die nachts kläffte und uns den Schlaf raubte. Wir baten sie mehrfach, sich vom Tierarzt Beruhigungstabletten für das Tier verschreiben zu lassen, aber sie kam unserer Bitte nicht nach. Schließlich riß uns die Geduld, und wir verlangten kategorisch, sie solle den Hund abschaffen. Doch Madame lachte nur: »Sie können mir nicht verbieten, den Hund zu halten. Ich verbiete Ihnen ja auch nicht, Wanzen und Schaben zu halten!« Sagte es und verschwand schnaubend in ihrem Luxusgemach. Wir standen da wie begossene Pudel, und ich weinte sogar. Und dann sann ich auf Rache. Ich rückte alle Möbel ab, wendete Betten und Sofas, löste die Tapeten in den Ecken und sammelte zehn Wanzen in einer leeren Cremedose. Das Döschen in der

Hand, ging ich zu ihr, sie noch einmal zu bitten, sich wegen des Hundes an den Arzt zu wenden. Sie ließ mich auf ihrem breiten Diwan Platz nehmen, und während wir uns unterhielten, schüttete ich heimlich die Wanzen in eine Polsterritze.

Einige Tage später klagte Madame zum erstenmal über Wanzenbisse. »Man muß halt auf Sauberkeit achten!« höhnten die Nachbarn. Unsere Familie aber war plötzlich alle Wanzen los. Da hatten wir noch und noch Gift gesprüht, die Viecher damit nicht weggekriegt, und nun waren auf einmal alle verschwunden. Ich erzählte meiner Schwester unter dem Siegel der Verschwiegenheit, was ich getan hatte. »Jetzt ist mir alles klar«, lachte sie, »Klawdija Iwanowna gefällt ihnen besser, sie ist fetter und hat süßes, blaues Blut. Bei uns haben die Tierchen zwar auch nicht gehungert, aber beim Schlafen war's den Ärmsten zu eng. Drum hat der Vortrupp den Rest agitiert: Kommt rüber! Hier gibt's Platz genug und zu fressen in Hülle und Fülle! Na ja, da sind sie eben alle emigriert.«

Irinas Schabernack hatte den Frauen gefallen. Sie unterhielten sich noch ein Weilchen, doch bald übermannte sie der Schlaf.

Sigrid Undset

Viga-Ljot und Vigdis

Vigdis empfing ihren Sohn mit großer Freude und wurde nicht müde, von seinen Fahrten zu hören. Am meisten von allem erzählte Ulvar von Uspak, der ihm der hervorragendste Mann und der beste Freund zu sein schien, da sagte Vigdis, es würde ihre größte Freude sein, ihn bei sich zu sehen, obgleich sie nicht glaubte, dem Mann je genug dafür danken zu können, daß er ihrem Sohn das Leben gerettet hatte und ihm mit so großer Güte entgegengekommen war.

Nun ging das Jahr zu Ende. Und in der heiligen Nacht, in der Gott sich gebären ließ, zogen die Leute vom ganzen Tal her zur Kapelle, um die Messe anzuhören; von Vadin ritten auch Vigdis und Ulvar mit großem Gefolge fort. – In diesem Jahr war vor Weihnachten viel Schnee gefallen, und das Wetter war kalt, und der Mond stand während der Feiertage am Himmel.

So stark war der Mondschein, daß die Kirche dämmrig wirkte, als Vigdis mit ihrem Sohn über die Türschwelle trat, obgleich die Kerzen vor den heiligen Bildern brannten. Der Priester sang mit schöner Stimme vor dem Altar, und die Chorknaben schwenkten die Räuchergefäße, denen süßer Wohlgeruch entströmte. Da beugten jene, die eintraten, die Knie und bekreuzten sich mit geweihtem Wasser, während sie das Gebet sprachen.

Aber als Vigdis ihr Antlitz hob und sich aufrichtete, sah sie, daß ganz unten an der Wand ein Mann stand. Er war in einen dunklen Umhang gehüllt, den er unter dem Kinn zusammenhielt, und er neigte den Kopf ein wenig nach vorne, so daß sie von seinem Gesicht nicht mehr sehen konnte als die Augen unter dem schwarzen Haar, das ihm über die Stirn hereinfiel. Aber sie erkannte sofort, daß es Ljot war. Er starrte sie an, und als er ihrem Blick begegnete, sah sie, wie seine Hände so zu beben anfingen, daß er sie fallen lassen mußte; da war er so bleich wie ein Toter.

Vigdis selber befiel ein solches Zittern, daß sie sich an dem Türpfosten anlehnen mußte, und es schien ihr, als beginne der Boden vor ihren Augen zu wanken – es war nicht mehr ein Boden, sondern vor ihrem Blick lief ein roter Fluß zwischen den Männern und Frauen dahin, und vor dem Altar war ein See von Blut. In diesem Augenblick erhob Ulvar sich, und er verneigte sich vor dem Fremden und gab ihm die Hand, während er dabei vor Freude lachte – und jetzt begriff Vigdis, wer es gewesen war, der sich Uspak genannt hatte. Da wollte sie in der Kirche vorgehen; sie vermochte jedoch nicht durch den Mittelgang zu schreiten; sie ging an der Wand entlang und stützte sich mit der Hand an die Balken, bis sie in einen Winkel kam, und dort wollte sie niederknien; aber die Frauen machten ihr Platz, damit sie zum Altar vorkommen konnte. Sie wandte den Kopf zurück und sah, daß Ljot immer noch bei der Tür stand und ihr nachstarrte, und Ulvar war an seiner Seite. Da ging sie weiter, und sie fiel vorne beim Altar nieder, sie lehnte den Kopf an die Wand und barg ihr Gesicht in den Händen.

In gleicher Weise wie der Gesang rings um sie stieg und fiel, durchliefen Vigdis Schauer von Eis und Feuer, und sie bebte vor Entsetzen vor dieser Begegnung. Nun dünkte es sie, als wäre es gestern gewesen, jener Abend, an dem sie sich zum erstenmal sahen und alles, was sich zwischen ihnen zugetragen hatte. Da stürzte es von ihr ab, alles, was mit der Zeit herangewachsen war, wie die Steinlaue den Wald und alles Wachstum von der Felswand mit sich reißt, bis der Berg nackt dasteht, und es war ihr, als habe sie in all diesen Jahren nur darauf gewartet, daß dieses Spiel zwischen ihnen beiden zu Ende gespielt werden sollte.

Je länger sie dort kniete, desto mehr fürchtete sie sich davor, mit Ljot zu sprechen. An der Stelle, wo sie sich befand, war ein Guckloch in der Wand unten am Boden und der Holzladen war entfernt worden; sie sah draußen den Schnee schimmern und hörte die Pferde am Kirchberg draußen wiehern und mit dem Zaumzeug klirren; da stand sie mitten unter der Messe auf und floh aus der Kirche.

Draußen stand der Mond hoch oben am Himmel; Vigdis lief über den Schnee zu den Pferden hinüber und band ihr Tier los. Sie führte es an das Gatter des Kirchhofzaunes; da kamen ihr zwei Männer in solcher Eile nachgelaufen, daß sie die Kirchentür offen stehen ließen und das Licht und der Gesang hinter ihnen herausströmte.

Ljot ergriff das Pferd beim Zaumzeug, gerade als Vigdis fortreiten wollte; er sagte:

»Vergönne es mir, mit dir zu sprechen, Vigdis –.«

Sie blickte auf ihn hinunter und antwortete:

»Sind deiner Missetaten jetzt so viele geworden, Ljot, daß du deinen Namen verbergen mußt?«

Noch ehe Ljot eine Antwort zu geben vermochte, riß sie ihr Pferd so jählings zur Seite, daß er losließ, und dann jagte sie nach Norden davon, so schnell das Pferd es nur vermochte. Als sie Vadin erreichte, hielt sie nicht inne, sondern wendete das Tier und ritt weiter, bis sie nach Berg kam. Dort wohnte nur ein Knecht mit seinem Weib und einigen Sklaven. Vigdis trat in die Stube ein; sie war beinahe leer, denn die Häuser waren ganz neu; es befand sich nichts weiter darin als die kahle Bank rings um die Wände und ein Tisch. Sie legte Holz auf die Herdstätte und ließ die Tür verschließen. Dann blieb sie allein in der Weihnachtsnacht da sitzen.

Als Vigdis von ihnen fortgeritten war, standen Ljot und Ulvar eine Weile da und sahen ihr nach. Dann schlang Ljot die Arme um Ulvar, küßte ihn und sagte:

»Gott segne dich, mein lieber Sohn, denn nun weiß ich nicht, ob wir uns je wiederfinden werden.«

Ulvar ergriff seine Hand und küßte sie; er sagte:

»Ich weiß nicht, was du meinst – aber wenn es wahr ist, daß du mein Vater bist, so wirst du uns doch wohl nicht verlassen?«

Ljot entgegnete:

»So verhält es sich: Ich wage nicht zu erwarten, daß deine Mutter mit mir sprechen will, und es waren keine zu harten Worte, die du einmal über deinen Vater sagtest. An jenem Abend wollte ich dir sagen, wer ich war; dann aber kam mir in den Sinn, daß ich erst noch einmal mit Vigdis sprechen wollte, ehe ich dich meinen Sohn nannte. Das aber sollst du erfahren, daß ich nicht eher etwas von dir wußte, als bis ich dich sie deine Mutter nennen hörte – und sage nun Vigdis, es sei Rache genug für sie, daß ich dich entbehren muß, und froh sei ich nie gewesen, seit wir beide einander zum letztenmal sprachen.«

Da legte Ulvar ihm die Arme um den Hals und bat ihn, er solle mit nach Vadin kommen; Vigdis würde nicht vergessen, daß Ljot ihm das Leben gerettet und ihm so liebevoll geholfen habe. Schließlich gab Ljot nach, und sie ritten nach Vadin; aber Vigdis war nicht da. Ljot neigte sich da auf sein Pferd vor, er sagte:

»Siehst du nun, Ulvar, daß es nichts nützt – wohl muß ich mich Uspak nennen, denn weniger klug als ich hat nie ein Mann gehandelt – und nun ist allzu lange Zeit darüber vergangen, als daß ich das bessern könnte, was ich angerichtet habe.«

Ulvar sprang vom Pferd und wollte, daß Ljot mit in die Stube komme:

»Vermutlich ist die Mutter auf Berg; aber komm nun herein und iß etwas und ruh dich aus.«

Denn Ljot sah elend aus. Ulvar zog ihn mit sich und

zwang ihn in den Hochsitz; aber Ljot rührte das Essen kaum an und sprach kein Wort. Darum sagte Ulvar, als es auf den Morgen zuging, nun wolle er nach Berg reiten und mit seiner Mutter sprechen, aber Ljot solle auf Vadin zurückbleiben.

Doch da stand Ljot auf und sagte:

»Nun mag diese Sache so enden, wie es sein muß, denn anderes geschieht doch nicht. Und nun will ich mit ihr sprechen, nach der ich mich siebzehn Jahre lang gesehnt habe.«

Damit ging er hinaus und stieg zu Pferd, und nun ritten sie nach Berg, so schnell sie konnten.

Sie fanden die Haustür versperrt, aber Ulvar ging hin und klopfte an. Er rief:

»Mach auf, Mutter, große Dinge habe ich mit dir zu besprechen.«

»Bist du allein?« fragte Vigdis nach einiger Zeit von drinnen.

»Mein Vater ist mitgekommen«, antwortete Ulvar.

»Mit ihm will ich nicht reden«, sagte die Mutter wiederum.

Da rief Ulvar:

»Das fordere ich von dir, Mutter, und von ihm, ich will nun wissen, warum ich vaterlos bin – ich gehe nicht weg von hier, und Ljot soll den Hof nicht eher verlassen, als bis du aufmachst.«

Da schob Vigdis den Sperrbalken beiseite und ließ sie eintreten. Ulvar schaute von einem zum andern; er sagte:

»Grauhaarig ist mein Vater nun, und du, Mutter, bist alt geworden um die Augen – vieles habt ihr erlitten, seit ihr einander das letztemal traft; könnte nun das gut gemacht werden, was zerstört wurde, so wäre dies ein Gewinn für mich, denn ich fühle große Liebe für euch beide.«

Vigdis hob ihr Gesicht und sagte:

»Alt wurden meine Augen vom Weinen, und niemand hat mir Kummer bereitet außer dir, Ljot.«

Er erwiderte:

»Dennoch hast du es besser gehabt, Vigdis, die du hier mit deinem Sohn saßest – und ich begreife, daß du mich nicht lieben konntest, so wie ich dich verriet, aber du entbehrtest mich nicht. Ich jedoch trauerte mit jedem Schritt, den ich tat, und mit jeder Woge, die ich durchschnitt, denn sie trugen mich nicht zu dir.«

Vigdis lachte hart auf und sagte:

»Und dein Weib – wie gefällt es ihr, daß du so von Land zu Land fährst und dich nach deinen Buhlerinnen umschaust?«

»Die beste von allen war sie und am würdigsten geliebt zu werden«, entgegnete Ljot. »Jetzt ist sie tot, und schwer genug hatte sie es in der Zeit, da wir zusammenlebten; du warst es, an die ich immer dachte, und wenig Liebe erwies ich ihr. Schwerer als alles andere lastet sie auf meinem Gemüt, denn sie verlor schuldlos all ihre Freude, du aber kannst dich damit trösten, daß du genugsam gerächt wurdest, ich habe meine schönen kleinen Kinder vor meinen Augen ertrinken sehen und alle verloren, die ich lieb hatte, so wie du es haben wolltest.«

Da faßte Vigdis mit beiden Händen so hart in ihren Umhang, daß die Spange über der Brust zerbrach, und sie rief:

»Was weißt du, Ljot, wie groß mein Kummer war – oder du, mein Sohn, wie inbrünstig ich nach Rache getrachtet habe – nie habe ich doch gehört, daß ein Mann von einer Frau mit Gewalt genommen wurde. Nicht du hast es erfahren, ohnmächtig das Kind jenes Mannes wachsen zu fühlen, den man am liebsten zwischen wilden Pferden zerrissen wüßte. Nicht du warst es, der in der schwarzen Winternacht, da ich mir keinen anderen Rat mehr wußte, mich von solchem Elend zu befreien, zum Fluß hinuntertastete.

Dünkt dich, er schulde dir große Liebe, der Knabe, den ich eines Nachts auf einer Felsplatte im Wald gebar – während nicht ein einziger Mensch bei mir war, der mir in meiner härtesten Qual einen Löffel Wasser hätte geben können. – Du segeltest und du fuhrst hinaus und du sehntest dich nach mir; das half mir viel, als sie Gunnar aus einer tödlichen Wunde blutend zu mir hereintrugen, mit Hohnworten bedeckt um der Schmach willen, die ihm gegen meinen Willen widerfahren war. Große Hilfe hatten wir auch an deiner Liebe, als sie Vadin anzündeten und meinen Vater verbrannten, und ich mit dem Kind auf Schneeschuhen durch den tiefen Wald floh, und uns die Wölfe in die Hütte friedloser Männer trieben.

Dich dünkt wohl, es sei Buße genug, daß du kamst und so freundlich warst mir anzubieten, ich könnte mit dir nach Island kommen – und da ich nicht mit Dank einschlug, nahmst du eine andere Jungfrau, die reich genug war und schön genug für dich, und quältest sie zu Tode – während ich hier saß und meinem Vater nichts erwidern konnte, wenn er mich beschuldigte, und meinem Kind nichts sagen konnte, das nach dem Vater fragte, denn niemals vermochte ich über das zu sprechen, was du mir angetan hattest. Schlimm lohnst du es jenen, die dich geliebt haben – und der törichste von allen Männern und der schlimmste bist wahrlich du, Ljot.«

Ljots Gesicht war so weiß wie fallender Schnee, als er antwortete:

»Schärfer schneidet deine Rede nun als dein Messer bei unserer letzten Begegnung, und gerne verlöre ich jetzt mein Leben, das mag dich trösten – aber dennoch sage ich dir, Vigdis, mein Kummer war ebenso schwer wie der deine – denn das weißt du nicht, wie elend der lebt, der sich nach seinem liebsten Freund sehnt.«

»Wahr ist es«, sagt sie, »ich weiß nicht mehr von Liebe, als du mich an jenem Abend beim Opferstein lehrtest, und seither fürchtete ich mich vor jedem Manne, der mich bat.«

Ulvar ergriff nun das Wort:

»Zum Unglück gereichte es, daß ihr beide einander jemals begegnetet – aber denke nun an das eine, Mutter, daß er mir das Leben rettete, und nie hat wohl ein Vater seinem Sohn gleiche Liebe bewiesen, wie er sie mir bewiesen hat.« Damit brach er in Tränen aus.

Vigdis sah den Sohn an und sagte:

»Erinnerst du dich, daß du einmal versprachst, mich zu rächen?«

Da begann Ljot:

»Ich hatte geglaubt, wir könnten uns um Ulvars willen aussöhnen – aber ich erkenne, daß du mir nicht verzeihen kannst; dazu habe ich dir zu viel Böses zugefügt. Nun will ich dorthin zurückreisen, wo ich herkam; Ulvar aber soll all mein Besitz zu eigen gehören.«

Vigdis schrie:

»Alles nahmst du mir einstmals, und jetzt kommst du wiederum hierher und plünderst mich noch einmal aus. Ich setzte es den Wölfen und den Adlern aus, das Kind, das du mich zu tragen zwangst – unsere Sklaven fanden es und erhielten es am Leben. Später kam dann der Augenblick, da es mich dauerte, denn es war ebenso hilflos, wie ich gegen dich war. Ich rettete den Knaben, so daß ich selbst entstellt und verstümmelt wurde, und ich habe ihn achtzehn Jahre lang aufgezogen und geliebt – jetzt kommst du und willst ihn mir nehmen.«

»Ich will ihn dir nicht nehmen«, sagte Ljot. »Bei dir soll er bleiben, und dir soll er gehorchen, denn ich habe keinerlei Recht an ihm – aber du kannst es ihm doch wohl vergönnen, daß ich ihn liebe und ihm das Gute antue, was ich vermag – ich werde ihn nie mehr sehen.«

»Nichts will ich mit dir teilen«, erwidert sie und erhebt

die verstümmelte Hand, »und ich will kein Kind mit dir haben. Wähle nun, Ulvar, welchem von uns du gehören willst.«

»Ich kann nicht wählen«, antwortet Ulvar unter Tränen.

»Da hast du Ljot gewählt«, sagt die Mutter und wendet sich zur Tür. Ulvar läuft ihr nach und umfaßt sie:

»Wo gehst du hin, meine Mutter?«

Sie antwortet:

»Ich weiß es nicht. Besser wäre es gewesen, wir beide wären in jener Nacht nicht lebend aus dem Wald gekommen, als daß ich alt und elend werden und die Stunde erleben sollte, in der du mit einem Fremden von mir fortgehst. Wahrlich, du schlägst deinem Vater nach, und es ist nicht verwunderlich, daß du ihn wählst.«

»Mutter«, ruft der Sohn, »das weißt du genau, daß ich alles tue, was du willst, und nie wieder will ich ihn sehen.«

»Nicht weiß ich, ob ich deine Mutter bin«, entgegnet sie, »er hätte nicht diese Gesinnung gezeigt, der Knabe, den ich voll Haß und Groll in mir trug – du gleichst mehr Aesa und dem Sklavengeschlecht; gleich beugst du dich dem, der stärker ist als du.«

Da tritt Ljot auf sie zu, und seine Stimme bebt, als er sagt:

»Nicht weiß ich, ob dies mein Sohn ist oder der Kaares von Grefsin – aber tue nun das, was deine Mutter will, Ulvar.«

Vigdis wendet sich Ljot zu – da aber faßt er Ulvar beim Arm und geht rasch mit ihm hinaus.

Ljot und Ulvar ritten durch den Wald hinunter, und sie sahen einander nicht an und redeten kein Wort. Schließlich aber sagte Ulvar:

»Ich hätte nicht erwartet, daß du dich mit Hohnworten von meiner Mutter trennen würdest – so schändlich wie du früher an ihr gehandelt hast.«

»Oh, genau so hat sie es ja haben wollen«, entgegnete Ljot. »Und nun mag es in der Ordnung sein, daß sie auch einmal ihren Willen bekommt.«

Damit springt er vom Gaul und bindet ihn fest; er nimmt Schwert und Schild und befiehlt Ulvar desgleichen zu tun. Er sagt, der Opferplatz sei ganz in der Nähe; dorthin könnten sie gehen, denn dort würden sie nicht gestört werden. Ulvar antwortet nichts, folgt ihm jedoch, und sie gehen ein Stück weit durch den Schnee.

So kamen sie zu der Lichtung, und Ljot wählt eine Stelle aus, die für den Kampf geeignet zu sein schien. Ljot schlug zuerst zu und traf Ulvars Schild. Da sagt dieser:

»Früher habe ich dich besser treffen sehen, Ljot.«

»Ich bin müde und habe nichts gegessen«, erwidert dieser, »du aber bist jung und noch unerprobt im Zweikampf, das fügt sich wohl ganz gut zusammen. Schlag nun fest zu, denn ich will dich nicht schonen – Vigdis aber soll den Kampf haben, den sie heraufbeschworen hat.«

Da holt Ulvar aus, und Ljot wirft im selben Augenblick seinen Schild weg und umfaßt das Schwert mit beiden Händen; da trifft Ulvar ihn in die linke Schulter, so daß der Arm herabsinkt und Ljot an einen Baum zurücktaumelt und den Nacken gegen den Stamm stützt. Ulvar wirft Schwert und Schild beiseite, als er sieht, wie dem anderen das Blut aus der Wunde dringt, und bleich im Gesicht sagt er:

»Dies ist genug – ich will nicht mehr mit dir kämpfen.«

»Oh, genug ist es nicht«, antwortet Ljot und sinkt sogleich in die Knie. Ulvar stand jetzt so, daß ihm die Sonne ins Gesicht schien und er nicht genau sah, was sich nun zutrug. Ljot aber umfaßte sein Schwert, stemmte den Knauf gegen einen Stein, so daß die Spitze auf seine Brust deutete; er warf sich nach vorn und fiel dann seitwärts in den Schnee.

Ulvar sprang zu Ljot hin, beugte sich über ihn und richtete ihn auf, so daß er gegen einen Stein gelehnt saß. Da sagte Ulvar:

»Nie hätte ich die Waffe gegen dich erhoben, hättest du nicht das von Kaare auf Grefsin gesagt.«

Ljot lächelte im Tode; er antwortete:

»So dachte ich, und darum sagte ich es. Aber trauere nicht darüber; denn ich selbst bin die Ursache, daß es so enden mußte. Und Gott steh dir bei, Sohn, auf daß du nicht unser Glück erben mögest. Tu nun, wie deine Mutter will; lange habe ich mich danach gesehnt, daß mein Kopf in ihrem Schoß liege.«

Gleich darauf krümmte er sich zusammen und starb.

Vigdis begab sich ins Haus und ging unruhig in der Stube hin und her; sie legte ihren Umhang um und warf ihn wieder ab, obgleich die Kälte so stark war, daß der Reif an der Wand funkelte. Bald setzte sie sich an die Feuerstätte, plötzlich aber stand sie wieder auf und ging zur Tür hin; schließlich blieb sie dort stehen und spähte hinaus, während die Sonne rot im Frostnebel versank.

Da sah sie einen Reiter am Waldrand auftauchen; sie erkannte Ulvar, und er war allein und ritt Schritt für Schritt – da wurden ihr die Knie schwach, und sie ging hin und setzte sich wieder ans Feuer.

Sie vermochte nicht aufzublicken, als sie merkte, daß Ulvar die Tür öffnete. Er trug ein Bündel in den Händen und legte es schwer in ihren Schoß, ging an ihr vorbei, ohne ein Wort zu sprechen und in die Schlafkammer hinein; drinnen schob er den Balken vor.

Vigdis blieb sitzen und legte die Hände über das, was sie auf den Knien hielt. Es war in einen rotseidenen Umhang gehüllt, und sie erkannte ihn; es war der gleiche, den sie einmal gestickt und Veterlide Glumssohn geschenkt hatte. Er war steif gefroren, so daß es knisterte, als sie die Zipfel nahm, um sie zurückzuschlagen. Da hielt sie inne und blieb unbeweglich sitzen. Nach einer Weile jedoch begann das Bündel aufzutauen, so daß Blut und Wasser heraussickerten und ihren Schoß näßten. Vigdis zog den Umhang beiseite, und nun erblickte sie Ljots Kopf, den sie zwischen den Händen hielt.

Zuerst sah sie den Hals; da drehte sie den Kopf herum, so daß das Gesicht nach oben lag. Das Haar war nach vorn gefallen und klebte an der Haut; sie schob es zur Seite und wischte mit dem Zipfel des Umhangs das Blutgerinnsel weg. Einmal fuhr sie mit der Hand über seinen Mund – er dünkte sie mager und arm, wie er so hervorstand, blaßblau in dem grauen Antlitz. Sie schob mit dem Finger die Augendeckel zurück und betrachtete seine Augen; aber sie waren tot und dumm, da drückte sie die Lider wieder zu.

Sie entsann sich des Augenblicks, da sie über Eyolv Arnesohn gestanden hatte – da hatte sie jenen süßen und blutigen Trunk gekostet, der ihr bekümmertes Herz laben konnte. Aber je länger sie Ljots Kopf ansah, desto schwerer wurde ihr zumute; denn sein Gesicht war so alt und kummervoll. Da dünkte es sie, dieser arme graue und armselige Kopf sei keine Sühne für ihr Unglück – und nicht soviel wert, daß sie sagen konnte, sie habe um dieses Augenblickes willen in all den Jahren seit dem Tod ihres Vaters gekämpft und sich abgemüht.

Vigdis deckte das Gesicht zu und legte das Bündel auf den Boden zu ihren Füßen. Sie stand auf und trat an Ulvars Tür; aber sie bekam keine Antwort, als sie ihn rief. Da stand sie eine Weile und rief immer wieder; es war zu keinem Nutzen, und sie ging wieder fort und setzte sich hin, die Hände in ihrem blutigen Schoß.

So kam die Nacht heran; da öffnete Ulvar die Tür und ging durch die Stube; er sah die Mutter nicht, denn das Feuer auf der Herdstätte war fast erloschen. Er war zur

Reise gekleidet und trat auf den Hofplatz hinaus. Vigdis stand auf und folgte ihm nach. Ulvar führte sein Pferd aus dem Stall heraus und sattelte es. Vigdis trat zu ihm hin.

Der Mond schien klar, und nie hatte die Mutter erkannt, daß Ulvar Viga-Ljot so ähnlich war wie jetzt, da sie ihn sah, und er ebenso bleich war wie der Tote. Sie hätte ihn gerne nach dem Kampf gefragt, wagte es jedoch nicht. Darum sagte sie nur:

»Willst du fortreiten?«

»Ja, das will ich«, antwortete der Sohn.

»Reitest du nach Vadin?« fragte die Mutter wieder.

»Ich reite morgen weiter, denn ich habe keine Lust hier zu bleiben«, sagte er.

Vigdis blickte zu ihm auf. Sie fragte abermals:

»Verhält es sich so, daß du nicht mehr bei mir bleiben willst?«

»Nun habe ich dir deine Liebe gelohnt. Mutter, wie du mich einmal batest, daß ich sie dir beweisen soll«, entgegnete Ulvar. »Nicht weiß ich, welche Freude du noch an mir haben willst, du kannst mich also jetzt wohl ziehen lassen.«

»Sag doch solches nicht«, bat die Mutter. Nach einer Weile fing sie wieder an: »Verhält es sich so, daß du mich am liebsten nicht sehen möchtest, so werde ich hier auf Berg bleiben, solange du willst; aber zieh doch nicht jetzt mitten im Winter von hier fort.«

»Ich ertrage es nicht länger hierzubleiben«, sagte Ulvar. »Nun, da ich weiß, daß sich hier soviel Häßliches zugetragen hat, weiß ich, daß ich hier nicht leben könnte.«

Vigdis schlug die Arme um den Hals des Pferdes und lehnte sich daran. Sie wagte nicht, ihn zum Bleiben zu bitten, und das Herz sank ihr schwer wie ein Stein in der Brust, denn sie erkannte, daß hier keine Hoffnung war. Da klammerte sie sich an das Pferd, und gleichzeitig entsann sie sich jener Nacht, in der sie den Sohn gebar, und des Pferdes, das

das einzige Lebewesen war, an das sie sich hatte lehnen können.

»Liebst du mich nicht mehr, Sohn?« fragte sie leise.

»Doch«, erwiderte Ulvar. »Aber du sollst mich nun fortreiten lassen, Mutter.« Kurz darauf sagte er: »Um das eine bitte ich dich, sorge um meinetwillen dafür, daß Ljot geziemend in die Erde kommt.«

»Das werde ich tun«, antwortete Vigdis.

Ulvar sagte wiederum:

»Seinen Tod hast du nicht mir zu danken – er hat ihn selbst gesucht.«

Er ergriff die Zügel, da fragte er plötzlich:

»Antworte mir die Wahrheit auf eines, meine Mutter – hast du ihn jemals geliebt, Viga-Ljot?«

Sie brach in Tränen aus und lehnte ihr Gesicht an den Hals des Pferdes, während sie sagte:

»Wie hätte ich sonst so lange gehaßt – dies war das schlimmste, daß er es war, den ich vor allen Männern am meisten lieben wollte.«

Ulvar beugte sich im Sattel vor, hob ihr Gesicht zu sich auf und küßte sie auf den Mund. Da fragte die Mutter:

»Kommst du je einmal wieder zu mir heim?«

»Wenn ich am Leben bleibe«, erwiderte Ulvar, »so komme ich wohl einmal zurück. Aber laß mich nun ziehen, Mutter.«

Da ließ Vigdis das Pferd los, und Ulvar ritt fort.

Vigdis Gunnarstochter blieb von da an auf Berg wohnen. Sie ließ Ljot Gissursohn vor der Kirche begraben, die sie errichtet hatte, und sie lebte noch zehn Jahre lang nach ihm. Sie hauste allein und sah niemand bei sich; aber in dem letzten Jahr, als sie krank war, kam Ingebjörg Illugestochter zu ihr und blieb auf Berg, bis sie starb. Olav und Ingebjörg übernahmen Vadin nach ihr, das hatte sie bestimmt; aber sie sollten den Hof an Ulvar zurückgeben, wenn er heimkehrte, oder an jene, die seine richtigen Erben waren.

In die Gegend von Aasloar kam jedoch nie wieder eine Nachricht von Ulvar Ljotssohn, und die Leute glaubten, daß er, da er doch seiner Mutter versprochen hatte zurückzukehren und keiner mehr etwas von ihm gehört hatte, irgendwo draußen in der Welt ums Leben gekommen sei. Olav und Ingebjörg behielten da den Hof, und sie haben Stiftungen gemacht, sowohl der Kirche, die nach dem Brand der Holzkapelle auf Aabakken am Frysjafluß aus Stein errichtet wurde, als auch für die Steinkirche, die nördlich des Groß-Sees gebaut wurde. Sie war der heiligen Margreta geweiht, und seitdem heißt das Tal rings um diesen See Margretatal. Bei dieser Kirche liegt Vigdis Gunnarstochter begraben.

Wiebke Lorenz

Männer bevorzugt

Am Sonntag wollten Bertram und ich eigentlich auf den Trödelmarkt gehen, aber ihm war mal wieder etwas dazwischengekommen. Passierte in letzter Zeit häufig. Er mußte sich wegen seines Konzepts für die Doktorarbeit dringend mit dem Computer-Heini treffen, der für ihn die Formatierung und das Layout entwerfen sollte. Schließlich mußte alles perfekt sein, erklärte er mir. Denn bei der Masse von Interessenten für die Doktorandenstelle war es besonders wichtig, sich durch eine ausgefeilte Bewerbung hervorzuheben. Also spielte ich die Strohwitwe und verbrachte den halben Tag vorm Fernseher. Irgendwann wurde es mir zu langweilig, und ich rief Insa an, um mit ihr etwas zu unternehmen.

Im Kino lief nichts Interessantes, also beschlossen wir, in einem gemütlichen Café ein verspätetes Frühstück einzunehmen. In der Fußgängerzone hatte vor einer Woche ein neuer Laden geöffnet, der angeblich als Eröffnungsattraktion den ganzen Tag lang zwei Frühstücke für den Preis von einem anbot. Ideal für die begrenzte Studentenkasse.

Das Café war brechend voll, als Insa und ich gegen zwei Uhr versuchten, einen Platz zu ergattern. Die Lage schien ziemlich hoffnungslos. Wir wollten schon wieder gehen, als Insa mich plötzlich am Ärmel zerrte.

»Sieh mal, Ranka«, flüsterte sie mir ins Ohr. »Da hinten sitzt doch Bertram.« Ruckartig drehte ich den Kopf in die Richtung, in die sie zeigte. Insa hatte sich nicht getäuscht. Tatsächlich – da saß Bertram. Und er war nicht allein! Ihm gegenüber saß eine Brünette, und die beiden schienen sich prächtig zu verstehen. Mein zuverlässiger, aufrichtiger

Bertram schäkerte mit einer Unbekannten. Ängstlich musterte Insa mein Gesicht, das in diesem Moment alle Farbe verloren hatte.

»Wahrscheinlich gibt es eine ganz einfache Erklärung«, versuchte Insa mich zu beruhigen.

»O ja«, entgegnete ich bissig. »Das ist der ›Computerexperte‹, der sich um Bertrams Bewerbung kümmert.« Ich machte mich von Insa los und wollte auf die beiden zustürmen und sie zur Rede stellen. Plötzlich hielt ich in meiner Bewegung inne. »Aber nein«, murmelte ich vor mich hin. »Rache schmeckt am besten, wenn sie kühl serviert wird.« Mit diesen Worten ergriff ich Insas Hand und schleifte sie hinter mir aus dem Café.

Auf dem Weg nach Hause arbeiteten die kleinen Rädchen in meinem Kopf fieberhaft. In meiner Wohnung angelangt, knallte ich energisch die Tür zu und warf meine Tasche in die Ecke. Mein Anrufbeantworter zeigte fünf Anrufe an. Ich drückte die Starttaste. Zunächst kamen drei Anrufe von meiner Mutter, die mich mit lauter Belanglosigkeiten und schönen Grüßen an Bertram (diesen miesen Verräter) nervte. Im Anschluß folgte Insa, die wissen wollte, ob ich gut zu Hause angekommen war. Der letzte Anruf brachte das Faß endgültig zum Überlaufen.

»Hallo Ranka-Schatz, ich bin's, Bertram. Ich wollte dir nur sagen, daß es wohl noch etwas später wird und ich gleich nach Hause fahre, weil ich ziemlich müde bin. Ich ruf dich dann morgen an.«

Rache! schrie alles in mir. Damit würde er mir nicht durchkommen! Das würde ich ihm zurückzahlen, und wenn es das letzte war, was ich tat!

Ihm zu sagen, daß ich Bescheid wußte, kam nicht in Frage. Er durfte nichts ahnen, ich mußte ihn eiskalt erwischen. Nervös ging ich in meiner Wohnung auf und ab und überlegte, was ihn wirklich treffen würde. Zunächst einmal müßte ich Bertram eine plausible Erklärung dafür geben, weshalb wir uns in nächster Zeit nicht treffen könnten. Bei dem Gedanken, ihn neben mir im Bett liegen zu haben, schauderte es mir. Bis ich ein geeignetes Rachemittel gefunden hatte, mußte ich ihn mir vom Hals halten. Danach würde ich ihm den Todesstoß verpassen und Schluß machen. Aber bis dahin sollte er nichts merken. Am besten, ich erzählte ihm, daß ich mich dringend um meine Hausarbeiten kümmern mußte, für so etwas hatte Bertram immer Verständnis. Ha, der Kerl sollte mich kennenlernen, mit Ranka Leonhardt war nicht zu spaßen!

Mit einem Mal hatte ich einen genialen Einfall. Wenn ich mich recht erinnerte, war Bertram seit gut einem Monat mit seinem Computer per Modem ans Uninetz angeschlossen. Ein diabolisches Grinsen breitete sich auf meinem Gesicht aus. Damit konnte man durchaus schon etwas anfangen.

»Bist du dir ganz sicher, daß du das tun willst?« fragte mich Wolfgang zum hundertsten Mal.

»Ich war mir noch nie so sicher«, antwortete ich ungeduldig. »Also, fang endlich an!«

»Na gut, du hast es so gewollt.« Wolfgang zuckte mit den Achseln und ging mit der Mouse auf das Feld ›Senden‹. Wirklich günstig, daß Wolfgang sich so gut mit Computern auskannte, alleine hätte ich das nicht hinbekommen. Auf dem Bildschirm erschien ein rechteckiges Kästchen, ›Nachricht wird gesendet‹. Meine nette, kleine Botschaft machte sich per E-Mail auf den Weg zu Bertrams Computer. Jetzt konnte man es nicht mehr rückgängig machen, am 15. November, also einen Tag bevor Bertram sein Konzept für die Doktorarbeit abgeben mußte, würde der Virus seine gesamte Festplatte auseinanderschrauben. Und Sicherheitskopien konnte er zur Zeit nicht machen, weil sein Diskettenlaufwerk kaputt war. Tief befriedigt lehnte ich mich in meinem Stuhl zurück. Wolfgang blitzte mich von der Seite an.

»Dann wollen wir nur hoffen, daß er nie herausfindet, wer ihm diese freundliche Datei geschickt hat.«

Wieder zu Hause angelangt, rief ich bei Bertram an. Er sollte auf keinen Fall Verdacht schöpfen.

»Kattweiler.«

»Ja, ich bin's.«

»Ach, hallo, ich hatte mich schon gewundert, wo du steckst.« Er wollte mir tatsächlich vormachen, daß er sich Gedanken über meinen Verbleib machte. Lügner!

»Ich hatte viel zu tun«, flötete ich zuckersüß ins Telefon. »Übrigens sieht es bei mir auch in den nächsten Tagen nicht besonders gut aus, weil ich meine Seminararbeit demnächst abgeben muß.«

»Das kommt mir ganz gelegen, Ranka, ich muß mich sowieso noch ein paarmal mit dem Typen für meinen Konzeptentwurf treffen, an der Sache muß noch gefeilt werden.«

An der Sache! Wie leicht ihm das von den Lippen ging, nicht zu glauben!

»In Ordnung, mein Schatz«, würgte ich hervor. »Dann sehen wir uns wahrscheinlich erst nächste Woche. Es sei denn, du bist die Tage mal an der Uni.«

»Das glaube ich eher nicht.« Bertram stöhnte. »Der Entwurf für die Doktorarbeit steht noch lange nicht. Ich werde wohl die meiste Zeit am Computer verbringen. Aber wenn du magst, komm doch einfach vorbei.« Er räusperte sich. »Am besten, du rufst vorher an, damit ich auch wirklich zu Hause bin.« Oder damit du die brünette Ische noch rechtzeitig rausschmeißen kannst, dachte ich.

»Also, wir sehen uns dann die Tage ...« Ich mußte Schluß machen, bevor ich endgültig die Beherrschung verlor.

»Alles klar, Ranka, bis dann.« Klick.

Ich brauchte dringend Entspannung, sonst würde ich durchdrehen. Krampfhaft überlegte ich, wie ich die aufgestaute Wut in mir abreagieren könnte.

Als Insa zwei Stunden später in meine Wohnung kam, saß ich auf meinem Bett und warf Dartpfeile in Richtung Kleiderschrank.

»Was machst du denn da?« wollte sie wissen.

»Photodarting«, erläuterte ich knapp. Verwundert blickte Insa zum Kleiderschrank und sah das Photo von Bertram, das ich dort angepinnt hatte. Obwohl sein Gesicht schon recht durchlöchert war, konnte man ihn noch gut erkennen.

»Aha«, war alles, was Insa dazu einfiel.

»Komm, mach mit«, forderte ich sie auf. »Ein Auge bringt hundert Punkte, ein Ohr immerhin noch fünfzig.«

Insa musterte mich kritisch.

»Also, manchmal könnte man denken, daß du sie nicht mehr alle hast«, stellte sie trocken fest, nahm sich einen Pfeil und warf ihn auf mein Haßobjekt. Na, wer sagt's denn, auf Anhieb ein Auge!

Ich war froh, wieder alleine durchs Leben gehen zu können. Bertram konnte mir gestohlen bleiben, schließlich war ich eine junge, emanzipierte Frau von Welt!

Die junge, emanzipierte Frau von Welt fand sich genau zwei Stunden später heulend in ihrer Wohnung wieder. Vor mir verstreut lagen die Photos von Bertram und mir – oder eher gesagt das, was von ihnen übrig geblieben war, nachdem ich sie mit der Schere bearbeitet hatte. Ich war überzeugt, der unglücklichste Mensch auf der ganzen Welt zu sein. Belogen und betrogen, von allen vergessen und verlassen! Eigentlich hätte ich es gleich wissen müssen, dachte ich wütend. Schließlich konnte man doch in jeder Frauenzeitschrift lesen, daß sich gerade die ›Netten Jungen von nebenan‹ oft als Wolf im Schafspelz entpuppten. Und ich blöde Kuh war auch noch darauf reingefallen, hatte allen meinen Verehrern die kalte Schulter gezeigt, nur um am Ende von Bertram auch noch hintergangen zu werden.

Aber ab sofort würde ich das Leben wieder in vollen Zügen genießen! Keine Fete würde ich mehr auslassen, ich würde mehr Spaß haben als jemals zuvor, hemmungslos durch die Gegend flirten. Ranka Leonhardt war wieder zu haben, die Männerwelt konnte sich freuen!

Oder sollte ich mich lieber in die Einsamkeit stürzen, in ein eremitisches Dasein? Ich würde mich vor der grausamen Welt verschließen und in der Geborgenheit meiner vier Wände Romane verfassen, Sinfonien komponieren und Kunstwerke malen. Ja, und jeder würde rätseln, was aus der lebenslustigen Ranka geworden war, ein Geheimnis würde mich umgeben, das niemand lüften könnte. Und dann eines Tages, wie Phönix aus der Asche, würde ich wieder auftauchen. Die strahlende Heldin, versehen mit Pulitzer- und Nobelpreis, umschwärmt wie nie, aber dennoch für niemanden zu haben. Und Bertram, Hausmeister bei einer Wirtschaftsprüfungsgesellschaft und mit einer fetten Schlampe verheiratet, würde sich in den Hintern beißen, weil er mich so sehr verkannt hatte. Ha, ha, die Medien würden mich feiern: Ranka Leonhardt, das schöne Genie; Ranka Leonhardt, Albert Einsteins Nachfahr; Ranka Leonhardt, die begehrteste Frau der Welt! Als ich mir gerade vorstellte, wie ich von der Queen zur Herzogin ernannt wurde, riß mich das Telefon aus meinen Gedanken.

»Hallo«, bellte ich gereizt in den Hörer, schließlich wurde man bei einer solchen Zeremonie nur ungern unterbrochen.

»Ranka, du mußt sofort bei mir vorbeikommen.« Es war Bertram, ausgerechnet jetzt.

»Wieso?« versuchte ich, nicht allzu unfreundlich zu klingen.

»Ist eine Überraschung«, war die recht unbefriedigende Antwort, »Also, in zwanzig Minuten bei mir.« Klick.

Na toll, ich hatte noch nicht einmal ablehnen können. Bertram war sich offensichtlich ganz sicher, daß ich seinen Anordnungen Folge leisten würde. Aber da sollte er sich geschnitten haben, ich würde natürlich nicht zu ihm fahren. Wäre ja noch schöner, wenn ich springe, sobald er ruft, dachte ich. Erst jetzt wurde mir bewußt, daß ich mich schon viel zu lange vom göttlichen Herrn Kattweiler hatte herumkommandieren lassen. Damit sollte ab sofort Schluß sein, nie wieder würde ich nach Bertrams Pfeife tanzen.

Eine Viertelstunde später erreichte ich Bertrams Wohnung. Er wartete bereits vor der Haustür auf mich und kam sofort angelaufen, als er meinen Panda sah. Ohne jeden Kommentar öffnete er die Beifahrertür, ließ sich auf den Sitz plumpsen und schloß seinen Gurt. Fragend blickte ich ihn an.

»Fahr los!« Er wirkte ziemlich aufgeregt.

»Wohin denn?«

»Das sage ich dir dann schon.« Wunderbar, damit war ja alles klar! Was sollte das nun wieder, wollte er mich entführen, oder was? Oder – mein Atem stockte – hatte er vielleicht schon den Virus entdeckt und wollte sich jetzt an mir rächen? Nein – er wirkte ganz vergnügt und grinste mich nur leicht dümmlich an. Das konnte es also nicht sein. Warum, wußte ich eigentlich auch nicht so genau, aber ich folgte Bertrams Anweisungen und fuhr los. Na ja, eigentlich wußte ich es schon, bei der Neugierde konnte man mich eben immer packen. Ungefähr zehn Minuten dauerte die Fahrt. Langsam dämmerte mir, wohin die geheimnisvolle Reise gehen sollte. Richtig vermutet, vor unserer zukünftigen Wohnung hielten wir an. Trotzdem war mir noch immer schleierhaft, was Bertram hier wollte.

»Da sind wir, an unserem neuen Heim!« rief Bertram euphorisch aus.

»Was um alles in der Welt sollen wir hier?« fragte ich nun doch ein wenig ungeduldig. »Willst du jetzt mit dem Streichen anfangen, oder was?«

»Wart's ab«, grinste er schelmisch. Na ja, mir konnte es egal sein, hier würde ich mit ihm sowieso nicht mehr einziehen. Von mir aus hätte er die Bude auch in die Luft sprengen können, dieses Dreckloch hatte mir ohnehin nie richtig gefallen.

Im Treppenhaus roch es noch genauso muffig, wie ich es in Erinnerung behalten hatte. Altbau eben. Jede einzelne Treppenstufe gab einen anderen Ton von sich, und ich war wirklich froh, daß mir dieses Grauen nun doch erspart bleiben würde. Bertram schien die Stufen in den dritten Stock beinahe hinaufzuhüpfen. Zudem pfiff er unverschämt beschwingt ein kleines Liedchen. Ja, ja, unser Sonnenschein, hatte wirklich Nerven aus Drahtseil. Nicht das kleinste Anzeichen für ein schlechtes Gewissen, rein gar nichts! Aus dem wird vielleicht doch noch einmal ein guter BWLer, schoß es mir durch den Kopf. Am besten ein Immobilienhai. Mit dem Pokerface zieht er jedenfalls jeden Geschäftspartner über den Tisch. »Nein, nein, wie kommen Sie darauf, daß das Gebäude mit Asbest verseucht ist? Sie können es wirklich ganz bedenkenlos kaufen!« Ganze Firmen würde er ruinieren, Familienväter in den Tod treiben und dabei kalt lächelnd sein Geld zählen. Wie man sich in einem Menschen so täuschen konnte!

»Tatatataaa«, machte Bertram, als er die Wohnungstür aufschloß. Dann nahm er mich bei der Hand und zog mich hinein.

»Und?« wollte ich wissen, als ich in völliger Dunkelheit neben ihm stand. Der beißende Geruch von Terpentin stieg mir in die Nase. Vielleicht zündete er jetzt ein Streichholz an, und – buff – war alles vorbei. Doch statt dessen knipste er nur das Licht an. Buff – ich war platt. Aus dem Dreckloch war wie von Geisterhand eine Traumwohnung geworden.

»Na?« meinte Bertram erwartungsvoll. »Was sagst du?«

Ich konnte nichts sagen, ich war sprachlos, überwältigt.

Der Parkettboden schimmerte in neuem Glanz, Decken und Wände waren ordentlich verputzt und in blaßblauer Farbe getüncht. An den großen Fenstern prangten schwere Stoffvorhänge in Pastellfarben, überall standen große Zimmerpflanzen.

Noch immer sprachlos wurde ich von Bertram von Zimmer zu Zimmer geführt. Jedes hatte eine andere Pastellfarbe, nur die Vorhänge waren überall die gleichen. Das Bad war sauber und ordentlich, eine Spiegelleiste war auf Kopfhöhe einmal ringsumher angelegt worden. Der Duschvorhang hatte das gleiche Muster wie die Vorhänge in den anderen Zimmern. Endlich fand ich meine Stimme wieder.

»Was ... was ist denn hier passiert?« fragte ich fassungslos. Bertram strahlte vor Stolz.

»Da staunst du, was? Ich wußte ja, daß dir die Wohnung nicht ganz so gut gefällt, da haben wir sie ein bißchen aufgepeppt.«

»Ein bißchen? Wie hast du das denn gemacht? Und wann überhaupt? Ich dachte, du schreibst die ganze Zeit an deinem Entwurf für die Dissertation! Wie konntest du gleichzeitig die Bude hier so auf Vordermann bringen?«

Ich verstand die Welt nicht mehr, hier mußten eindeutig die Heinzelmännchen am Werk gewesen sein.

»Na ja«, gab Bertram sich bescheiden. »Ich kenne ein paar Handwerker. Die haben mir geholfen, mit dem Parkett und dem Verputzen und so.« War klar, daß Bertram wieder zu allen möglichen nützlichen Leuten Beziehungen hatte. Ich kannte noch nicht einmal jemanden, der mir dabei helfen könnte, eine Glühbirne einzuschrauben.

»Was meinen Entwurf angeht, der ist auch schon so gut wie fertig. Ich muß nur noch ein paar Änderungen vornehmen und die ganze Sache dann ausdrucken, kein großes Problem mehr.« Er lachte mich an.

»Da hab ich dich ganz schön reingelegt, was?«

»Das kann man wohl sagen.« Ich war noch immer wie vor den Kopf geschlagen. »Ich hab auch gar nicht gewußt, daß du so ein kreatives Händchen hast! Die Idee mit den vorhängen ist wirklich super!« lobte ich ihn. Verlegen blickte Bertram zu Boden und wurde sogar ein bißchen rot.

»Aber der kreative Teil ist nicht mein Verdienst«, meinte er verlegen. »Stoffe und Farben hat Barbara ausgesucht, sie hat auch die Vorhänge zugeschnitten. Sie hat wirklich etliche Stunden investiert, damit am Ende auch alles richtig zusammenpaßt.«

»Barbara?«

»Eine Innenarchitekturstudentin. Ich hab ihr mal in Mathe Nachhilfe gegeben«, erklärte Bertram. Langsam wurde mir schwindelig, das war alles ein bißchen viel auf einmal.

»Als ich sie gefragt habe, ob sie Lust hätte, mir zu helfen, unsere Wohnung zu renovieren, hat sie sofort zugesagt. Und sie wollte noch nicht einmal Geld dafür haben, toll, was?« Für Bertram schon.

»Jedenfalls möchte sie natürlich auch wissen, wie dir die Wohnung gefällt.« Erneut griff Bertram mich beim Händchen und zog mich hinter sich her durch den Flur. Vor der Abstellkammer blieb er stehen.

»Darf ich präsentieren – die Künstlerin!« Er riß die Tür auf und vor mir stand ein lächelndes, braungelocktes Wesen: Bertrams vermeintliche Geliebte aus dem Frühstückscafé!

Wie hatte ich Bertram nur so etwas Gemeines zutrauen können? dachte ich, während ich in meinem Seminar saß und gedankenverloren Herzchen in mein Ringbuch zeichnete. Gerade er und Fremdgehen, das war doch wirklich zu albern gewesen. Statt dessen hatte er wie ein Blöder geakkert, um unsere gemeinsame Wohnung richtig schön zu machen. Allein bei dem Gedanken, was ich ihm alles an den Hals gewünscht habe, bekam ich ein schlechtes Gewissen. Pfeile hatte ich auf ihn abgefeuert, während er bis zu den Knöcheln in Farbtöpfen steckte. Jedenfalls war ich froh, daß sich alles zum Guten hin gewendet hatte. Ein Schauer durchfuhr mich. Um ein Haar hätte ich meine Beziehung zerstört. Ich konnte selbst nicht glauben, daß ich ihn verdächtigt hatte, mich zu hintergehen.

Von nun an würde uns nichts mehr auseinanderbringen, schon gar nicht, wenn wir erst einmal in der gemeinsamen Wohnung wären. Ich schmunzelte in mich hinein. Ich, die freiheitsliebende Ranka Leonhardt, war im Begriff, endlich beständig zu werden. Ja, und wenn Bertram seinen Doktor hatte, würden wir heiraten und – *die Doktorarbeit!!!*

Entsetzt sprang ich von meinem Stuhl auf, das hatte ich völlig vergessen, heute war ja der Fünfzehnte! Von den verständnislosen Blicken meiner Kommilitonen und des Seminarleiters begleitet, stürmte ich aus dem Raum zur nächsten Telefonzelle. Hoffentlich war es noch nicht zu spät, ich mußte Bertram warnen! Hektisch kramte ich in meinem Portemonnaie nach Kleingeld, aber außer ein paar Pfennigen war ich mal wieder völlig abgebrannt. Hilfesuchend blickte ich mich um. Bitte, jemand mußte mir zwei Groschen geben, Bertram würde es nicht überleben!

»Hast du ein Problem?« Ausgerechnet der Macho aus dem Seminar bei Herberger! Breit grinsend stand er direkt vor mir und spielte mit seiner Goldkreole. Egal, jetzt durfte ich nicht wählerisch sein.

»Ja, ähm, könntest du mir vielleicht Kleingeld zum Telefonieren geben, es ist wirklich wichtig!« Das süffisante Grinsen, mit dem der Angeber betont langsam zwei Groschen aus seiner Geldbörse holte, hätte mich beinahe dazu gebracht, ihn in die Wüste zu schicken. Nur der Gedanke an Bertrams ruinierte Karriere hielt mich davon ab. Gönnerhaft drückte der Macho mir das Geld in die Hand.

»Stets zu Diensten, meine Dame.« Dann schlenderte er von dannen. In Sekundenschnelle hatte ich das Geld eingeworfen und Bertrams Nummer gewählt.

»Kattweiler.« Gott sei Dank, er klang ganz normal.

»Bertram!« schrie ich ins Telefon. »Es ist wichtig, dein Comp-«

»Augenblick, Schatz, ich muß eben abspeichern«, unterbrach er mich und legte, ehe ich etwas sagen konnte, den Hörer beiseite. Sekunden Stille, dann ein greller Aufschrei. Ich zuckte zusammen, es war geschehen. Erde, tu dich auf, verschling mich, das würde er mir niemals verzeihen.

Insa kringelte sich vor lauter Lachen. Anscheinend war ihr der Ernst der Lage nicht bewußt. Ich hatte Bertrams Lebenswerk zerstört – nur, weil ich ihm nicht genug vertraut hatte. Wie sollte ich jemals damit fertig werden? Für den Rest meines Lebens würde mich mein schlechtes Gewissen plagen.

»Jetzt schau nicht so finster drein«, versuchte Insa mich aufzumuntern. »Davon geht die Welt doch nicht unter.«

»Natürlich geht sie unter«, entgegnete ich aufgebracht. »Fünf Wochen lang hat Bertram an diesem Konzept gesessen.« Langsam traten mir die Tränen in die Augen. »Und wenn er es morgen nicht abgeben kann, dann bekommt er die Stelle als wissenschaftlicher Mitarbeiter nicht. Und dann wird er nie seinen Doktor machen können. Und ich werde dann auch nie Frau Doktor! Bertram wird sein Leben lang hinter irgendeinem Bankschalter verbringen. Und das ist alles meine Schuld!«

»Und Bertrams Schuld ist es, keine Sicherheitskopie gemacht zu haben«, stellte Insa sachlich fest.

»Aber das konnte er doch gar nicht«, heulte ich.

»So ist das Leben.« Insa war manchmal wirklich grausam. Aber andererseits hatte sie auch recht, mit meiner Heulerei konnte ich jetzt sowieso nichts mehr ändern. Ich sollte mir lieber überlegen, wie ich Bertram aus seiner Misere helfen konnte.

»Was soll ich denn jetzt machen?« fragte ich Insa. »Irgend etwas muß ich doch tun, um die Sache wieder einzurenken.«

»Also«, begann Insa, während sie ihre Stirn nachdenklich in Falten legte. »Wichtig ist, daß Bertram nicht herausbekommt, daß du an dem Dilemma schuld bist.« Ich nickte zustimmend. »Wer außer Wolfgang weiß noch davon?«

»Niemand«, antwortete ich. »Außer dir«, fügte ich hinzu.

»Okay. Ich werde bestimmt niemandem etwas sagen, und Wolfgang wohl auch nicht. Dir kann also nichts passieren.« Ich konnte förmlich sehen, wie es in ihrem Kopf arbeitete und tickte.

»Vielleicht gibt es die Möglichkeit, daß du einmal mit Bertrams Professor redest«, dachte Insa weiter laut nach. »Natürlich darfst du dem nicht die Wahrheit sagen, du müßtest dir irgendeinen Grund überlegen, damit der Prof Bertram noch ein paar Tage Zeit gibt.« Nur was, überlegte ich. Und außerdem dürfte ich mich auch nicht zu sehr ins Zeug legen, das könnte Bertram verdächtig vorkommen. Schließlich hatte ich offiziell mit der Angelegenheit nichts zu tun und würde ihm nur aus reiner Liebe dabei helfen, einen Ausweg aus dieser brenzligen Situation zu finden. Insa und ich diskutierten noch fast zwei Stunden über die problematische Lage. Dann hatten wir einen genialen Einfall.

»Rothenbach?« Ich war ziemlich nervös, hoffentlich würde jetzt alles gutgehen. Dann mal los, it's showtime!

»Ja, guten Tag, Herr Professor Rothenbach«, meldete ich mich professionell. »Hier spricht Schwester Melanie aus der Notaufnahme des Geschwister-Scholl-Krankenhauses.«

»Was kann ich für Sie tun?« erklang die knurrige Stimme.

»Haben Sie einen Studenten namens Bertram Kattweiler?« wollte ich, alias Schwester Melanie, wissen. Kurze Pause, anscheinend mußte Professor Rothenbach erst einmal überlegen.

»Kattweiler ... ach ja, das ist einer meiner Studenten. Ich warte jetzt sogar auf ihn. Wissen Sie, er wollte sich bei mir um eine freie Stelle als wissenschaftlicher Mitarbeiter bewerben und mir das Konzept für seine Doktorarbeit vorbeibringen.« Wenigstens wußte er, wer Bertram war.

»Wir haben Herrn Kattweiler gestern abend mit einer schweren Lebensmittelvergiftung eingeliefert bekommen«, begann ich meine Lügengeschichte. Jetzt kam es darauf an, daß Professor Rothenbach die Story schluckte. »Der junge Mann ist nicht bei Bewußtsein, zudem hat er schwere Fieberkrämpfe und Halluzinationen. Er rief öfter Ihren Namen und murmelt etwas von ›Universität‹, ›Konzept‹ und ›Abgabetermin‹.«

»Oh, mein Gott!« hörte ich den Professor ausrufen. Er glaubte es tatsächlich! »Wie schlimm steht es denn um ihn, das ist ja furchtbar!«

»Er wird es überstehen«, beeilte ich mich zu versichern. Schließlich wollten wir Bertram nicht gleich sterben lassen. »Aber da wir bisher keinen seiner Angehörigen erreichen konnten, hofften wir, daß Sie uns vielleicht eine Auskunft über den jungen Mann erteilen könnten.«

»Ich bedaure, persönlich habe ich mit Herrn Kattweiler wenig zu tun. Außer eben, daß ich auf seine Bewerbung warte. Heute ist nämlich der letzte Termin für die Abgabe.«

»Das erklärt natürlich die panischen Fieberträume von Herrn Kattweiler«, erläuterte ich. »Vermutlich hat sein Unterbewußtsein versucht, uns eine Nachricht zukommen zu lassen.« Hoffentlich war Professor Rothenbach wirklich nur BWLer und nicht auch noch Psychologe, sonst würde er diese Lüge sofort entlarven. Aber anscheinend lauschte er noch immer gespannt am anderen Ende der Leitung.

»Wir haben bei dem Studenten allerdings nichts gefunden, das wie ein Konzept für eine Arbeit aussieht«, sagte ich. »Sonst hätten wir es Ihnen gerne zukommen lassen. Aber wahrscheinlich hatte er das Konzept nicht dabei, als er gestern abend auf der Straße zusammenbrach.« Ich mußte aufpassen, zu dick durfte ich nicht auftragen.

»Ja, ja, natürlich nicht. Er wollte mir die Unterlagen heute persönlich vorbeibringen.« Herrlich, Professor Rothenbach spielte mit!

»Vermutlich muß Herr Kattweiler mindestens eine Woche hier im Krankenhaus bleiben«, erklärte ich. »Für die Stellung bei Ihnen wird er sich dann wohl leider nicht mehr bewerben können.« Jetzt kam's darauf an. Schluck es! rief ich innerlich.

»Aber nein!« rief Professor Rothenbach aus. »Ich bin doch kein Unmensch! Der arme Junge, an der Schwelle zum Tode!« Vielleicht hatte ich doch ein bißchen übertrieben? »Bitte richten Sie Herrn Kattweiler gute Besserung aus, wenn er wieder zu sich kommt. Und sagen Sie ihm, daß er mir das Konzept auch noch in zehn Tagen bringen kann. Aber erst einmal soll er zusehen, daß er wieder richtig gesund wird.« Sieg! jubilierte es in mir, es hatte tatsächlich geklappt. Hochschulprofessoren hatten doch ein Herz, das hier war der eindeutige Beweis!

»Da wird sich Herr Kattweiler bestimmt sehr freuen«, erwiderte ich. »Anscheinend handelt es sich bei der freien Stelle um eine sehr wichtige Sache für ihn.«

»Aber das ist doch selbstverständlich!« gab Professor Rothenbach großmütig von sich.

»Ich danke Ihnen«, wollte ich das Gespräch beenden.

»Ach, Schwester ...«

»Melanie«, half ich ihm auf die Sprünge.

»Schwester Melanie«, wiederholte er. »Könnten Sie mir sagen, auf welchem Zimmer Herr Kattweiler liegt, ich würde ihn gerne besuchen. Nach dieser schrecklichen Geschichte kann er mit Sicherheit etwas Zuspruch gebrauchen.« Rumms, ich fiel vom Stuhl. Was sagen? dachte ich fieberhaft. Auf die Idee, daß er tatsächlich Bertram besuchen wollte, wäre ich im Traum nicht gekommen.

»Ja, also, ähm ...«, stotterte ich. »Derzeit liegt Herr Kattweiler noch auf der Intensivstation und darf unter keinen Umständen besucht werden.« Sehr gute Ausrede, Ranka. »Aber wenn es ihm wieder besser geht, werden wir Sie benachrichtigen.« Damit hatte ich zumindest vorerst die Situation gerettet.

»Gut, tun Sie das«, antwortete der Professor. »Auf Wiederhören.«

»Auf Wiederhören.« Klick.

»Super, Ranka!« Schmatz, bekam ich von Insa und Bertram zwei dicke Küsse auf jede Wange gedrückt.

»Jetzt hat deine ausgeprägte Phantasie doch noch etwas Gutes bewirkt«, stellte Insa fest. Ich spürte, wie mir dicke Schweißperlen die Stirn hinunterliefen.

Nachdem die Sache mit dem Professor geritzt war, arbeiteten Bertram und ich drei volle Tage und Nächte an der Wiederherstellung seines Entwurfs. Glücklicherweise hatte er schon einen Probeausdruck gemacht. Die fünfzig Seiten waren demnach nicht vollends verloren, sondern mußten nur wieder in den Computer eingegeben werden. Die Graphiken waren ein bißchen schwieriger, aber Wolfgang hatte völlig ›selbstlos‹ (ich mußte ihn nur mit hundert Mark bestechen) angeboten, für Bertram neue Graphiken zu entwerfen. Ebenso selbstlos übernahm ich die Tipparbeit. So diktierte Bertram in Chefmanier seine geistigen Ergüsse, während ich – Fräulein Leonhardt, zum Diktat bitte – auf der Tastatur rumhämmerte.

»Wirklich lieb von dir, Ranka«, stellte Bertram hin und wieder fest und drückte mir ein Küßchen auf die Wange. »Ich wüßte wirklich nicht, was ich ohne dich tun sollte!« Aus den Augenwinkeln beobachtete ich Wolfgang, der auf seinem Notebook die Graphiken entwarf. Ein ekliges, fettes, breites Grinsen zeigte sich auf seinem Gesicht.

»Tja, ohne Ranka wärst du echt aufgeschmissen«, bemerkte er mit einem zynischen Unterton. Ich warf ihm einen warnenden Blick zu, er würde noch alles verraten!

Völlig erledigt und übernächtigt fuhr ich am Freitagmorgen mit Bertram zur Universität. Dreißig Minuten lang wartete ich nervös vor Professor Rothenbachs Büro und machte mir die unterschiedlichsten Gedanken und Sorgen, bis Bertram endlich stolz lächelnd aus der Tür kam.

»Und?« wollte ich wissen. »Wie ist es denn gelaufen?«

»Ich hab sie!« jubelte Bertram. Ein dreifach Halleluja, wir hatten es geschafft! Bertram berichtete mir detailliert von seiner Unterredung mit dem Professor.

»Er war noch völlig aus dem Häuschen«, erzählte er. »Ob es mir denn wirklich wieder gutginge, und weshalb ich schon so früh aus dem Krankenhaus entlassen worden sei und so weiter und so fort.« Gut gelaunt legte Bertram seinen Arm um mich. »Jedenfalls konnte ich ihn beruhigen, es sei alles überhaupt nicht so schlimm gewesen, und ich hätte ein sehr gutes Immunsystem.«

»Wie fand er denn dein Konzept?« Schließlich wollte ich wissen, ob meine aufopfernde Arbeit auch genügend gewürdigt worden war.

»Ach so, das«, antwortete Bertram, »also eigentlich hat er es sich gar nicht angesehen.« Ich hörte wohl nicht richtig, wir hatten den Handstand in der Flasche veranstaltet, und Professor Rothenbach hatte sich das Konzept noch nicht einmal angesehen?!

»Weißt du, er meinte, wenn jemand sich so sehr mit seiner Arbeit identifiziert, daß er sogar noch in meinem Zustand, den Tod vor Augen, an seine Pflicht denkt – dann wäre er mit Sicherheit der richtige Mann für die freie Stelle.« Das war ja wohl der Witz des Jahrhunderts, die ganze Mühe und Arbeit – alles für die Katz! Bertram drückte mich fest an sich und plazierte einen dicken Schmatzer auf meinem Mund.

»Ach, Schätzelchen, jetzt mach nicht so ein Gesicht. Dieser Computerabsturz war echt das Beste, was mir je passiert ist! Klingt vielleicht etwas seltsam, aber da hatte es das Schicksal richtig gut mit mir gemeint.«

Ja, ja, die dümmsten Bauern und die dicksten Kartoffeln, dachte ich, aber ich wollte nicht ungerecht werden. Die drei Nachtschichten am Computer hatten auch für mich etwas Gutes gehabt – ich tippte jetzt schneller als je zuvor.

Nachwort

Um es gleich vorweg zu sagen: Selten habe ich mich mit einem Buchprojekt so schwer durchs Leben geschleppt wie mit diesem, das doch so vergnüglich anfing und werden sollte: Rache, Rache, an die die moderne Frau schließlich gern denkt, so sie sich erniedrigt, gedemütigt und gekränkt wähnt. Je mehr ich mich aber damit beschäftigte, desto sicherer bin ich mir, daß Rache sich letztlich immer gegen den richtet, der sie übt. Sie ist schlicht der beste Bumerang der Welt, einer der wirklich immer zurückkommt, egal, ob man ihn gut oder schlecht geworfen hat. Nichts mit »Publikum noch stundenlang wartete auf Bumerang ...«. Selten gelingt bei der Rache ein richtiges, gelungenes und vollkommenes Ende. Eines, das alle Fragen beantwortet und dennoch nichts verrät.

Rache, so heißt es in Meyers Konversationslexikon, sei eine archaische, dem modernen Rechtsempfinden nicht mehr entsprechende Extremform der Vergeltung für nach subjektivem Empfinden vermeintlich oder tatsächlich erlittenes Unrecht. Die Inanspruchnahme gesetzlich geregelter Mittel zur Wiedergutmachung werde mit der Rache abgelehnt. Allerdings räumt das Lexikon ein: Obwohl die Rache dem modernen sittlichen Bewußtsein zuwiderlaufe, sei sie als Handlungsmotivation im privaten Bereich durchaus noch anzutreffen. Den kleinen Nachsatz »durchaus noch anzutreffen« möchte ich hier freizügig als Hinweis darauf werten, daß auch der nüchterne Texter eines Lexikonartikels »durchaus« weiß, um welche Gefühle es sich bei Rachegelüsten handelt.

Nun kann man sich unendlich viele verschiedene Anlässe

für Racheakte denken. Nachbarschaftskonflikte, Mobbing im Büro oder empörende Vorfälle im Straßenverkehr. Aber tatsächlich scheint es so, als ob die meisten sich in diesen halbwegs justitiablen Fällen um Inanspruchnahme gesetzlich geregelter Mittel bemühen, selbst wenn sie den Glauben an deren Wirksamkeit längst beim Gerichtsdiener abgegeben haben. Auch sonst hält man sich in den gehobenen Kreisen gemeinhin an gesellschaftlich definierte Regeln und sucht das klärende Gespräch. Rache hat bis auf wenige Ausnahmen ein letztes Spielfeld: die Rache der Verlassenen. Sie wird an dem verübt, den wir einmal geliebt haben, vermutlich sogar noch immer lieben, verborgen unter einer dicken, fetten Portion Haß oder einer hauchdünnen Puderschicht gekränkter Eitelkeit, je nach Schwere des Falls. Sonst hätten wir es nicht nötig, uns zu rächen. Das macht die Angelegenheit so riskant. Diese Form der Rache birgt die Gefahr nicht unerheblicher Selbstverwundung.

Ein Beispiel dafür erzählt die niederländische Journalistin Renate Rubinstein. In einem Film, den sie gesehen hat, wird ein junger Mann namens Morgan von seiner Frau wegen eines reichen Kunsthändlers mit tadellosen Manieren aus dem Haus geworfen. In dem Film lebt die Gattin nun in seinem ehemaligen Zuhause einfach mit dem anderen Mann weiter. Morgan, ein Kind der Arbeiterklasse, rast und tobt vor Kummer und Entsetzen. Er spult sein gesamtes Racheprogramm ab. Er kehrt in das Haus zurück und verwüstet dort alles Mögliche. Unter anderem schert er mit einem Rasierapparat Hammer und Sichel in den kostbaren Teppich. Er lagert vor dem Haus, verkleidet sich als Gorilla und vieles mehr. Er ist außer sich vor Rachlust und Wut. In einer Kameraeinstellung – Gegenschnitt – sehen wir dagegen ein kühles Lächeln auf dem Gesicht seiner zukünftigen Ex-Gattin: ein vergnügliches Lächeln. Sie genießt es, wie er um sie kämpft, obgleich er längst alles verloren hat, es schmeichelt ihr. Sie und mit ihr alle anderen, an denen wir uns rächen möchten, verdienen es nicht, daß rechtschaffene Menschen ihnen diesen Genuß verschaffen. Der Rächer oder die Rächerin selbst sehen es vielleicht nicht, aber wir sehen das. Renate Rubinstein, die selbst von ihrem Mann wegen eines jüngeren Fräuleins verlassen worden ist und über die Zeit danach eine Art Tagebuch veröffentlicht hat, schreibt: »Morgan hinterließ nach all seinen Aktionen seinen Stempel: Hammer und Sichel, das war er. Bei mir regte sich auch das Bedürfnis nach einem Stempel. Aber für den Kommunismus habe ich nichts übrig, und ich stamme auch nicht aus der Arbeiterklasse. Es traf noch immer etwas Post für meinen abgehauenen Gatten ein, vor allem Zeitschriften, die ich weiterschickte. Es muß noch Exemplare geben, die auf der ganzen Titelseite meinen Kugelschreiberstempel tragen. Und was war das wohl? Ich finde es peinlich, es einzugestehen, aber in meiner stempelbedürftigen Zeit schmierte ich über die ganze Seite: einen Judenstern. Das war also ich. Oder besser gesagt: Das war mein Vater.« So verwirrt, zart und verletzlich ist der rächende Mensch und mit diesen offenen Wunden schleppt er sich eine Weile durch den Alltag. Jede Berührung mit Erinnerungen läßt die Narben wieder aufreißen. Tellerminen liegen herum, wohin man auch tritt: im Garten die Blumen, die man gepflanzt hat, um sich im Frühling gemeinsam daran zu freuen, jährlich wiederkehrende Feste, bestimmte Hotels in bestimmten Orten, Feldwege, all das.

Ein solider Anlaß für eine Frau, sich rächen zu wollen, ist also der, daß ein Mann die Unverfrorenheit hat, eine andere zur Prinzessin zu wählen. Natürlich gibt es traurigere Dinge im Leben. Tod, Invalidität, Folter, ein Vater, der vor den Augen seines Sohnes erschossen wird, Kinder, die in einem Teich ertrinken. Schlagt die Zeitungen auf, überall verhungern Kinder – seelisch in der einen, körperlich in der anderen Welt – und mein Kummer wird davon weder kleiner noch größer. Leid läßt sich nicht relativieren. Eine Katastrophe für jede von uns ist eben dies, daß der Kerl weg oder nicht zu kriegen ist. Ein Erdbeben mindestens der Stufe zehn auf einer nach oben unbegrenzten Richterskala, ein Orkan, der mit 180 Stundenkilometern durchs wehrlose Herz fegt. Und am schlimmsten ist, daß während diese Katastrophe wütet, man nichts anderes mehr wahrnehmen kann. Die verfluchten Gedanken rasen im Kopf hin und her, kreisen unablässig um ein und dasselbe Thema. Ablenkung ist maximal fünf Minuten lang möglich. Abgelöst durch die Feststellung: Donnerwetter, jetzt habe ich es aber ziemlich lange geschafft, nicht an ihn zu denken. Fünf Minuten! Erst Jahre nach dem Tod des großen Vorsitzenden Mao erfuhr ich, daß der Mann längst tot ist, ganz einfach weil er diese Welt während einer Phase verlassen hatte, in der ich intensive, tiefe Rachegelüste hatte und nichts anderes mehr registrieren konnte.

Aber wenn ich schon nicht an Rache glaube, liebe Schwestern, an eines glaube ich ganz fest: an das Lachen, an die anarchistische befreiende explosive lustmachende begehrliche Kraft des Gelächters. Daran mehr als an alles andere. Und Rache ist immerhin auch der etwas hilflose Versuch zu lachen. Wenn wir Rachepläne schmieden, dann denken wir nicht an den Kater danach, an den üblen Kopfschmerz am nächsten Morgen, an das überzogene Konto nach der Schadensregelung, sondern genießen das teuflisch Böse, das einem ein betörendes Glitzern in die Augen treibt. Scheiß doch der Hund drauf, ob das internationaler *political correctness* entspricht, ob der deutsche Gutmensch die Nase rümpft und das alles lächerlich, hysterisch und übertrieben findet, während es doch so verdammt guttut. Wenn alles verloren ist, braucht man nicht mehr darauf zu achten, ob der Lippenstift verschmiert ist, ob man unattraktiv aussieht mit diesem vor Wut verzerrten Gesicht und ob das alles vielleicht würdelos wirkt. Da gilt es einfach für ein paar Stunden die Schmerzen zu lindern. Die Zeche zahle ich dann schon. Hauptsache du gehst. »Ab in die Wüste.« Die Geschichten in diesem Buch sind Warnung und Handreichung für den Alltag zugleich. Von der Tribüne aus betrachtet sowieso ein Spaß. Erlauben wir Damen der höheren Stände uns nicht allein in der Literatur, Rachegedanken auszuleben? Nur in der Phantasie entwickeln wir erfolgreiche Strategien, wie wir finstere Gefühle einfach irgendwo entsorgen können, ohne allzu viel Umwelt damit zu verpesten. Nach dem kunstreichen Verfertigen einer Geschichte hat sich das Problem dann idealerweise erledigt. Manchmal geschieht es sogar, daß man es nicht einmal mehr nötig hat, diese Geschichte noch zu veröffentlichen. Eine der Autorinnen in diesem Band hat eine milde, geradezu großmütig verzeihende Rachegeschichte geschrieben, allerdings eine, die sie wirklich erlebt hat. Bei der Gelegenheit ist ihr andererseits aufgefallen, daß ihre übrigen Bücher, die wesentlich weniger stark autobiographisch geprägt sind, alle von ziemlich drastischen, gewalttätigen Racheakten erzählen. Das bedeutet doch: Schreib einen Krimi, dann brauchst du deine Schwiegermutter nicht selbst umzubringen.

Natürlich will das sorgfältig geplant sein und ebenso akribisch durchgeführt. Wenn es solche Ventile wie in Gedanken ausgeführte Racheakte nicht gäbe, wäre die Welt noch mehr angefüllt von Ächzen, Stöhnen und Wehklagen, denn immer und überall fügt jemand einem anderen Unrecht zu. Also müßte der Äther mit dem gewaltigen Chor der Beladenen und Mühseligen angefüllt sein. Was hören wir stattdessen: Gekicher und Gelächter von Frauen, die Racheakte ersinnen, das liebliche Säuseln ihrer Stimmen und das Rauschen des Geschirrspülers, wenn sie zusammenhocken. Nur hin und wieder knallt ein Tornado über uns hinweg, daß uns Hören und Sehen vergeht.

Es war in einem höchst feinen italienischen Restaurant, als plötzlich ein ungeheuerliches Geräusch alle zusammenzucken ließ. Auf der Straßenseite gegenüber war die Fensterscheibe eines Antiquitätenhändlers zu Bruch gegangen. Dort hatte sich das Ehepaar, dem der Laden gehörte, offenbar zu einer seiner letzten Aussprachen getroffen. Die Fensterplätze des Restaurants hätten meistbietend als Logenplätze verhökert werden können. Vis-à-vis flogen kostbare Möbel auf die Straße, begleitet von herüberwehenden Fetzen dieses ehelichen Gebrülls. »Du hast aber! ...«. Jetzt macht er ihr Vorwürfe, so scheint es, er greift nach einem Möbel, wir zittern und bangen, denn gleich wird er es in ihre Richtung werfen. Sollten wir nicht die Polizei alarmieren, um das Schlimmste zu verhüten? Keiner hat die Kraft, den Aussichtsturm zu verlassen. Wir lauschen gebannt weiter. Auch dieses Möbelstück fliegt nicht in Richtung Ehefrau, es ist an ihrem Gegenvorwurf abgeprallt und fliegt nach draußen. So geht es hin und her. Sie sagen sich offensichtlich einfach mal alles, was sie sich in den letzten 25 Jahren verschwiegen haben mögen. Eine perfekte Szenerie. In wunderbarem satten Gelb beleuchtet, bizarr, lebendig und ein redlicher Kampf, denn ausgetragen wird das alles mit Gegenständen, die es nicht besser verdient haben, also Dingen aus Mahagoni, Teakholz und Porzellan.

Eine andere wahrhaftig ausgelebte, nicht nur erdachte Rache ist es, einen Schlüsselroman über den Geliebten zu schreiben, um ihn damit öffentlich bloßzustellen. Hinderlich ist dabei nur, daß man Racheengel und Zielscheibe zugleich ist. Eine Hamburger Publizistin beschrieb in einem launigen Essay über das »Glück der Geliebten« ihre Affäre mit einem stadtbekannten Verleger. Leser und Leserinnen aus der Fachbranche reagierten voyeuristisch animiert, aber gespalten, ob das nun erlaubte Rache war oder nicht. Die Berliner Journalistin Lisa Matthias bekannte erst nach dem Tod von Kurt Tucholsky: »Ich war Tucholskys Lottchen« und präsentierte der staunenden Öffentlichkeit exakte Details aus seinem Liebesleben. »Ich bin mit Kurt Tucholsky vom 27. Januar 1927 bis Herbst 1931 so intim befreundet gewesen, wie man das als Frau mit einem Mann sein kann.« Der mit Schaum vor dem Mund geschriebene Erlebnisbericht wird mühsam vom Zurechtrücken von Tatsachen getarnt, erzählt aber von der schweren Ich-Kränkung einer verlassenen Geliebten. Sie war die Geliebte, neben seiner Ehefrau. Sie ist ausgetauscht worden gegen andere Geliebte neben seiner Ehefrau. Sie hat nie die Hauptrolle gespielt, und das ist vermutlich das Scheußlichste, was einem passieren kann. Dagegen müßte man eine Lebensversicherung abschließen oder Selbstverteidigungskurse besuchen können. Gegen dieses fiese Gefühl, zweite Wahl zu sein, keine eigene Identität zu haben, verschwiegen zu werden, keinen wirklichen Platz in seinem Leben zu haben. Das mußte oder wollte Lisa Matthias ausbügeln. Irgendwann halten Menschen sowieso Lebenslügen unter großen Entbehrungen für die Wahrheit. Ich fürchte, Tucholsky hätte die Beichte einfach nur amüsiert. Ihm wäre ihr Gezeter wohl nicht wichtig genug gewesen, um gekränkt zu reagieren. Geärgert haben sich beim Erscheinen von Lottchens Lebenserinnerungen lange nach seinem Tod vermutlich nur noch seine humorlosen Fans und seine zweite Ehefrau. Lisa Matthias' Rache hat einen so penetranten Geruch, weil sie sich postum über ihren Geliebten erhebt, eine Art Mutterrolle einnimmt und uns mitteilt, daß er ohne sie einfach eine ideenlose Null gewesen wäre. »Ich, ich, ich«, schreit ihr Buch, »seht doch mich, wie wichtig ich für ihn war, ohne mich wäre er nur ein würdeloser Erotomane geblieben.« Sie haut ordentlich in die Suppe mit lapidaren Fragen, ob es etwa an ihr gelegen habe, daß der gute Mann so aus der Bahn gerissen wurde. Waren das nicht eher so merkwürdige historische Ereignisse, die Nazis in Deutschland, die den jüdischen Publizisten außer Landes trieben? Gut, das bemerkt sie selbst und dazu, denn auch das hören Männer gern: »Ich habe Tucholsky geholfen, so gut ich konnte. Ich habe, solange es ging, Ruhe bewahrt. Ich habe manchmal geschimpft und manchmal geweint. Bis das Maß eines Tages voll war. Man kann auch sagen: Das Schiff lief leck. Dann ging es unter, und der Dichter stand, umgeben von Leuten, die ihn kaum noch verstanden, allein am Ufer. Eines Tages sah er, daß er sich verloren hatte. Er war verloren, ehe er das Leben verlor. Darin liegt die Tragik seines Schicksals.« Genau genommen, das lehrt uns das, war er nämlich in just dem Moment verloren, als der unartige Dussel seine Mutti, das einfache Lottchen, laufen ließ. Andererseits ist das genau die bezaubernde Selbstüberschätzung, die ich jeder Frau wünsche, die eines geliebten Kerls verlustig geht. Ihm nachrufen: Ich allein hätte dich retten können. Aber du wolltest ja nicht. Und das rächt sich. Insofern ist Lottchens Rache vielleicht doch gelungen. Zur Balancierung ihres Selbstwertgefühls.

Schön ist natürlich auch ein Klassiker der Rache: Jener Mann, der mit einer Kreissäge sämtliche Gegenstände zerteilt, die gemeinsam angeschafft wurden. Dieser Mann gehört schlicht zum Stammpersonal von Cartoons und Witzen auf der letzten Seite. Einmal entdeckte ich Helfershelfer dieses Menschen. Ich stand am Straßenrand, ein tiefgelegter brauner Opel glitt vorüber. Aus vier Fenstern hing jeweils ein tätowierter Unterarm imponierenden Umfangs. Beeindruckt sah ich dem Auto nach und geriet förmlich ins Träumen angesichts des Firmenaufdrucks auf dem Heck: »Der Reißer. Wir entfernen Fußböden aller Art.« Mir, die ich mit technischen Geräten wie Schraubenziehern oder Kreissägen ein wenig auf Kriegsfuß stehe, erschien das verlokkend. Das wäre doch auch eine schöne Idee, so man das Parkett des Eigenheims selbst bezahlt hat und nach dem Auszug einfach nicht möchte, daß eine andere es mit ihren Absätzen ruiniert. Wir Damen bestellen dann einfach den »Reißer«.

Auch an mir hat sich einmal ein Mann gerächt, in einer für Männer ungewöhnlich subtilen, kalt genossenen Weise, so daß ich schließlich nur den Degen senken und murmeln konnte: Du hast gewonnen. Allerdings erst nachdem ich tagelang Zeter und Mordio, Pestilenz und Wolkenbruch geschrieen habe. Wenige Monate vorher lebte ich noch mit ihm zusammen und bekam von einem anderen Mann Briefe. Diesen kostbaren Stapel Liebesbriefe habe ich monatelang in der Wohnung versteckt. Die ersten Briefe verschwanden unter einer losen Diele. Dann kamen weitere. Ich konnte das Dielenholz nicht dauernd anheben, ein neues Versteck mußte her. Also wurden sie in der Gesamtausgabe der ›Fackel‹ von Karl Kraus verborgen, dann im Kleiderschrank, kurz an wechselnden Orten, denn weiterhin kamen neue dazu. Zum Schluß lagen sie ordentlich verschnürt in einer Schachtel. Diese Schachtel zog mit mir und der Tochter aus dem Haus, als wir uns trennten. Wir trennten uns nicht etwa, damit ich dem Verfasser der Briefe endlich in die Arme sinken konnte. Der war gar nicht zu haben. Nur seine wahrlich glühenden Sätze. An einem trüben Sonntagmorgen holte ich die Schachtel aus der Schublade, um mich daran zu wärmen. Also löste ich all die Schnüre, die um die Schachtel gewickelt waren, ebenso die Bänder um die Briefe. In den Briefumschlägen steckten Karten eines deutschen Pharmaunternehmens mit Abbildungen diverser Geschlechtskrankheiten. Syphilis im dritten Stadium. Auf der Rückseite waren Behandlungsvorschläge abgedruckt. Genau die Art Photos, bei deren Betrachtung sich sofort Würgereiz einstellt. Ein bißchen fühlte sich das an, als ob man verdorbenen Fisch gegessen hätte. Gezieltes Formulieren von Zukunftsvisionen bezüglich gegenseitiger Umgangsformen führte ein paar Tage später zu einem korrekt durchgeführten Treffen, bei dem die Briefe zurückgegeben wurden. (Übersetzt: Wenn du mir nicht sofort die Briefe zurückgibst … / Welche Briefe? … / Du weißt genau … / Die habe ich verbrannt … / Die hast du Schwein niemals verbrannt …) Ich habe diese verdammten Briefe zurück bekommen, allein: Lesen könnte ich sie nie wieder.

Ein- und Ausfälle verlassener und rachsüchtiger Menschen füllen immer wieder die Gazetten. Da wimmelt es nur so von Amokläufern, brutalen Mördern aus Eifersucht, rasenden Autofahrern, Scharfschützen oder Mauerspringern aus Liebeskummer bis hin zu der pulitzerpreisverdächtigen Zeile: »Eifersüchtige Frau grillt Ehemann in der Bratpfanne.« Das sind natürlich journalistische Highlights, die man nicht jeden Tag erwarten darf. Vermutlich allesamt erstunken und zurechtgelogen, um die rachsüchtigen Mördergruben von Herzen der Leser erfolgreich mit dem Stoff zu füllen, nach dem sie lechzen.

Geschichten direkt aus dem Leben findet man eher in den kleinen Reportagen vom Amtsgericht. Eine Frau hatte den Inhalt etlicher Senfgläser in der gemeinsamen Wohnung verteilt, nachdem sie der Untreue ihres Gefährten gegenwärtig geworden war. »Als Austragungsort für das Liebesabenteuer hatte der wenig sensible Dummbeutel ausgerechnet das gemeinsam gezimmerte Holzbett gewählt.« Dieses war nun wie viele andere Wohnungsteile mit braungelben Wurfgeschossen verziert. Den Schaden bezifferte der Treulose auf 20 000 Mark. »Ob sie den Mostrich gewählt hat, weil sie ihn für ein elend dummes Würstchen hielt, blieb bei der Verhandlung ungeklärt«, wußte die Gerichtsreporterin und war mit juristischem Rat zur Stelle:

»Ein strafrechtlich nicht relevantes und kostenneutrales Vorgehen im Trennungsfall scheint demnach ratsam. Den Übeltäter schlicht zu meucheln kommt so wenig in Frage wie das Überrollen seines aus einem Kiesow-Baukasten zusammengesetzten Kadetts mittels einer Dampfwalze. Beides würde den Staatsanwalt auf den Plan rufen. Aus demselben Grunde sollte die Südseemuschelsammlung eines abtrünnigen Angebeteten nur im Notfall und im Schutze der Nacht zertrümmert werden. Ihn spät abends mittels eines Holzkeils in der Sauna einzuschließen regt dagegen sicher ungemein zum Nachdenken an ... Am meisten Vergnügen dürfte es bereiten, beim Auszug leise Servus zu sagen und frische Krabbenschalen unauffällig hinter der Heizung zu drapieren.« Alter Käse tut es übrigens auch, so die geneigte Leserin nicht in Küstennähe lebt und es ihr an frischer Krabbenschale gebricht. Rächen will geplant sein. Gemäß der Brecht'schen Devise: »Ja, mach nur einen Plan. Sei nur ein großes Licht! Und mach dann noch 'nen zweiten Plan. Gehn tun sie beide nicht. Denn für dieses Leben ist der Mensch nicht schlecht genug. Doch sein höhres Streben ist ein schöner Zug.«

In diesem Sinne ist es manchmal verwunderlich, wenn Frauen von Racheakten erzählen und diese als ganz besonders fürchterlich ankündigen. Sie denken einfach nicht schlecht oder rücksichtslos genug. Für Zuhörer sind es meist nur so kleine, so elendig leicht zu verschmerzende Aktionen. Aber sie wurden eben dem zugefügt, der doch so sehr geliebt wird, und das tut einem selbst mehr weh als dem vermeintlichen Opfer.

Vorbei sind die Zeiten der Norwegerin Sigrid Undset, deren Roman über die unselige Liebe zwischen ›Viga-Ljot und Vigdis‹ in der Ferne spielt, lange vor der Erfindung des Aspirins und lange ehe man um die tröstende Wirkung von Seidenmalerei, Quigong oder Gestalttherapie wußte. Vigdis war von Viga-Ljot auf brutale Weise geschwängert worden. Dann ließ er sie allein und kehrte zu seiner Frau zurück. Jahrzehnte später läßt sie ihn von seinem Sohn ermorden. Der Kopf des treulosen Unholdes mußte her, um seine gräßliche Schuld zu sühnen. Viele Lachse sind seitdem die nordischen Flüsse hinauf geschwommen, um zu laichen, und wir haben nachgelassen mit unseren Wutausbrüchen in der gutgepolsterten, wohlerzogenen, degenerierten Mittelschicht Europas. Man geht auf eine Party und sieht zu, wie eine andere dem eigenen Gemahl ungefragt Adresse und Telefonnummer zuschiebt, ohne daß wir ihr unverzüglich die Augen auskratzen.Man trifft sich mit dem zukünftigen Ex-Mann und findet, daß man das alles geradezu ideal und viel besser als andere hinkriegt. Dabei ist es doch verdammt noch mal einfach eine Gemeinheit. Männer und Frauen reden verschiedene Sprachen und das noch dazu aneinander vorbei. Kraftlos fallen die Wörter herunter. Was wäre dagegen ein in der Phantasie gelungener Racheakt? Zumindest eine verlockende Vorstellung wenn nicht gar der Wunsch nach einer Art Desinfektion für die Seele.

Annemarie Stoltenberg

Über die Autorinnen

Susanne Alge (lebt in Berlin und Salzburg)
»Alles Gute zum Namenstag, Mutter!« wurde für dieses Buch geschrieben und erscheint mit freundlicher Genehmigung der Autorin. Die Autorin versteht sich nicht nur darauf, sämtliche Zumutungen des Lebens in launige Geschichten zu verwandeln, sie gilt auch als perfekte Übersetzerin von Bemerkungen aus Hunde- und Katzenmund. Zuletzt von ihr erschienen sind »Und eine gute Reise!« in: ›Dann kratz ich dir die Augen aus‹, Milena Verlag, Wien, und »Fingerlandschaften« in: ›Auf der Achterbahn‹, Piper Verlag, München.

Cornelie Gubitz (lebt in München)
»Quitt!« wurde als Rachegeschichte extra für dieses Buch geschrieben und erscheint mit freundlicher Genehmigung der Autorin. Der Text reiht sich anmutig hinter heitere Romane von Cornelie Gubitz wie ›Ich wollte dich doch nicht erschlagen!‹ und ›Erbsensuppe und Champagner‹, beide Ullstein Verlag, Berlin. Hauptsächlich ihre Kinder haben sie zur Schriftstellerei ermuntert. Sie wollte die großen Gluckentalente der Mutter auch auf anderen Feldern fruchtbar werden sehen. Die Zeit war gekommen, kleine Rachefeldzüge zu führen, und ein Ende ihrer verbalen Vergeltungsschläge ist nicht in Sicht.

Gabriele Haefs (lebt in Hamburg und Oslo)
»Araf dân a wna ddial melys« wurde eigens für dieses Buch geschrieben und erscheint mit freundlicher Genehmigung der Autorin. Gabriele Haefs arbeitet als Autorin und Übersetzerin. Sie versteht mindestens 17, spricht zehn verschiedene Sprachen, gilt als eine der besten literarischen Übersetzerinnen aus dem Skandinavischen und ist Präsidentin

der Fedor von Zobeltitz Gesellschaft zu Hamburg. (Zobeltitz ist ein zu Recht vergessener Autor der wilhelminischen Zeit, als Offiziere noch gezwungen waren, reich zu heiraten, um ihren Lebenswandel zu finanzieren, und daher wußten, wie man Frauen behandeln sollte.)

Yvonne Kroonenberg (lebt in den Niederlanden)
»Seminar« stammt aus der gnadenlos bissigen Kolumnensammlung ›Kann ich den umtauschen?‹ (Kabel Verlag). Übersetzt von Gabriele Haefs, die für den kullernden Humor von Yvonne Kroonenberg mittels altehrwürdiger Wörter die nötige Fallhöhe zum Leben einer modernen Frau zu erzeugen vermag: »Mit großem Eifer machten die Liebhaber sich an ihre neue Aufgabe ... sie leckten, streichelten und rieben munter fürbaß.«

Elizabeth Kuster (lebt in New York)
»Rache. Der Dolch in den Rücken wird auch dich entzükken« stammt aus dem Band: ›Aus Ex macht Hopp. Wie man über den Verflossenen hinwegkommt‹. (Krüger Verlag) Elizabeth Kuster hat zum wiederholten Mal erfolgreich mit einer Beziehung abgeschlossen: »Ein durchschnittliches Zeitschriftenabonnement hält doppelt so lange wie die meisten meiner Beziehungen.« Sie berät Frauen, Typen zu vergessen, die nichts für sie waren, damit sie eine gute Beziehung mit einem Typen eingehen können, der was für sie ist.

Helga Laugsch (lebt in München)
»Jott, die Zweite« wurde just für dieses Buch geschrieben und erscheint mit freundlicher Genehmigung der Autorin. Geschichten von Helga Laugsch sind im Wiener Frauenverlag und beim Milena Verlag veröffentlicht. Sie hat über das Matriarchat promoviert, arbeitet als wissenschaftliche Dozentin sowie in zahllosen absurden Jobs im wirklichen Leben z. B. als Photographin beim Münchner Oktoberfest.

Wiebke Lorenz (lebt in Hamburg)
»Rache per Computer« ist ein Auszug aus dem in diesem Frühjahr erschienenen Roman ›Männer bevorzugt‹ (Rowohlt). Er gibt Anlaß zu den schönsten Hoffnungen auf eine neue freche Stimme im Autorinnenchor dieses Landes, in dem die witzigen Gegenstimmen immer ein bißchen schwach besetzt sind.

Fanny Morweiser (lebt in Mosbach am Neckar)
»Blindekuh« stammt aus dem Geschichtenband ›Voodoo-Emmi‹, (Diogenes). Fanny Morwieser ist eine der seltenen deutschen Autorinnen mit wahrlich pechschwarzem Humor, sie arbeitete in einer Devotionalienhandlung, ehe sie zu schreiben begann. Dringend zur Lektüre empfohlen seien alle ihre Geschichten, ebenso ihr Roman ›La vie en rose‹, erschienen im Diogenes Verlag.

Fanny Müller (lebt in Hamburg)
»Racheregeln« erscheinen hier als Erstveröffentlichung mit freundlicher Genehmigung der Autorin, die schreibt, »weil man mit arbeiten auch kein Geld verdient«. Klassikerstatus haben längst ihre unvergleichlich hamburgisch gewürzten Geschichten über Frau K. (Erschienen bei Weisser Stein, Greiz)

Peggy Parnass (lebt in Hamburg)
»Rache« wurde eigens für dieses Buch geschrieben und erscheint hier mit freundlicher Genehmigung der Autorin. Sie arbeitet als Reporterin, Autorin und Schauspielerin. Berühmt wurden ihre Gerichtsreportagen, die unter dem Titel ›Prozesse‹ bei Rasch & Röhring inzwischen in der 16. Auflage erschienen sind. Weitere Titel von Peggy Parnass ›Unter die Haut‹, ›Süchtig nach Leben‹, ›Mut und Leidenschaft‹ (Konkret Literatur Verlag).

Gerhild Stoltenberg (lebt in einem Landschulheim am Solling, Holzminden)
»Der Klavierspieler« wurde für dieses Buch geschrieben und erscheint mit freundlicher Genehmigung der Autorin. Auf ihre Ehe mit einem Millionär bereitet sich Gerhild Stoltenberg gewissenhaft durch das Erlernen aussterbender Kulturtechniken wie Lesen und Schreiben vor. Ihre Geschichten sind in verschiedenen Anthologien erschienen, unter anderem in ›Herzflattern‹ (Rowohlt Rotfuchs).

Barbara Strohschein (lebt in Hamburg)
»Ohne Nachtisch« wurde eigens für dieses Buch geschrieben und erscheint mit freundlicher Genehmigung der Autorin. Sie ist bekannt durch zahlreiche Hörspiele, Theaterstücke und ihre höchst raffinierte Lyrik und Prosa. Promoviert hat Barbara Strohschein über Blochs ›Prinzip Hoffnung‹. Letzthin erschien im Rospo Verlag: ›Nach Sturz Mittag verlangen. Gedichte und Manifeste‹. Zum Lesen befohlen seien allen Lyrikfans diese störrischen, gebildeten Gedichte.

Alice Oldenburgh (lebt in Hamburg)
»Ein schönes Arschloch« wurde für diesen Band geschrieben und erscheint mit freundlicher Genehmigung der Autorin. Sie schreibt wider alle glatten auflagenbestimmten Ansprüche wundervolle Artikel zum Beispiel über die Recamière, Gefahrenguttransporte und andere entscheidende Dinge. Nachts arbeitet Alice Oldenburgh an ihrem ersten Bestsellerroman.

Sylvia Treudl (lebt in Wien)
»Holofernes & die Tugend« wurde für diesen Band geschrieben und erscheint mit freundlicher Genehmigung der Autorin, die eine studierte Politologin und Japanologin ist.

Sie trat als Kabarettistin und Popsängerin auf, ehe sie anfing als Verlegerin und Lektorin im Wiener Frauenverlag zu arbeiten. Sehr zu empfehlen ihr Buch ›Die Liebe ist ein grüner Waschtrog‹.

Tina Uebel (lebt in Hamburg)
»Nemesis, Terminator, Winona, ich und er – eine Tragödie in 4 Akten« wurde eigens für diese Geschichtensammlung geschrieben und erscheint mit freundlicher Genehmigung der Autorin. Tina Uebel gilt als eines der aufsehenerregendsten Talente der gegenwärtigen Literaturszene. Wenn sie in Kneipen, Hotelzimmern oder bei Poetry-Slams auftritt, brummt der Bär, und Neulinge, die nicht rechtzeitig gebucht haben, kriegen keinen Fuß mehr ins Lokal.

Sigrid Undset (lebt nicht mehr)
»Vigdis Rache« ist ein Auszug aus dem Roman ›Viga-Ljot und Vigdis‹, der unbedingt wieder einmal einen Verleger finden und neu übersetzt erscheinen sollte. Sigrid Undset schrieb zu ihrer Zeit (1928 bekam sie den Literaturnobelpreis) über moderne norwegische Frauenschicksale, ehe sie großangelegte an den altisländischen Sagas orientierte Romane zu schreiben begann, die aus der Zeit in Norwegen berichten, als das Aspirin noch nicht erfunden war und Rache noch blutig mit dem Kopf des Unholdes vergolten wurde.

Anna Zaschke (lebt in München)
»Opfer der Ehe« stammt aus dem Buch ›Frauenfronten. Wie Frauen sich gegenseitig das Leben schwermachen‹ (Fischer Taschenbuch Verlag). In ihren Männergeschichten beutelt Anna Zaschke gern den selbstherrlichen Patriarchen, reitet aber ebenso gern ironische Attacken gegen das eigene Geschlecht und paart vitale Nachdenklichkeit mit Skepsis.

Gisa Margarete Zigan (lebt in Dortmund)
»Windsor ist überall« wurde für dieses Buch geschrieben und erscheint mit freundlicher Genehmigung der Autorin. Sie arbeitet als freie Journalistin, Kolumnistin und Dozentin. Erzählungen und Satiren von Gisa M. Zigan sind in ca. 25 Anthologien verstreut, 1995 erschien bei Ullstein ihr Roman ›Das letzte Fest‹.

Regula Venske (lebt in Hamburg)
»Rache am Mythos, oder: Mit Adam Riese gerächt« wurde eigens für dieses Buch geschrieben und erscheint mit freundlicher Genehmigung der Autorin, die es bislang erfolgreich vermieden hat, Lehrerin zu werden, dem Erzfeind sei Dank. Statt dessen heckt sie Racheakte aus, z. B. ›Pursuit of Happiness oder Die Verfolgung des Glücks‹, Europäische Verlagsanstalt, Hamburg. Eine von Racheakten berstende Krimitrilogie ›Schief gewickelt‹, ›Kommt ein Mann die Treppe rauf‹ und ›Rent A Russian‹, Heyne Verlag, München, ebenso wie ›Was auf der letzten Buchmesse wirklich geschah‹ (1998).

Barbara Vine (d. i. Ruth Rendell, lebt in London)
»Die Nachfolgerin« ist ein Auszug aus dem wahrlich hervorragenden und dringend zur Lektüre angeratenen Roman ›Schwefelhochzeit‹ (Diogenes). Kaum eine Autorin weiß so intelligent und eindringlich Obsessionen zu beschreiben, immer wieder erzeugt sie diesen hypnotischen Sog von Gefühlen. Barbara Vines Bücher sind im Diogenes Verlag erschienen, übersetzt von Renate Orth-Guttmann.

Julia Wosnessenskaja (???)
Julia Wosnessenskaja wurde in Leningrad geboren, gehörte zur inoffiziellen Kulturbewegung und gründete den ersten unabhängigen Frauenklub der Sowjetunion »Maria«. Für

ihre gesellschaftskritische und literarische Tätigkeit verbüßte sie eine Haftstrafe in Sibirien und wurde verbannt. 1980 zwang man sie zur Emigration.

Quellennachweis

Yvonne Kroonenberg: Seminar. Aus: Dies.: Kann ich den umtauschen? © 1993 Kabel Verlag GmbH, Hamburg. Mit freundlicher Genehmigung der Kabel Verlags GmbH, Hamburg.

Elizabeth Kuster: Rache. Aus: Dies.: AUS EX MACH HOPP. © Elizabeth Kuster 1996. Deutsch von Alexandra Bartoszko. © Wolfgang Krüger Verlag, Frankfurt am Main 1997. Mit freundlicher Genehmigung des Wolfgang Krüger Verlages, Frankfurt am Main.

Wiebke Lorenz: MÄNNER BEVORZUGT (Auszug). Copyright © 1998 by Rowohlt Taschenbuch Verlag GmbH, Reinbek. Mit freundlicher Genehmigung der Rowohlt Taschenbuch Verlags GmbH, Reinbek.

Fanny Morweiser: Blindekuh. Aus: Dies.: Voodoo-Emmi. Copyright © 1987 by Diogenes Verlag AG, Zürich. Mit freundlicher Genehmigung der Diogenes Verlag AG, Zürich.

Barbara Vine: Schwefelhochzeit (Auszug). Aus dem Englischen von Renate Orth-Guttmann. Copyright © 1997 by Diogenes Verlag AG, Zürich. Mit freundlicher Genehmigung der Diogenes Verlag AG, Zürich.

Trotz intensiver Bemühungen der Herausgeberin und des Verlages konnten nicht sämtliche Rechteinhaber ausfindig gemacht werden. Berechtigte Ansprüche werden selbstverständlich abgegolten.